西部地区"一带一路"建设与创新发展系列丛书

张永丽 主编

中国西北地区与中亚产业互补研究

张学鹏 ○ 著

中国社会科学出版社

图书在版编目（CIP）数据

中国西北地区与中亚产业互补研究/张学鹏著.—北京：中国社会科学出版社，2021.5

（西部地区"一带一路"建设与创新发展系列丛书）

ISBN 978-7-5203-8315-8

Ⅰ.①中… Ⅱ.①张… Ⅲ.①产业发展—研究—西北地区②产业发展—研究—西北地区　Ⅳ.①F269.274②F269.36

中国版本图书馆 CIP 数据核字（2021）第 073153 号

出 版 人	赵剑英
责任编辑	马　明
责任校对	王福仓
责任印制	王　超

出　　版	中国社会科学出版社
社　　址	北京鼓楼西大街甲 158 号
邮　　编	100720
网　　址	http://www.csspw.cn
发 行 部	010-84083685
门 市 部	010-84029450
经　　销	新华书店及其他书店

印刷装订	三河弘翰印务有限公司
版　　次	2021 年 5 月第 1 版
印　　次	2021 年 5 月第 1 次印刷

开　　本	710×1000　1/16
印　　张	17
插　　页	2
字　　数	270 千字
定　　价	89.00 元

凡购买中国社会科学出版社图书，如有质量问题请与本社营销中心联系调换
电话：010-84083683
版权所有　侵权必究

《西部地区"一带一路"建设与创新发展系列丛书》

编 委 会

主　编：张永丽
副主编：关爱萍
编　委：张学鹏　柳建平　周文杰　王桢
　　　　马文静　李承晋

总　序

　　改革开放以来，我国用40年的时间不仅解决了人民温饱问题，而且人民生活总体上达到小康水平的目标也将在2020年全面实现，中国即将进入为全面建设社会主义现代化国家的第三个目标而努力奋斗的崭新历史阶段。与分三步走战略并行、旨在解决我国区域发展不平衡问题的西部大开发战略2000年正式开始实施，从组织机构的成立，到西部大开发"十一五"规划、"十二五"规划的出台，再到2019年《西部陆海新通道总体规划》的颁布，国家出台了一系列鼓励西部地区发展的政策措施。这些政策措施大大激发了西部地区发展潜力，使区域内经济、社会、文化等各方面发生了巨大变化，经济发展水平与全国的差距有所缩小，但受自然、历史、社会等因素的制约，西部地区经济发展相对落后的局面并未彻底改变，占全国国土面积超过70%、人口接近30%的西部地区，国内生产总值仅占全国的不到20%，人均国内生产总值只占全国平均水平的三分之二左右，区域发展不平衡问题仍然较为突出。西部地区自然资源丰富，市场潜力巨大，战略位置重要，如何更好地实现西部地区经济发展和社会进步，缩小与东中部地区的差距，化解区域发展不平衡的矛盾，既是我国实现第三阶段战略目标必须解决的重大课题，也是全面建设社会主义现代化国家的内在要求。

　　开放和创新将成为未来中国经济发展的两大重点路径。

　　"一带一路"倡议为中国对外开放格局的调整描绘了一幅新的蓝图。西部地区陆地边境线占全国的80%左右，古丝绸之路途经的国内省份主要在陕西、甘肃、新疆等西部地区，建设"一带一路"为西部地区带来了新的发展机遇。近年来，作为我国重点建设省区的西北五省区，通过与中西亚、中东欧、南亚、东南亚等"一带一路"沿线国家开展深入合作，积极融入"一带一路"建设，对外开放步伐进一步加快；西部地区企业的国际化经营合作也迎来了良好的机遇，呈现出良好的发展势头，基础设施、贸易、金融、能源等领域的一系列重大项目陆续实施，企业"走出去"的热情日益高涨，对外投资规模保持增长态势。

创新驱动战略的实施为我国经济发展增添了新的动力。党的十九大提出，要"加快建设创新型国家"，"大力实施创新驱动发展战略"。习近平总书记强调，"要深入实施创新驱动战略，推动科技创新、产业创新、企业创新、市场创新、产品创新、业态创新、管理创新等"。在国家战略的指引下，我国出台了一系列鼓励企业创新的政策措施，产生了积极的效果。不少企业通过组织结构与管理机制创新，加快向扁平化、平台化的创新型组织转型，极大地释放了企业内部的创新活力，催生了大量新技术、新产品、新业态和新模式。西部地区在国家创新型战略引领下，也正在积极参与技术、产品、制度等领域的创新，参与创新型社会建设，谋求以创新为核心实现经济发展方式的转型。

开放和创新的西部地区，既需要充分利用"一带一路"提供的与沿线国际开展经济合作的历史机遇，大力发展对外贸易，提高对外开放水平，通过强化对外经济合作推动经济增长；也需要在供给侧结构性改革的大背景下，通过人口和劳动力流动，积极承接产业转移，调整区域产业结构，从而缩小区域差距；既需要通过精准扶贫、精准脱贫，正确处理消除贫困与区域发展的关系，在实现贫困人口脱贫摘帽、与全国同步进入小康社会的同时，促进区域经济发展水平的提升；也需要大力发展外向型企业和创新型企业，提升企业管理水平和创新能力，助推西部地区经济向外向型、创新型经济过渡，实现区域的高质量发展。

这套丛书由七部著作构成，分别研究了"一带一路"建设背景下中国西北地区与中亚五国产业互补及合作，劳动力流动、产业转移与区域发展差距，西部地区精准扶贫政策与实践，西北地区外向型中小企业管理，中国IT行业员工的组织相关态度对离职倾向的影响等热点问题，通过对"一带一路"建设背景下西部地区产业、贸易、扶贫、中小企业管理等问题的实证分析，提出了一系列切实有效地政策建议和措施，以期为提高西部地区经济发展水平、缩小区域差距提供政策参考。

总　序

当前，中国经济发展已由高速增长阶段转向高质量发展阶段，党的十九大已经从"深化供给侧结构性改革、加快建设创新型国家、实施区域协调发展战略、加快完善社会主义市场经济体制、推动形成全面开放新格局"等方面进行了全面部署。西部各省区应该紧紧围绕这些战略部署，积极探索，主动作为，全方位推进开放和创新，为全面建设社会主义现代化国家贡献力量。

张永丽
2020 年 5 月

目　　录

第一章　导论 …………………………………………………… (1)
　　一　研究背景 ……………………………………………… (1)
　　二　研究意义 ……………………………………………… (6)
　　三　文献综述 ……………………………………………… (7)
　　四　研究内容和研究方法 ………………………………… (14)

第二章　相关理论基础及产业互补性 ………………………… (17)
　　一　相关理论基础 ………………………………………… (17)
　　二　产业互补性及其基础 ………………………………… (25)

第三章　中亚经济发展水平 …………………………………… (32)
　　一　中亚五国及与中国的历史渊源 ……………………… (32)
　　二　中亚五国经济总量及其增长变动 …………………… (39)
　　三　中亚五国人均国内生产总值及其增长变动 ………… (49)

第四章　中国西北地区经济发展水平 ………………………… (52)
　　一　西北地区概况 ………………………………………… (52)
　　二　西北地区 GDP 增长变动 …………………………… (57)
　　三　西北地区人均 GDP 增长变动 ……………………… (69)
　　四　与中亚经济总量及人均 GDP 的比较 ……………… (74)

第五章　中国西北地区与中亚产业结构互补性 ……………… (78)
　　一　中国西北地区产业结构演进 ………………………… (78)

二　中亚五国产业结构演进 ………………………………… (87)
　　三　中国西北地区与中亚五国产业结构互补性 …………… (98)

第六章　中亚五国贸易的区域特征和产品特征 ………………… (105)
　　一　中亚五国贸易概况 ……………………………………… (105)
　　二　中亚五国贸易的区域特征 ……………………………… (114)
　　三　中亚五国贸易的产品特征 ……………………………… (126)

第七章　中国西北地区对外贸易的区域和产业特征 …………… (138)
　　一　西北地区贸易概况 ……………………………………… (138)
　　二　西北地区贸易的区域特征 ……………………………… (152)
　　三　西北地区贸易的产业特征 ……………………………… (163)

第八章　中国西北地区对中亚贸易的区域和产业特征 ………… (178)
　　一　中国西北地区对中亚五国贸易概况 …………………… (178)
　　二　中国西北地区对中亚贸易的区域特征 ………………… (185)
　　三　中国西北地区对中亚贸易的行业特征 ………………… (195)
　　四　产业间贸易与产业内贸易 ……………………………… (209)

第九章　中国西北地区与中亚贸易互补性 ……………………… (213)
　　一　贸易依赖度与贸易结合度 ……………………………… (213)
　　二　中国西北地区与中亚显示性比较优势对比 …………… (220)
　　三　中国西北地区与中亚相对贸易优势 …………………… (224)
　　四　中国西北地区与中亚贸易互补性 ……………………… (227)

第十章　中国西北地区对中亚贸易的区位优势 ………………… (233)
　　一　各大区域在中国对中亚贸易中的区位优势比较 ……… (233)
　　二　各大区域分行业区位优势比较 ………………………… (235)
　　三　西北地区各年度及各省区分行业区位优势比较 ……… (242)

第十一章　结论与政策建议 …………………………………（250）
　　一　主要结论 ……………………………………………（250）
　　二　政策建议 ……………………………………………（255）

后　记 ………………………………………………………（259）

第一章

导　论

一　研究背景

（一）中亚地理位置独特，资源丰富，一直是大国之间战略竞争的重要区域

中亚地区北靠俄罗斯，东部与中国接壤，东南部与阿富汗相邻，西北部接合欧洲，西南部与伊朗毗邻，西部与外高加索地区[①]隔海相望，居于亚欧大陆腹地，是亚欧大陆的连接点和战略接合部。中亚地区拥有丰富的自然资源，原油储量、石油和天然气可采储量都居于世界前列，有色金属和稀有金属（铀、铜、铅、钨、金、银等）储藏量也在世界上占有重要位置。同时，中亚地区民族和宗教关系复杂，在欧亚地缘政治格局中地位十分重要，对于中俄美等大国具有重要的地缘政治利益。中亚重要的地缘位置、丰富的资源优势和巨大的经济潜力使其成为大国利益角逐的焦点，先后有多个大国积极渗入该地区。

1997 年，日本政府就提出了"丝绸之路外交战略"，将中亚和南高加索八国划定为"丝绸之路地区"（见表 1－1），旨在开发利用中亚地区丰富的油气资源，保证日本能源安全，增强其对中亚的政治经济影响力。2004 年，日本提出的"中亚＋日本"外长对话机制，使得日本与中亚五国的合作朝着制度化与规范化的方向发展。

[①] 外高加索地区（亦称南高加索）是格鲁吉亚、阿塞拜疆和亚美尼亚三国所在的地理区域。苏联解体前，北高加索和外高加索都在苏联领土范围内。

表1-1　　　　　　　　　相关大国提出的丝绸之路战略

提出国家	战略名称	提出时间	主要内容
日本	丝绸之路外交战略	1997年	把中亚及南高加索八国称为"丝绸之路地区",加强政治经济合作
俄罗斯、印度、伊朗	北南走廊计划	2002年	修建从印度经伊朗、高加索、俄罗斯直达欧洲的国际运输通道
欧盟	新丝绸之路计划	2009年	修建纳布卡天然气管线,加强与中亚及周边国家的全方位联系
美国	新丝绸之路战略	2011年	建立美国主导的以阿富汗为中心的"中亚—阿富汗—南亚"经济体

资料来源:白永秀、王颂吉:《丝绸之路经济带的纵深背景与地缘战略》,《改革》2014年第3期。

2002年,俄罗斯为维持其在中亚地区的存在,与印度、伊朗共同提出了抗衡"欧亚经济走廊"的"北南走廊计划",即通过修建始于印度、止于欧洲,途经伊朗、高加索与俄罗斯的国际运输通道,以降低运输成本,提高沿途国家产品的国际竞争力。2012年,俄罗斯充分利用其传统优势及已成立的独联体、俄白哈关税同盟、欧亚经济共同体等多边组织和自由贸易区,加强了与中亚的经济合作力度,并确保了中亚的稳定和安全。

2009年,欧盟提出了"新丝绸之路计划",通过修建连接中亚里海地区与奥地利的"纳布卡天然气管",保障欧盟的能源供给,拓展与中亚国家的合作领域,加强在中亚地区的影响力。欧盟凭借其领先的技术、雄厚的资本、完善的体制向中亚提供多方位的政府开发援助以创建紧密的经贸合作关系。2011年,美国提出了"新丝绸之路战略",力图构建以阿富汗为中心,连接中亚与南亚的交通体系与经济合作网络,强调能源开发的重要性,向中亚五国提供政府援助、对外直接投资,深化美国与中亚国家的经济合作。

(二)"一带一路"倡议的实施为中国西北地区与中亚的经贸合作创造了新的契机

中国西北地区与哈萨克斯坦、吉尔吉斯斯坦、塔吉克斯坦毗邻,拥有3000多公里的共同边界，依靠这种地缘优势和久远的合作交流基础，中国西北地区成为中国与西亚国家发展对外贸易合作的聚合点。新亚欧大陆桥的贯通成为连接亚太地区和整个欧洲地区最便利、最廉价的运输通道，而且为中国与中亚国家打通了一条东西双向开放的通道。通过现代"丝绸之路"，建立高层次、长远的经济合作关系，是中亚与中国的一致目标。

1993年9月，为使中国与中亚五国的贸易主要由新疆逐步扩展到西北其他省区，中国西北五省区于乌鲁木齐举行了第一次联席会议，提出了"共建大通道、联合走西口"的对中亚五国开放的思路，以提高整个西北地区对外开放水平。1999年，中共中央做出西部大开发的决定，把东部沿海地区的剩余经济发展能力，用于提高西部地区的经济和社会发展水平，充分发掘西部地区的经济增长潜能。2001年中国倡导并促成了上合组织建立，哈萨克斯坦、吉尔吉斯斯坦、乌兹别克斯坦、塔吉克斯坦成为上合组织成员国，中国与中亚的经济合作被纳入多边协调机制的轨道，进入新的发展时期。

2013年9月，习近平在哈萨克斯坦纳扎尔巴耶夫大学提出与中亚国家共同建设"丝绸之路经济带"；紧接着习近平主席和李克强总理在访问东盟国家时，又提出中国同东盟国家共建"21世纪海上丝绸之路"的美好愿望。之后中共十八届三中全会再次提出要加快推进丝绸之路经济带和海上丝绸之路的建设，并将"一带一路"写入"全会决定"成为国家战略。"一带一路"倡议的提出得到沿线国家的强烈支持与响应，这不仅是中国适应新时代新发展新要求的伟大战略，也是中亚五国及"一带一路"其他沿线国家取得新发展的重大机遇。

中国作为新兴经济体，经济增长势头强劲，并与中亚的三个国家接壤，在传统、文化、经济结构方面都有诸多的相似之处。同为新兴发展中国家，中国能够给予中亚各国平等的地位推进经济往来。自1997年中国与中亚开展油气资源合作以来，规模不断扩大，截至2012年底，中国与中亚的油气资源合作项目已有17个、油气能源开采量突破3500万吨。到2016年，中国已经取代俄罗斯，成为中亚五国的第一大贸易伙伴，其中，中国是哈萨克斯坦和土库曼斯坦的第一大贸易伙伴，是乌兹别克斯坦的第二大贸易伙伴。中国与中亚五国的双边贸易主要以能源、有色金属、棉花为主，以农业、制造业等轻工业为辅。上合组织这一发展平台推进了中国与中亚各国在边境贸易管理等领域的制度性合作，在此基础上，进一步降低各成员国间的贸易壁垒，争取在条件成熟时创建自由贸易区。

在中国与中亚的贸易中，西北地区一直占有重要的位置。2009年中国西北地区对中亚的进、出口额分别占中国对中亚进、出口额的57.77%和56.98%，到2016年，两项份额分别为69.67%和60.63%，是中国与中亚贸易的最主要区域。中亚在西北地区对外贸易中，也占据重要的位置。2009年，在西北地区进出口总额中，对中亚的进、出口额分别占到35.20%和57.57%，到2016年，两项份额分别为42.37%和27.73%，尽管对中亚出口份额有所下降，但进口份额上升明显，中亚仍是中国西北地区最重要的贸易区域。

（三）"一带一路"倡议与中亚各国国家战略对接，合作水平进一步提升，合作领域进一步拓展

"一带一路"倡议自实施以来，为中国和中亚合作提供了动力。"一带一路"分别与哈萨克斯坦2050战略（2012年）、乌兹别克斯坦"福利与繁荣年"规划（2013年）、吉尔吉斯斯坦"国家稳定发展战略"（2013年）、塔吉克斯坦"能源交通粮食"（2016年）三大战略及土库曼斯坦建设"强盛幸福时代"发展战略实现对接，寻找契合点，为各国发展提供了新的机遇。

在互联互通方面，2014年5月，丝绸之路经济带首个实体平台——江苏连云港中哈物流合作基地正式启用，这是哈萨克斯坦乃至整个中亚第一次正式获得通向太平洋的出海口。中国和中亚天然气管道建设打造了绵延上万公里的"能源丝路"，保证了沿线4亿人口的生活燃料供应。"中国西部—欧洲西部"国际运输走廊项目加快落实，中国经中亚通往欧洲沿线国家的"中欧班列"取得飞速发展。与此同时，中吉乌铁路、中塔公路、中塔跨境光缆、乌鲁木齐枢纽机场建设等项目稳步推进。

在产能和技术合作方面，双方合作潜力巨大，始于2014年的中国哈萨克斯坦产能合作已形成52个早期收获项目，由中国企业承建的乌兹别克斯坦"安格连—帕普"铁路隧道通车，中国企业在吉尔吉斯斯坦投资建设的炼油厂和多个矿业项目也顺利实施。

在金融合作方面，中亚国家不断扩大与中方在本币支付和结算方面的合作，哈萨克斯坦已将人民币列为储备货币，中哈正就建设阿斯塔纳国际金融中心和商品交易所开展合作；中哈产能合作基金正式成立，两国金融和保险机构签署多项融资和合作协议，为双边重大项目实施提供了有力支持。

（四）中亚各国经济发展迅速，与中国贸易快速增长

1992年中亚各国独立之初，按现价美元计算的GDP总额只有470亿美元，到2000年降至不足400亿美元，之后逐步恢复增长，2013年最高达到3497亿美元，2016年下降到2525亿美元，但当年按2010年不变价美元计算的GDP达到3023亿美元，比2013年的2694亿美元仍有较大幅度上升。2016年与1992年相比，按2010年不变价美元计算的GDP年均增长4.07%，按现价美元计算的GDP年均增长7.25%，其中2000—2016年不变价美元GDP年均增长7.08%，现价美元GDP年均增长率更高达12.34%（见表1-2）。

表1-2　　　　　中亚五国GDP和贸易增长状况　　　　（单位：%）

	GDP （2010年不变价美元）	GDP （现价美元）	商品和服务出口 （2010年不变价美元）	商品和服务出口 （现价美元）	商品和服务进口 （2010年不变价美元）	商品和服务进口 （现价美元）
1992—2016 年均增长率	4.07	7.25	2.32	4.56	0.71	3.25
1992—1999 年均增长率	-3.03	-2.25	-4.08	-9.87	-8.92	-11.00
2000—2016 年均增长率	7.08	12.34	3.51	9.54	4.01	9.22

资料来源：依据联合国数据库（UNDATA）计算而得。

中亚国家对外贸易也大体经历了类似的变化。1992年，以现价美元

计算的商品和服务进、出口额分别为 346.95 亿美元和 297.14 亿美元,到 2000 年,两者分别降至 182.34 亿美元和 201.70 亿美元。按 2010 年不变价美元计算的 1992 年商品和服务进、出口额分别为 806.12 亿美元和 626.01 亿美元,到 1998 年降至谷底,分别为 401.83 亿美元和 434.79 亿美元,之后出现快速增长。到 2016 年,中亚国家以现价美元计算的商品和服务进、出口额分别达到 747.79 亿美元和 867.26 亿美元,与 2000 年相比,年均增长率分别高达 9.22% 和 9.54%,以 2010 年不变价计算的两项指标也分别达到 954.74 亿美元和 1085.16 亿美元,年均增长率分别达到 4.01% 和 3.51%。

与此同时,中亚国家对中国货物贸易也出现快速增长。2016 年与 1992 年相比,中国对中亚货物进、出口额分别从 1.73 亿美元和 2.91 亿美元增加到 120.78 亿美元和 179.69 亿美元,年均增长率分别高达 19.36% 和 18.75%,分别高于同期中国对世界进、出口额年均增长率 6.14 个和 4.45 个百分点。中国对中亚进、出口额在中国对世界进、出口中的占比分别达到 0.76% 和 0.86%,其间,2012—2014 年均超过 1%。

二 研究意义

(一) 理论意义

"一带一路"倡议提出以来,受到学术界的广泛关注,出现大量研究成果,涉及中国与"一带一路"沿线国家的各个领域和各个区域。但就产业互补性问题而言,仍有许多问题在理论上并没有得到很好的回答,如什么是产业互补,产业互补的基础是什么,哪些因素决定区域之间的产业互补关系,产业互补的类型及表现形态有哪些,产业互补关系如何影响区域之间的贸易关系和产业合作关系,等等。

本书将以中国西北地区与中亚五国经济发展水平、产业结构演进状况、贸易发展水平和贸易结构为基础,系统研究中国西北五省区与中亚五国产业互补关系以及产业互补的基础,揭示产业互补与区域产业合作的深层次原因,以丰富产业互补与产业合作关系的理论研究,为后续研究提供一些有益的借鉴。

（二）现实意义

"一带一路"贯穿亚欧非大陆，是东亚与欧洲中间广大腹地国家共谋发展的宏大经济愿景，是在经济全球化的背景下扩大对外开放的必然要求，其顺利展开可以更好地加强中国与其他沿线国家的合作，共同发展，共同进步，实现共赢，并向世界展示中国十分重视与其他国家共同发展的愿望。本书基于"一带一路"发展战略的背景环境，研究中国西北地区与中亚五国基于互补的产业合作问题，具有十分重要的现实意义。

第一，中亚五国是"丝绸之路经济带"走出国门后的第一站，能源丰富，市场潜力巨大，研究中国西北地区与中亚产业互补与合作，对疏解中国经济发展中的资源约束，提高资源保障能力，具有重要的现实意义。

第二，中国西北地区在中国整体经济格局中属落后地区，借助与中亚国家相邻的区位优势、悠久的历史渊源、相近的文化背景，开展与中亚五国的经贸合作，有利于推动中国西北地区的对外开放，提高西北地区各省区经济发展水平，缓解中国中、东、西部发展不平衡的问题。

第三，西北地区是"丝绸之路经济带"对外的门户，分析西北地区与中亚五国的产业互补与合作关系和类型，不仅可以明确西北地区与中亚五国进一步发展产业和贸易合作的方向，也可以为中国及国内其他区域与"丝绸之路经济带"沿线国家产业与贸易合作经验，拓展中国与中亚国家的合作领域。

第四，在"丝绸之路经济带"建设大背景下，进一步明确西北地区在"一带一路"愿景中的区域定位和产业分工，为中国西北地区各省区产业选择及对外开放提供理论支撑和政策建议。

三 文献综述

（一）国外主要研究进展

学术界对中亚的关注自其 1991 年独立后显著增加，国外学者也不例外，研究主要包括以下几个方面。

1. 中亚国家经贸发展相关研究

对于中亚国家经贸发展的研究，主要从经济利益关系、贸易现状和贸易制度等方面展开。Clarke M. E 认为新疆与中亚有很大的利益互补关系，1991 年苏联解体后，中国利用新疆独特的地缘优势与中亚地区融合，以此扩大对中亚国家的贸易影响力，双方区域一体化为中国的安全提供了保障，有助于双方经济发展和战略利益的实现，既巩固了中国对新疆的控制，又扩大了中国在中亚的势力，有助于中国的和平崛起。[1] Gael Raballand 等认为，中国与中亚的贸易额自 2002 年起的 5 年里增长了将近 2 倍，尽管中国与中亚贸易发展存在许多障碍，但中国西北地区政府相关政策的支持也促进了新疆与中亚的贸易增长，并就双方贸易增长的原因做出了相关解释。[2] Farrukh Suvankulov 等分析了中国、印度、俄罗斯和土耳其等国对中亚地区的出口，认为自 90 年代以来，各国均试图扩大向中亚的出口；通过扩张的引力模型和贸易互补性分析来比较实际出口量和模型预测的出口量，结果发现，中、俄对中亚的实际出口量超过了模型的预测值，而其他国家并未达到出口预测值。[3] Clemens Grafe、Martin Rasier、Toshiaki Sakatsume 研究了中亚的贸易壁垒问题，认为中亚地区的价格差异很大，这可能与国家的贸易障碍有关，特别是与执法机构在众多内部检查点寻租有关；该研究还证实，乌兹别克斯坦的贸易壁垒相对高于哈萨克斯坦和吉尔吉斯斯坦。[4]

2. 中亚国家产业发展相关研究

Ichiro Iwasaki 分析了中亚产业结构的发展特征，认为中亚的产业发展政策与欧洲类似，工业区位政策是影响中亚产业发展的因素之一，但真

---

[1] Clarke M. E., "China's Integration of Xinjiang with Central Asia: Securing a 'Silk Road' to Great Power Status", *China and Eurasia Forum Quarterly*, Vol. 6, No. 2, 2008, pp. 89 – 111.

[2] Gael Raballand, Agnes Andresy, "Why Should Trade between Central Asia and China Continue to Expand", *Asia Europe Journal*, May 2007, pp. 235 – 252.

[3] Farrukh Suvankulov, Yunnus Guc, "Who is Trading Well in Central Asia? A Gravity Analysis of Exports from the Regional Powers to the Region", *Eurasian Journal of Business and Economics*, July 2012, pp. 636 – 644.

[4] Clemens Grafe, Martin Rasier, Toshiaki Sakatsume, "Beyondborders – Reconsidering Regional Trade in Central Asia", *Journal of Comparative Economies*, No. 36, 2008, pp. 453 – 466.

正造成中亚产业结构发展扭曲的因素仍需重新审视。[1] Pinar İpek 探讨了哈国的石油和天然气在制定外交政策中的作用，认为哈国一贯奉行以石油发展为主导的多项外交政策，其独特的地缘政治在外交中所发挥的作用有限，迫使其与俄罗斯、中国、美国和欧盟等保持良好的外交关系，作为贸易平衡的伙伴。[2] Marc Lanteigne 认为苏联时期中国与中亚各国在能源外交方面取得重大进展，但苏联解体后，土库曼斯坦经历了复杂的领导变革，其他国家对其天然气形成激烈竞争，中国在获得中亚地区能源以保持自身的能源安全方面仍受到一些限制，有必要持续深化与中亚的能源区域合作。[3] Madan B. 和 Regmi 等利用时间—成本—距离方法评估了连接东北亚和中亚的两个重要的多式联运走廊的基础设施和运行状况，并根据调查结果找出了东亚和中亚多式联运走廊发展和运行中存在的问题和挑战，提出了有效改善有形基础设施和尽量减少非实物障碍以提高多式联运走廊运营效率的政策建议。[4] Gael Raballand、Antoine Kunth、Richard Auty 研究了运输成本在中亚各国与欧盟（EU）贸易方面所发挥的作用，研究结果显示，中亚地区的过境问题、贸易水平较低和贸易不均衡等是造成中亚与欧盟之间贸易量较低的主要原因。[5]

（二）国内主要研究进展

1. 经贸合作现状相关研究

陈玉荣从地理位置、资源禀赋、产业结构、贸易政策等方面对中亚

---

[1] Ichiro Iwasaki, "Industrial Structure and Regional Development in Central Asia: A Microdata Analysis on Spatial Allocation of Industry", *Central Asian Survey*, Vol. 19, No. 1, 2000, pp. 157 – 183.

[2] Pinar İpek, "The Role of Oil and Gas in Kazakhstan's Foreign Policy: Looking East or West", *Europe – Asia Studies*, Vol. 59, No. 7, 2007, pp. 1179 – 1199.

[3] Marc Lanteigne, "China's Energy Security and Eurasian Diplomacy: The Case of Turkmenistan", *Politics*, Vol. 27, No. 3, 2007, pp. 147 – 155.

[4] Madan B., Regmi, Syinya Hanaoka, "Assessment of Intermodal Transport Corridors: Cases from North-East and Central Asia", *Research in Transportation Business & Management*, Vol. 5, 2012, pp. 27 – 37.

[5] Gael Raballand, Antoine Kunth, Richard Auty, "Central Asia's Transport Cost Burden and Its Impact on Trade", *Economic Systems*, Vol. 29, No. 1, 2005, pp. 6 – 31.

国家进行了全面分析，认为中国与中亚的经济合作符合双方的共同利益，双方应将合作重点集中于能源、交通运输、信息通信和农业领域，并最终在上合组织框架下完成自贸区建设。[1] 保建云认为中国与中亚的双边和多边贸易迅速发展，贸易规模不断扩大，贸易水平不断提升，已成为关键的经贸合作伙伴，但双方进出口结构不平衡，贸易额波动较大，近些年由中方贸易逆差逐渐转变为中方贸易顺差。[2] 凌激认为中国与中亚的经济合作呈现良好态势，但仍存在中亚国家贸易投资环境差、安全形势严峻以及大国竞争等问题，中国应把握机遇，拓宽合作领域和渠道，继续深化与中亚的经贸合作。[3] 王志远[4]、李钦[5]分别研究了新疆与中亚的外贸发展，发现中亚区域一体化加快了与中国的贸易发展速度，且新疆与哈、吉、塔三国有共同的边界线，与这三个国家的贸易合作明显增加。同时，新疆应重视调整本区的产业结构，提高对原材料的利用能力和出口产品的技术含量，充分利用贸易途径提升新疆乃至全国的经济发展水平。

王海燕[6]、高志刚等[7]分别分析了中国企业进入中亚市场的机遇和前景，中亚迫切希望与中国在非能源领域形成合作，中国企业进入中亚市场前景广阔，但在政府和企业层面仍面临许多困难和挑战。秦放鸣和孙庆刚对中国的中亚战略进行了系统研究，首次尝试性地提出三重战略目标，即构筑西部安全屏障、建设能源及重要矿产资源运输大通道和发展全方位合作。[8] 程贵和丁志杰认为，自中亚独立以来，中国与中亚各国的

---

[1] 陈玉荣：《中国与中亚地区经济合作》，《国际问题研究》2004年第4期。

[2] 保建云：《中国与中亚五国进出口贸易特点及存在的问题分析》，《国际贸易问题》2008年第7期。

[3] 凌激：《中国与中亚国家经贸合作现状、问题及建议》，《国际观察》2010年第5期。

[4] 王志远：《中国与中亚五国贸易关系的实证分析》，《俄罗斯中亚东欧市场》2011年第6期。

[5] 李钦：《扩大中国与中亚五国双边贸易研究——基于新疆的视角》，《亚太经济》2009年第1期。

[6] 王海燕：《中国企业进入中亚市场的机遇与前景》，《俄罗斯中亚东欧市场》2009年第3期。

[7] 高志刚、刘伟：《一带背景下中国与中亚五国贸易潜力测算及前景展望》，《山东大学学报》（哲学社会科学版）2015年第5期。

[8] 秦放鸣、孙庆刚：《中国的中亚战略研究》，《亚太经济》2010年第2期。

经贸合作关系迅速升温,这一方面得益于双方包容互信的外交理念,另一方面双方在矿产资源和经贸投资等领域已形成互补合作,但双方未来合作也存在巨大挑战,如民族矛盾、区域政策不统一、贸易壁垒等,并对此提出了相应的政策建议。① 韩璐认为中亚是"一带"的关键区,尽管在"五通"领域取得了一些初步成果,但挑战与机遇并存,双方应继续努力,中国也应坚持积极主动的原则,走多边主义和多元化道路,加快"一带"战略的实现。②

2. 贸易互补性及贸易潜力相关研究

马骥和李四聪通过测算相关指数,研究了中国与中亚的贸易结构、产业内贸易状况和贸易紧密程度等,发现双方贸易关系紧密,双方在美国、德国、日本和俄罗斯等主要出口市场贸易竞争性较弱。③ 江丽和高志刚认为中国与中亚主要表现为贸易互补性,几乎不存在竞争性,其中与中国贸易关系最为密切的是吉尔吉斯斯坦,最为松散的是乌兹别克斯坦。④ 王广宇等将中亚五国作为一个整体,对中国与中亚双方进行竞争性分析和互补性分析,研究结果支持双方竞争性较弱的观点;同时发现,中国存在显著优势的产品为劳动密集型,而中亚存在显著优势的产品为原材料型。⑤ 高新才等的研究发现,中国与中亚贸易互补性呈上升态势,但互补层次较低,主要体现在双方贸易主要表现为产业分工水平较低的产业间贸易,仅极少数产品存在产业内贸易。⑥ 冯宗宪等通过计算产业内贸易指数对中国与中亚各国的产业内贸易水平进行了排序,从高到低依次为哈、乌、塔、吉、土,并进一步运用面板 Tobit 方法构建模型,对产

---

① 程贵、丁志杰:《"丝绸之路经济带"背景下中国与中亚国家的经贸互利合作》,《苏州大学学报》(哲学社会科学版)2015 年第 1 期。
② 韩璐:《丝绸之路经济带在中亚的推进:成就与前景》,《国际问题研究》2017 年第 3 期。
③ 马骥、李四聪:《中国与中亚五国贸易互补性与竞争性分析——以"丝绸之路经济带"为背景》,《新疆财经大学学报》2016 年第 1 期。
④ 江丽、高志刚:《中国与中亚五国商品贸易发展的比较研究》,《亚太经济》2014 年第 6 期。
⑤ 王广宇、张倩肖、董瀛飞:《中国与中亚五国贸易的竞争性和互补性研究——以"丝绸之路经济带"为背景》,《经济问题探索》2016 年第 3 期。
⑥ 高新才、王一捷:《丝绸之路经济带背景下中国与中亚国家贸易互补性研究》,《兰州大学学报》(社会科学版)2016 年第 2 期。

生该结果的影响因素进行了分析，结果显示主要影响因素包括经济规模相对差距、人均 GDP 差距、FDI 流入量、贸易开放程度和距离。① 崔登峰等构建引力模型对中国与中亚的贸易潜力进行分析，发现中国与哈、乌两国贸易发展潜力巨大，前景广阔；与吉国处于贸易最优状态；与土、塔两国发展潜力较小，需调整出口结构，寻找新的经济增长点。② 毕燕茹等通过构建引力模型发现上合组织对双方贸易发展并无显著影响，要继续完善该组织的经贸制度。③ 卫丁、许臻真进一步运用扩展的引力模型实证分析双方的贸易影响因素，发现对贸易产生积极影响的因素包括经济规模与各国开放程度；产生消极影响的因素包括距离、产业结构相似度、汇率和关税等；此外，人口因素对贸易影响不大。④

3. 贸易互补性影响因素研究

有关贸易互补性影响因素的研究，学者们多是从政策解读和经济意义方面进行定性分析，相关研究多集中于中国与日本、俄国、东盟之间。陈颖芳分析了中日高技术产品贸易互补性的原因，认为要素禀赋是导致两国形成贸易互补的最关键因素。其中，要素包括三部分：第一部分为传统国际贸易理论中的劳动、土地和资本；第二部分为新国际贸易理论中提出的技术、人力、研发、信息和管理等；第三部分是矿产、农业、林业、畜牧业、渔业等资源。另外，消费需求和国家政策也对互补性的形成产生一定影响。⑤ 朱子敬认为中俄形成贸易互补的重要原因有两个：一是产品差异性，差异越大就越能够满足两个群体之间消费者的不同需求。二是产业结构差异性，贸易互补是产业结构差异性在中、微观层面的具体表现，产业结构不同是导致贸易结构不同的根本原因，如果一个

---

① 冯宗宪、王石、王华：《中国和中亚五国产业内贸易指数及影响因素研究》，《西安交通大学学报》（社会科学版）2016 年第 1 期。

② 崔登峰、邵伟：《中国与中亚五国贸易竞争性、互补性和出口潜力研究》，《商业研究》2017 年第 3 期。

③ 毕燕茹、师博：《中国与中亚五国贸易潜力测算及分析——贸易互补性指数与引力模型研究》，《亚太经济》2010 年第 3 期。

④ 卫丁、许臻真：《中亚五国与中国贸易的影响因素分析——基于扩展的引力模型》，《经济问题》2017 年第 6 期。

⑤ 陈颖芳：《中日高技术产品贸易竞争性与互补性研究》，硕士学位论文，宁波大学，2012 年，第 39—47 页。

国家某种产业具有显著优势，其所属产品同样具有显著优势；如果不同贸易方的主导产业不同，则更有可能形成贸易互补。① 赵璐璐认为劳动力成本、产业结构、贸易壁垒以及关税同盟所导致的贸易转移和贸易创造是形成贸易互补的影响因素。②

4. 产业合作领域相关研究

布娲鹣·阿布拉在分析了中亚农业生产的有利条件后认为，中国和中亚在农业发展方面潜力巨大，中国应重视与中亚的农业合作，抓住上合组织平台提供的良好机遇，继续深化农业合作发展。③ 朱新鑫等研究发现，中国主要从中亚进口土地和资源型初级农产品，中亚从中国主要进口资本和技术型加工农产品，双方的农产品互补性较强。④ 余晓钟等认为中亚能源丰富且供给性较强，与中国的刚性需求形成强烈互补，并提出中国与中亚能源合作应分期逐步进行，首先要加强油气能源合作，其次要扩大能源合作范围，最后要深化能源合作领域⑤。仇瑨、李金叶对中国与中亚的研究主要从交通运输业着手，发现双方在交通领域的合作中仍存在技术标准不一致、交通管理制度不协调、运输成本高等诸多问题，应尽快解决上述问题，实现双方的互联互通。⑥ 段秀芳、王宪坤通过研究中国与哈萨克斯坦工业制成品的贸易结构发现，中国主要向哈出口劳动密集型工业制成品，从哈进口工业原料，双方贸易结构严重失衡，但中国向哈出口的贸易结构正逐步向合理化方向演进。⑦

---

① 朱子敬：《中俄贸易的互补性及其影响因素研究》，硕士学位论文，北京理工大学，2016年，第28—41页。

② 赵璐璐：《中国与东盟纺织服装贸易竞争性与互补性研究》，硕士学位论文，首都经济贸易大学，2011年，第29—30页。

③ 布娲鹣·阿布拉：《中亚五国农业及与中国农业的互补性分析》，《农业经济问题》2008年第3期。

④ 朱新鑫、李豫新：《中国与中亚五国农产品贸易竞争性和互补性分析》，《国际经贸探索》2011年第3期。

⑤ 余晓钟、高庆欣、辜穗、魏新：《丝绸之路经济带建设背景下的中国—中亚能源合作战略研究》，《经济问题探索》2016年第1期。

⑥ 仇瑨、李金叶：《中国与中亚国家交通运输业的合作发展探讨——基于"一带一路"战略背景考量》，《对外经贸实务》2016年第12期。

⑦ 段秀芳、王宪坤：《中国与哈萨克斯坦工业制成品贸易结构研究——基于"丝绸之路经济带"背景》，《新疆财经》2016年第3期。

(三) 文献评述

综合以上文献可以发现,对中国或中国西北地区的某个省区与中亚五国的产业互补与贸易关系的研究比较丰富,研究得到的结论都具有独到之处,对本书的研究具有重要的参考价值。但同时,这些研究也存在一些缺憾。

第一,大多数研究或是集中在中国新疆与中亚五国的经贸关系研究上,且更多只偏重于对一国贸易的分析,而忽视了中亚五国在丝绸之路经济带上作为一个重要经济区域的总体特征,"丝绸之路经济带"强调沿线战略节点国家的利益共享,其中的产业合作与贸易往来绝非单一国家利益的得失;或是集中于中国与中亚五国在某一产业上的互补性,单独从某类产品贸易入手,意在揭示双方该类产品贸易的现状和特点,难以全面反映中国西北地区与中亚五国的贸易涵盖全部大类商品贸易的事实。

第二,已有文献更多只考虑了中国或中国西北地区的某个省区与中亚之间的贸易关系,而没有基于双方的经济发展水平和产业结构状况,把它们放在全球贸易的环境下,研究双方的互补关系。

第三,鲜有文献把中国西北地区作为一个整体,来研究其与中亚的产业和贸易互补关系,也没有文献就西北地区在中国各大区域与中亚贸易中的区位优势进行研究。

本书将以中国西北地区和中亚五国的经济发展水平和产业结构演进状况为基础,在分析双方产业结构互补性的同时,把两个区域各自放在全球贸易的环境下,分析它们各自在全球贸易中的产业(产品)特征,并进一步以双方相互贸易的行业特征为依据,分析它们之间贸易的互补性。同时,对中国各大区域各自在对中亚贸易的区位优势进行比较,以进一步明确中国西北地区在中国与中亚贸易中的独特优势。

四 研究内容和研究方法

(一) 研究内容

本书共 11 章,大体可分为 6 部分。

第一部分为理论分析,由第一章和第二章组成。第一章除阐述了研究背景和意义外,还对国内外相关文献进行了梳理和评述;第二章在对相关理论简单概括的基础上,对产业互补性等相关概念以及产业互补性的基础进行分析。

第二部分为中亚和中国西北地区经济发展水平比较,由第三章和第四章组成。第三章分析中亚五国自独立以来的经济总量和人均GDP的增长变化过程;第四章分析中国西北地区自改革开放以来特别是1992年以来的经济总量和人均GDP的增长变化过程,并就中亚和中国西北地区经济总量和人均收入水平进行比较。

第三部分为中亚和中国西北地区产业结构及其互补性分析,即第五章。首先对中亚和中国西北地区的产业结构演进趋势进行分析,并以此为基础,分析双方产业结构的互补性。

第四部分为中亚和中国西北地区贸易互补性分析,由第六、第七、第八、第九章组成。第六章和第七章把中亚和中国西北地区放在全球贸易的环境下,分别分析它们各自对全球贸易的规模、区域及产品(产业)特征;第八章分析中亚和中国西北地区相互贸易的规模、国别和省区分布、行业特征;第九章从双方参与全球贸易的角度,基于商品名称及编码协调制度(HS),以贸易依赖度、贸易结合度、显示性比较优势为基础,分析双方具有互补性的产品类别。

第五部分为中国西北地区对中亚贸易的区位优势分析,即第十章。基于出口区位熵指标,以出口为例,评价中国六大区域在对中亚贸易中的区位优势,并基于中国国民经济行业分类,进一步分析西北及各省区在相关行业上对中亚出口中的区位优势。

第六部分为结论和政策建议,即第十一章。总结各部分研究的主要结论,并对西北地区进一步与中亚开展贸易和经济合作提出政策建议。

(二)研究方法

本书力求规范分析与实证分析相结合来研究中国西北地区与中亚五国产业互补性,具体研究方法如下。

第一,文献研究法。对现有著作和期刊文献等优秀研究成果加以收集、筛选和分类整理,构成本书研究的基础和重要参考。

第二,理论分析法。基于产业结构演进理论、国际贸易理论等相关理论，对产业互补性及其基础进行分析，为后续实证研究奠定理论基础。

第三，统计描述分析法。统计描述分析法主要用于经济增长、产业结构、贸易结构等现状的分析和描述。

第四，指数分析法。指数分析法主要用于贸易依赖度、贸易结合度、贸易互补性、区位优势等的分析。

第 二 章

相关理论基础及产业互补性

一 相关理论基础

(一) 国际贸易理论

1. 古典贸易理论

亚当·斯密（Adam Smith）在《国富论》一书中提出了绝对优势理论。绝对优势理论认为分工可以提高劳动生产率，绝对优势反映了国家之间生产成本的差异，并成为国际分工的基础。如果允许国家之间开展自由贸易，那么，各国都将在自己具有绝对成本优势的产品上实现完全专业化，并带来各国福利的增进和整个世界产出水平的提高。基于此，亚当·斯密推崇自由国际贸易，反对重商主义的贸易保护主义政策。

然而如果一国在所有商品的生产上都落后于另一国家，处于绝对劣势地位，那么按照亚当·斯密的理论，这两个国家就不具有国际贸易的基础。因此，绝对优势理论不足以解释普遍存在的国际贸易现象，以后的经济学家在亚当·斯密的理论基础上加以扩展，形成了比较优势理论。

比较优势理论由英国古典政治经济学家大卫·李嘉图（David Ricardo）在亚当·斯密绝对优势理论基础上发展提出，他认为贸易的两国在各种产品上的生产力差距不可能都一样，这种生产力差距的不同反映了两国各自的相对优势。在各种商品生产处于绝对劣势的国家可以专业化生产劳动生产率差距相对较小的商品，而在各种商品生产商均处于绝对优势地位的国家可以专业化生产劳动生产率差距相对较大的商品。基于比较优势的国际分工同样可以增进参与国际贸易各国的福利并提高整个世界的产出水平。

比较优势理论是绝对优势理论的一般化，从更一般意义上阐明了国际贸易和国际分工的基础，解释了绝对优势理论无法解释的现象，因此，成为国际贸易理论的基础。

2. 要素禀赋理论

要素禀赋论是传统国家贸易理论的核心，最早的提出者为瑞典经济学家赫克歇尔（Eli Heckscher），其在 1919 年用瑞典语发表了《对外贸易对收入分配的影响》一文，正式阐述了要素禀赋理论的基本观点。随后其学生俄林（Bertil Ohlin）在继承该理论基本观点基础上于 1933 年出版了名为《区域贸易和国际贸易》的论著，正式创建了要素禀赋论，扩展了大卫·李嘉图（David Ricardo）的比较优势论。此后罗伯津斯基（T. M. Rybczynski）、萨缪尔森（P. Samuelson）、斯托尔珀（W. Stolper）等经济学家对该理论进行了不断补充和完善，并进一步提出了斯托尔珀—萨缪尔森定理（1941）、要素价格均等化定理（1948）和罗伯津斯基定理（1955），与赫克歇尔—俄林理论一并构成了广义上的要素禀赋论。

赫克歇尔—俄林理论（Heckscher-Ohlin，简称 H – O 理论）即狭义的要素禀赋论。该理论认为，国际贸易之所以会发生，其根源在于各贸易国国内生产要素禀赋状况（生产要素的丰缺程度）不同，这也直接决定了国际贸易的分工格局，揭示了各贸易国该如何具体选择进出口商品。具体而言，各国出口商品应是其国内资源禀赋相对丰裕，而价格相对便宜的生产要素所生产的商品；自外进口的商品则相反，应是使用本国相对稀缺的资源，但价格又相对昂贵的生产要素生产的商品，这里的生产要素包括劳动力、资本及土地等。换句话说，各国应认真审视本国资源禀赋状况，若本国劳动力丰富而资本稀缺就应大量出口劳动密集型产品，进口资本密集型产品；反之，则应大量出口资本密集型产品而进口劳动密集型产品。

在广义要素禀赋理论中，斯托尔珀—萨缪尔森定理解释了商品价格与要素价格之间的关系，认为商品相对价格的上升将导致一国生产中密集使用的要素价格（要素报酬）的上升和其他生产要素价格的下降，因此，自由国际贸易将增进丰裕要素所有者的利益，而损害稀缺要素所有者的利益。要素价格均等化定理认为，由于参与国际贸易的各国生产要素自然禀赋不同，因而要素价格亦会不同，但会随着生产要素以及商品的国际流动最终导致要素价格均等化,即一国相对丰裕要素的价格将会上升,而相对稀缺要素的价格将会下降,最终使生产要素价格在不同国家之间趋于一致。罗伯津斯基定理考察了商品价格不变时,有偏向的要素供给增长对生产的影响,认为在商品价格不变的前提下,某一要素的增加会导致密集使用该要素部门的产量增加,而另一部门的产量下降。

3. 需求重叠理论

需求重叠理论也称为偏好相似理论,属于新贸易理论范畴。1961年瑞士经济学家斯塔芬·伯伦斯坦·林德（Staffan B. Linder）在其出版的《论贸易与转变》一书中首次提出。该理论是用国家间需求结构的相似来解释工业制成品的发展,首次从需求角度分析了国际贸易产生的原因,同时也解释了要素禀赋论所不能解释的偏好相似的国家间所存在的产业内贸易情况。根据 H－O 理论,各国资源禀赋状况越不相同,国际贸易产生的可能性越大,且相互间的贸易量也会越大,反之亦反。但林德则另辟蹊径,得出了人均国民收入水平越相似,即经济发展水平越相似的国家间其贸易联系就会越紧密,贸易程度也越密集的结论。

需求重叠理论存在两个重要观点：一是国内需求决定了产品出口国的可能性。某类产品只有当其在一国国内需求具有了一定规模,才可能成为具有相对优势的产品,为满足国内需求和谋求利益最大化,企业才会扩大规模、降低成本,最终使该产品在国际市场中具有竞争力。二是需求结构越相似的国家,其相互间的贸易量也越大。该观点认为,人均收入水平是影响一个国家需求结构的主要因素,因而可将其作为评价两国需求结构相似与否的指标。两国的人均收入水平越接近,则需求偏好越相近,贸易量就会越大。总之,在林德看来,需求结构将影响两国间贸易的可能性,需求结构差异则是国际贸易的潜在障碍。该理论与 H－O 理论最大的不同还在于,即使一国在某种或多种产品上具有比较优势,但其他国家倘若因收入水平低而对其产品并不产生贸易需求,那么这两个国家间的贸易往来也无从谈起。

4. 产业内贸易理论

古典贸易理论和要素禀赋理论很好地解释了产业间贸易,但是,20世纪60年代后,国际贸易领域中产生了一种异于传统贸易中不同产品间贸易的模式,即对于同一类产品,一国既存在出口也存在进口,这种主要发生于经济发展水平相似国家之间的现代国际贸易新形式被称为产业内贸易。格鲁贝尔（Grubel）和劳埃德（Lloydxih）在考察欧共体成员国家贸易类型时，将国际贸易细分为两类，一类为产业内贸易（Intra-industry Trade），另一类为产业间贸易（Inter-industry Trade）。前者为某国家在特定时期中，一类产品同时出现进口与出口双向流动，其成因为成本与规模报酬呈现了反比例关系；后者是指贸易双方对各自要素丰裕的产品进行交换，贸易原因是国家间资源禀赋的差异性。他们围绕针对产业内贸易的农产品季节性与贸易成本呈现的关系做出了相关阐述，认为一个国家在某季度集中对某商品进行出口，但是在其他季度对这一商品又采取进口方式。另外，当产品的物流成本较大时，即使一个国家的某地区可以生产某产品，但因为距离很远，其他地区就会选择通过相近的国家来对这一产品进行进口，这样就出现了产业内贸易。还有一些国家以从事转口贸易为主，对某一类产品进行进出口流通是十分常见的现象，也能够形成较大的产业内贸易。格林那威（David Greenaway）、海因（R. Hine）、米尔纳（Chris Milner）在分析英国的产业内贸易时，提出了水平型与垂直型产业内贸易，前者是指交换质量相同但产品规格与款式不同的商品，后者是指交换质量层级不同的商品。

  产业内贸易理论依照研究对象的不同，可以分为传统理论和理论扩展两个阶段，前者主要研究最终产品产业内贸易，并从供需两方面着手。从生产者供给角度看，可以分为基于规模经济、产品多样化与消费者偏好的水平性产业内贸易和基于完全竞争市场结构、要素禀赋比较优势的垂直型产业内贸易，它们分别解释了发达国家之间和发达国家与发展中国家之间的产业内贸易；从消费者需求角度看，主要从消费者偏好和需求多样性、差异性且存在重叠的消费层次结构来解释产业内贸易。后者基于发达国家跨国公司对全球价值链的控制而对产品生产阶段或生产工序可分割性的中间产品进行研究，形成基础是要素禀赋差异，主要包括产品生命周期理论、跨国公司内产业内贸易模型等理论。

  产业内贸易理论认为，自然要素禀赋的差异不再是决定国际贸易的根本原因，贸易量也不再完全取决于要素禀赋的差异程度，贸易的要素模式和商品也不再具有必然性，且产业内贸易可以产生规模经济增加、生产效率提高、商品价格下降、商品种类增加、福利增加等潜在利益。

(二) 区域合作理论

1. 新经济地理理论

新经济地理理论（简称 NEG 理论），属于区域合作的前沿理论，具体包含区域理论、新贸易理论以及收敛与发散理论等。该理论形成于20世纪90年代，代表性人物有保罗·克鲁格曼（Paul R. Krugman）、瓦尔兹（Waltz）、藤田（Fujita）、维纳布尔斯（Venables）、莫瑞（Mori）等，其中最具代表性的当数美国经济学家保罗·克鲁格曼，其于1991年在《政治经济学杂志》上发表的题为《报酬递增与经济地理》一文首次对新经济地理理论进行了初探，随后发表的系列论著，诸如《地理学与贸易》（1991）、《发展：地理学和经济学理论》（1995）等又对该理论进行了进一步阐述，为新经济地理理论的形成与发展做出了巨大贡献，其也因此荣获了2008年诺贝尔经济学奖。

新经济地理理论认为，规模收益递增、外部性、不完全竞争、运输成本是推动国际贸易产生的重要因素，同时也是国际区域经济合作能够兴起且不断繁荣的重要原因。距离及其带来的相应运输成本不仅决定着国际贸易的流量，同样也影响国家间的贸易方式、产业结构、要素价格、收入差异等，且贸易活动的区位选择依赖于要素密集度和运输密集度。对此，克鲁格曼更是依托 D–S 模型构建了中心—外围模型以证明上述观点。在他看来，运输成本在国际贸易与区域合作中发挥着重要作用，其直接构成国际贸易的交易费用，进而影响国际贸易的双向流量。因此，地缘越是接近的国家由于经济交往成本相对较低，交通更为便利，经济往来也越加频繁，简言之，地理距离相隔越近，双方贸易量就越大。

此外，新经济地理理论还进一步揭示了区域经济合作具有市场性，但国家在区域合作中发挥的作用仍不可替代，且对经济发展水平较低的国家而言，积极加强与中心区域的合作交流极为必要。

2. 国际区域竞合理论

竞争与合作是区域经济存在与发展中所固有的且长期存在的方式，二者相互并存，相互促进。"竞合"作为经济学的一个新名词，最早出现于美国学者布兰登勃格（Brandenburger）和奈勒波夫（Nalebuff）在1996

年发表的合著《竞合策略》一书中。而国际区域竞合理论则随着区域竞合实践的不断演变而发展起来，目前该理论正从以竞争为主、合作为辅向以合作为主、竞争为辅的方向演变。

最早有关国际区域竞合理论当数古典与新古典国际贸易竞合论，其所探讨的都是基于国家间的分工与竞争下的合作，这些实质上也都属于国际区域竞合理论的范畴。而真正开启现代国际区域竞合概念的则是美国经济学家约瑟夫·熊彼特（Joseph Alois Schumpeter），其在20世纪初所提出的创新提高国家竞争力的创新竞合论有效开辟了现代国际区域竞合论的先河。"二战"后兴起了多种现代国际区域竞合论，包括应用于区域组织间的区域竞合博弈论、应用于区域经济增长不同阶段的增长极非均衡布局竞合论以及应用于区域长期发展的新经济增长理论、区域贸易战略竞合论、国家竞争优势论等。这些理论的核心都在于强调竞争与合作是区域经济发展中固有且并存的两种方式，一方面区域竞争无条件存在，另一方面区域合作也是区域经济发展的客观要求，但并非无条件存在。因此各国在参与和推进区域经济合作时必须认识到区域竞合的并存性、动态性以及相互促进关系，同时必须重视区域合作的客观性与复杂性。

3. 空间相互作用理论

空间相互作用理论最早由美国地理学家厄尔曼（E. L. Ullman）提出。由于世界上任何一个区域、一个城市都不可能孤立存在，城市与城市之间、区域与区域之间都存在着某种相互依赖关系，正是这种关系的存在才使得物质、能量、人员和信息能够在区域间源源不断地交换，现代社会的商品、劳动力、资金、技术、信息等才能得到有效传输，也正是这种相互作用，地理空间彼此分离的城市才能够结合为具有一定结构功能的有机整体。空间相互作用将在正反两个方面影响区域经济关系的建立与发展：一方面通过区域间的相互作用可加强彼此区域空间的各方联系，互通有无，从而带来新的发展机遇和发展空间；另一方面区域空间相互作用的存在还会反作用于各区域，加大对区域间资本、技术、人才乃至发展机会的竞争，从而也可能给区域发展带来损害。

厄尔曼在1956年还同时提出了不同空间相互作用的产生必须满足的

三个条件，即互补性、可运输性（可达性）、中介机会（干扰机会）。具体来说，首先，互补性从供需关系角度出发，认为相关区域间必须存在着对某种要素的供求关系，也即一区域所给的恰是另一区域所需的，该条件构成了空间相互作用的基础。互补性条件多侧重于贸易关系的分析，即两区域贸易互补性越大，要素在该区域的流动量也越大。其次，可运输性从距离角度出发，以要素的可达性程度为依据，认为空间相互起作用的前提之一是要素能够在区域间进行传输。距离越远，产生相互作用的阻力就越大，商品与人员的流动性就越差。最后，中介机会从外因出发，认为两区域间的相互作用很大程度上还会受外来因素的干扰。中介机会既是空间产生相互作用的条件，亦是空间改变原有相互作用格局的重要因素。

（三）产业结构演进理论

产业结构演进理论主要研究三次产业结构以及工业内部结构演变规律及发展特征，代表性理论有配第—克拉克定律、库兹涅茨法则、霍夫曼定理以及钱纳里"标准结构"模型等。

最初研究三次产业比重变化规律的是英国古典经济学家威廉·配第（W. Petty），他在1690年出版的《政治算术》中，通过对英国、法国、荷兰的经济发展情况及其形成原因进行分析，发现商业收益比工业收益要大，而工业收益又比农业收益大，收益的不同造成收入的不同，劳动者为了追求更多的收入逐渐由农业向工商业转移。在配第的研究基础之上，克拉克（Clark）通过对40多个国家不同时期三次产业变动的整理和比较发现，在经济发展过程中就业比重的变动规律表现为以农业为主导逐步向以第二产业为主导，继而向以第三产业为主导转变。配第和克拉克发现的人均收入变化引起劳动力流动，从而导致产业结构演进的规律被称为配第—克拉克定律，是最早关于产业结构演变规律的理论。

美国经济学家库兹涅茨在继承克拉克研究成果的基础上，收集、整理了20多个国家的数据，从三次产业的国民收入和劳动力分布两个维度出发，分析研究了经济发展过程中的产业结构变迁规律。库兹涅茨把产业分为农业部门、工业部门和服务部门，他认为在经济发展过程中，农业部门的国民收入份额与人均国民收入的增长呈反比例变化关系，而工业部门和服务部门的国民收入份额则随着人均国民收入的增长呈正比例变化。也就是说，人均国民收入越高，农业部门的份额越小，而工业部门和服务部门的份额越大。

美国经济学家钱纳里和塞尔奎因在克拉克、库兹涅茨等人研究的基础上，对发展中国家的产业结构与就业结构的变化趋势进行了研究，并且对100多个国家在不同层次上的收入数据进行了分析，总结了全球产业结构与就业结构的变化特点，提出了经典的"发展模式"学说。他们认为，随着人均收入水平的提高，第一产业生产总值占GDP比重、劳动力占总就业人口的比重将下降，工业和服务业生产总值比重和劳动力比重将上升。20世纪80年代，钱纳里和塞尔奎因通过对1960—1980年历史数据的分析，建立了产业结构标准模型，将人均GDP数据分为六个阶段。第一阶段是不发达经济阶段，其产业结构以农业生产为主，几乎没有现代工业或者很少，社会的生产力水平低下。第二阶段是工业化早期阶段，其产业结构出现的特征是，逐渐地由农业生产为主转移到现代工业主导的发展模式，形成了具有一定规模的现代工业生产体系。在该发展阶段，工业生产主要以食品、烟草、采矿和建筑材料等初级产品为主。第三阶段是工业化发展的中期阶段，第二产业由轻工业向重工业快速转变，农村剩余劳动力向工业生产部门与服务业部门进行快速的转移，非农劳动力开始占据主导地位，这一阶段被称为重工业化阶段，其典型特征是重工业成为国民经济发展的支撑产业，工业以资本密集型产业为主。第四阶段是工业化后期阶段，主要特征是第一产业与第二产业相对协调，第三产业进入高速增长期，并逐渐成为国家或者区域经济发展的支撑，新型服务业也逐渐成为发展最快的领域，如金融、信息、广告、公用事业、咨询服务等。第二、第三、第四阶段被称为工业化阶段，是一个社会从传统型经济向现代型经济转变的关键时期。第五阶段是后工业社会阶段，第二产业内部由资本密集型逐渐向技术密集型进行转变，并逐渐使技术密集型产业成为国民经济发展的主导力量，居民生活方式基本实现现代化，高端耐用消费品在居民生活中日渐普及，同时，技术密集型产业发展迅速并开始向知识密集型产业转变。第六阶段是现代社会阶段，第三产业逐渐细分，知识密集型产业快速发展并与第三产业分离，逐步成为国民经济发展的主导产业，居民的消费水平空前提高，消费方式呈现高度的多元化与独特化，个性化成为居民生活方式的核心。

二 产业互补性及其基础

（一）经济互补性、产业互补性、贸易互补性

在经济学研究中，互补性这一经济学概念最早由弗朗西斯·爱德华斯提出，他从消费的角度理解互补性，认为一种商品消费的边际效用可以通过另一种商品的消费得以加强，那么，这两种商品之间存在互补关系。

除了消费者行为理论中产品之间的互补性（与替代性对应）之外，这一术语也被广泛用于其他研究，常见的概念从所涉及的范围大小看，包括经济互补性、产业互补性、贸易互补性等。

青木昌彦认为，互补性一词虽然源于消费领域，但同样可以准确应用到很多其他领域，例如，一个国家为解决某问题而做出的努力可能因为另一国家具有的解决问题的能力而变得更加富有成效，反之亦然。他认为，互补性概念对国际经济领域的很多重要问题都有启示，如在中美经济互补问题上，中国需要大力节约，以应对已经来临的老龄化问题，而美国可以为中国制造的商品提供市场；另外，美国要保持其经济活力和技术领导力，而中国则可通过经济持续增长和制造业基础为此做出贡献。但是，这种互补性可能会以贸易失衡的形式呈现。[①]

关口末夫（Sueo Sekiguchi）曾研究过东北亚产业互补性（Industrial Complementation）问题，并将产业互补性分为政策主导型和市场主导型。前者被认为是"产业化互补"，指政府相互合作，至少在某些特殊行业形成彼此认同的分工，如东盟国家于1981年签署的《东盟产业互补性基本协议》（*Basic Agreement on ASEAN Industrial Complementation*），倡导对产业互补性篮子中的项目给予政策支持；后者则是指国家之间由市场力量主

---

① ［日］青木昌彦：《经济结构：失衡抑或互补》，《中国发展观察》2010年第4期。

导形成并被观察到的产业互补现象。①

张丽平在研究中美之间产业互补性时,将产业互补性分为"此生彼长"型互补和"你有我无"型互补。前者是指处于同一价值链上的上下游产业之间的互补关系,认为这种互补关系是商品之间的互补关系向产业范畴的扩展,是产业内垂直分工的结果,在国际贸易中表现为"垂直性产业内贸易";后者是指一国拥有另一国不存在的产业,或另一国虽然拥有相同产业但产品存在差异性而形成的互补关系,认为这种互补关系是产业间垂直分工的结果,在国际贸易中表现为"产业间单向贸易",两国可以通过贸易渠道相互弥补彼此的市场需求,是区域分工贸易理论与比较优势理论在国际贸易发展中的具体体现。同时,她将国家之间产业内的水平分工理解为产业间竞争关系,在国际贸易中表现为水平性产业内贸易。②

关于贸易互补性,国内学术界有大量研究成果,但就这一概念并未形成一致意见。潘青友认为,每个国家在资源禀赋和生产技术等方面具有比较优势,通过专业化生产进行国际贸易不仅能够满足贸易双方的多样化需求,而且可使各自具有不同比较优势的国家通过贸易形成互补。③ 于津平认为,一国的出口产品与另一国的进口产品吻合度越高,贸易互补性越强。④ 关志雄将贸易互补性分为两类:第一,对于不同种类的产品而言,贸易双方出口产品的重叠程度越小,贸易互补性越强;第二,对于同一种类的产品而言,互补性随着产品差异性的加大而增强。各国具有比较优势的产品往往不同,以中国和日本出口彩电为例,日本出口清晰度较高的彩电,中国主要出口普通型彩电,且中国从日本大量进口元件和半成品,日本彩电的售价比中国高出一倍。可见,中国与日本所形成的贸易互补在于日本具有比较优势而中国不具有比较优势的那部分产业。⑤ 这一观点与新贸易理论中的产业间互补和产业内互补在很大程度上

---

① Sueo Sekiguchi, Industrial Complementation in Northeast Asia, http://www.neaef.org/pubs/neaef03/10.sekiguchi.pdf.
② 张丽平:《中美产业互补性研究》,商务印书馆2011年版,第17页。
③ 潘青友:《中国与东盟贸易互补和贸易竞争分析》,《国际贸易问题》2004年第7期。
④ 于津平:《中国与东亚主要国家和地区间的比较优势与贸易互补性》,《世界经济》2003年第5期。
⑤ 关志雄:《中日互补论》,载《"21世纪中日经济合作与展望"国际学术研讨会论文集》,中国社会科学院日本研究所,2004年,第75—81页。

相吻合。

可以看出，异质性是互补性的基础，而同质性导致竞争性。经济互补性源于不同经济体之间经济结构的差异性①，是一个较为宏观的概念，它可以从更为广泛的角度说明两个国家或区域之间的基本经济关系，除产业互补性和贸易互补性外，还可以从市场的异质性、要素的异质性、技术的异质性等层面，分析不同国家或区域之间在市场、要素、技术等方面的互补关系。

产业互补性源于不同经济体之间产业的异质性或同一产业内部产品的异质性，是一个中观的概念，是经济互补性的表现之一，主要研究两个国家或区域之间在产业及产品层面的互补关系，如基于标准产业分类的大类产业之间、中类产业之间，或基于产业关联关系而形成的上下游产业之间等的互补关系，以及基于产品的异质性而形成的互补关系。

贸易互补性源于不同经济体之间产品结构的异质性，是一个较为微观的概念，是产业异质性的结果和产业互补性的具体体现，主要研究两个国家或地区之间在产品层面上的互补关系，如基于国际贸易分类（SITC 或 HS）的国家或地区之间，基于产品差异性的同一产业内部垂直差异化产品、水平差异化产品之间等的互补关系等。

经济互补性、产业互补性、贸易互补性既可以用于研究国家之间的互补关系，如上一章文献综述中所提及的相关研究，也可以用于研究一个国家内部不同区域之间的互补关系，国内也有一些这方面的研究。

（二）产业互补性的类型

从国家之间的关系来看，产业互补性与贸易互补性往往密不可分，产业互补关系最终或多或少会以国际贸易的方式表现出来。国际贸易可以分为两类：第一类为产业间贸易，指一国的某一产业在一定时间段内只存在进口或只存在出口的贸易类型；第二类为产业内贸易，指一国的某一产业在一定时间段内既存在进口又存在出口的贸易类型。按照这种分类，可以将产业互补性分为产业间互补和产业内互补两种类型。

---

① 由偏好相似而形成的经济互补关系除外。

1. 产业间互补

产业间互补是指国家之间因产业的异质性而形成的互补关系，它既可以源于国家之间资源禀赋差异而形成的水平国际分工，也可以源于国家之间工业化水平、技术水平差异而形成的垂直国际分工。前者表现为国家之间产业的差异性，即一国拥有另一国并不存在的产业；后者表现为国家之间产业的关联性，即一国拥有另一国某产业的上游或下游产业。从这个意义上讲，张丽平所说的"你有我无"型互补和"此生彼长"型互补均属于产业间互补，上游产业和下游产业虽然存在关联关系，但它们毕竟属于不同产业，如有色金属矿采选业与有色金属压延加工业。

产业间贸易是产业间互补的结果，具体表现为国家之间某一产业产品的单向流动，是国际贸易与生产合作的初级形态。

2. 产业内互补

产业内互补是国家之间因同一产业内部产品的异质性而形成的互补关系，这种异质性既可以表现为垂直差异化（如高档轿车与低档轿车），也可以表现为水平差异化（如机械表与电子表），是同类产品在质量、包装、款式或在信贷条件、广告宣传等方面的差异而形成的同一产业内部的互补关系。

按照国际贸易理论，产业内互补的原因较为复杂，它可以源于资源禀赋，如木材资源丰富的国家生产的木制桌子与塑料资源丰富的国家生产的塑料桌子之间的互补；可以源于历史的或偶然的原因而形成的规模经济，如瑞士的机械表与日本的电子表之间的互补；可以源于收入水平相近国家之间的偏好相似（需求重叠），如发达国家之间的产业内贸易；也可以源于国家或区域之间的距离，如美国与加拿大之间的木材贸易。

产业内贸易是产业内互补的结果，具体表现为贸易双方对某种产品既有出口又有进口的贸易行为，是国际贸易与生产合作的高级形态。

可以认为，具有较强产业互补性和贸易互补性的国家之间将表现出更大的经济合作潜力，两国之间进行贸易的可能性会显著增加。因此，国家的产业合作和贸易发展可以基于产业互补性和贸易互补性挖掘彼此潜力，通过合理分工进行专业化生产，形成优势互补，以此促进资源的充分利用和生产效率的提高。

(三) 产业互补性的基础

1. 自然资源禀赋差异

自然资源禀赋理论认为，每个国家的地理方位、气候特征和资源储量等都存在明显不同，各国会从事不同产品的专业化生产。因此，国际分工的主要原因有两个：第一，各国资源禀赋的有无造成了国际分工的不同。如果一个国家具有其他国家没有的某种自然资源，就决定了其他国家无法生产这类产品，只能依靠进口满足国内需求。第二，各国资源禀赋的多少造成了国际分工的不同。如果一个国家需要大量的某种自然资源，但该国对这种自然资源较为缺乏或储量较小，则该国必须从那些自然资源储量较为丰富的国家进口。因此，两国之间的自然资源禀赋存在上述差异时可形成贸易互补，且自然资源禀赋差异越大，互补性越强；反之，互补性越弱。

2. 产业结构差异

国际贸易可通过出口本国产品刺激国内需求增长、进口外国产品增加国内供给来影响本国产业结构；而一国的产业结构与其资源禀赋、在国际市场中的地位、工业化发展阶段密切相关。根据比较优势理论，各国之间不同的优势产业势必会生产出占据不同比较优势的产品，从而形成产业互补。因此，产业结构差异是构成产业互补性的基础。就工业品而言，中国的工业化水平越高，与中亚的产业结构差异越大，向中亚国家出口工业品的种类和数量就越多、技术含量越高，双方的产业互补性越强；反之，中国的工业化水平越低，与中亚的产业结构差异越小，中亚为满足国民需求会从其他国家大量进口工业品，从而发生贸易转移，导致双方产业互补性减弱。

3. 劳动力资源差异

根据人力资本理论，受教育程度、劳动能力、职业类别和生活方式不同的人群构成了一个国家的人力资本。由于每个国家的人力资本并不相同，所提供的劳动也不同质。一般来说，丰富的劳动力资源是多数国家进行贸易和交换的有利条件，这类国家所生产的劳动密集型产品在国际上势必会有显著的竞争优势，与其他许多国家形成产业互补，尤其与那些工业发展体系不健全的国家表现出的产业互补性更加明显。因此，一国的劳动力资源越丰富，与其他国家的劳动力资源差异越大，双方的互补性越强；反之，互补性越弱。

4. 消费需求相似性

林德的偏好相似理论从需求角度解释了形成国际贸易的原因。一类产品是为了满足自身国民需求而诞生的，当生产国对此类产品的国内市场有限时才会将其推广至国外市场。而人均收入水平是影响需求差异的最主要因素，贸易双方的人均收入水平越接近，同类产品的交易量就越大。根据产业内贸易理论，两国人均收入水平差异越小、消费需求越相似，消费者对同等质量产品的需求会越大，双方贸易的可能性就越大，贸易的密切程度越高，互补性也就越强；反之，两国人均收入水平差异越大，消费需求差异也越大，需求结构越不相同，双方贸易的可能性越小，互补性越弱。

5. 科技水平差异

根据波斯纳的技术差距理论，科技发展水平高的国家，工业化水平也高，能较早研发出某些新产品，其他国家需经过一段时间的努力才能克服技术差距从而实现对新产品的模仿。因此，在一段时间内，工业发达的国家可利用技术控制，垄断新产品的生产和对外出口。而科技发展水平较低的国家所需的高技术工业品等多数依赖从科技发展水平高的国家进口。因此，科技水平差异越大的国家之间工业品的互补性就越强；反之，互补性越弱。

6. 市场规模差异

一国进口的基础是需求。在本国总供给和产出结构一定时，市场规模越大，进口需求也就越大。市场规模在一定程度上可以反映一个国家的经济发展规模。随着一个国家经济总量的不断上涨，市场规模将逐渐扩大。若两国市场规模差异减小，双方消费市场的需求数量将显著增加、需求水平将不断提升，将为双方的贸易往来提供良好契机，使产业互补性显著增强；反之，市场规模差异越大，互补性越弱。

7. 其他因素

国家政策、文化、宗教、政治等诸多方面也是影响中国与中亚贸易互补的重要因素。"一带一路"是中国为谋划全方位改革开放格局做出的重要决策，中国积极出台财税、金融、投资贸易合作、海关和交通运输等方面的支持政策为该倡议保驾护航。而中国与中亚作为沿线国家，受到国家政策的倾斜，双方将形成新的贸易合作模式，拓宽合作领域，促进贸易转型升级，优化贸易结构，极大地推动双方贸易发展。然而，中亚国家政治形势复杂、市场开放难度大、民族宗教矛盾复杂、文化繁杂多样等因素也对双方贸易发展起到了一定的阻碍作用。

第三章

中亚经济发展水平

一 中亚五国及与中国的历史渊源

(一) 中亚五国概况

1991年哈萨克斯坦、吉尔吉斯斯坦、乌兹别克斯坦、土库曼斯坦、塔吉克斯坦先后宣布独立,中国把这五个国家称作中亚国家。"中亚"(中亚细亚)意为亚洲的中部地区,西到里海和伏尔加河,东到中国的边界,北到咸海与额尔齐斯河的分水岭,并延伸至西伯利亚大草原的南部,南到伊朗、阿富汗的边界。2016年底中亚五国总人口为7006万人,占"一带一路"沿线64个国家总人口的2.18%,占全球总人口的0.95%。

中亚地区地缘位置重要、战略地位突出,区域内蕴含着丰富的石油、天然气资源。在独立后的前几年中,各国均经历了严重的经济衰退,按2010年不变价美元计算的GDP从1992年的1159.99亿美元下降到1999年的935.15亿美元,年均增速为-3.03%。2000年以后,随着全球一体化进程的加速以及中亚国家对外开放程度的加大,中亚国家经济进入快速发展轨道,与世界经济发展的联系也越发紧密。2016年,按2010年不变价美元计算的GDP达到3023.11亿美元,商品和服务出口总额达到1085.16亿美元,进口总额达到954.74亿美元。

中亚国家积极融入世界经贸格局,为中亚国家经济的发展提供了新的动力和发展契机。但与此同时,与经济全球化相伴随的外部性风险对中亚国家经济的平稳运行也带来了严峻挑战。中亚国家经济收入主要来源为能源出口、原材料出口以及劳务输出,这些收入与世界经济整体形势密切相关,同时,收入来源的单一性也增大了中亚国家经济发展的脆弱性和不稳定性。

中亚五国均属于苏联加盟共和国，在独立后各国都经历了痛苦的转型过程，在这一过程中，中亚国家之间市场化发展程度差异很大。哈萨克斯坦的市场化程度近年来发展相当迅速，在私有化程度、鼓励发展中小企业等方面进展迅速，但是政府在价格控制、汇率和贸易制度等方面的限制较多；塔吉克斯坦的市场化转型速度相对居中，制约了其市场环境发展的健全和引资制度的完善；乌兹别克斯坦和土库曼斯坦市场化转型速度较慢，特别是土库曼斯坦，其各个领域的市场化水平均很低，有些领域几乎没有实施市场化改革，而乌兹别克斯坦制度环境不健全，中小企业发展空间狭小。

1. 哈萨克斯坦

哈萨克斯坦是世界最大的内陆国，国土面积约272.49万平方公里，排名世界第九位，约占地球陆地表面积的2%，领土横跨亚欧两洲，国境线总长度超过1.05万公里。哈萨克斯坦通过里海可以到达阿塞拜疆和伊朗，通过伏尔加河、顿河运河可以到达亚速海和黑海。东南连接中国新疆，北邻俄罗斯，南与乌兹别克斯坦、土库曼斯坦和吉尔吉斯斯坦接壤。2016年底总人口1779.7万人，有130多个民族，其中哈萨克族约占66%，俄罗斯族约占21%。大多数居民信奉伊斯兰教。

哈萨克斯坦自然资源非常丰富，已探明的矿藏有90多种。煤、铁、铜、铅、锌产量丰富，铀产量位居世界第一，被称为"铀库"。里海地区的油气资源也十分丰富，已探明的石油储量达100亿吨，煤储量为39.4亿吨，天然气储量为11700万亿立方米。钨储量占世界第一位，铬、磷储量占世界第二位，铜、铅、锌、钼储量占亚洲第一位。森林和营造林2170万公顷，地表水资源530亿立方米。

哈萨克斯坦在中亚五国中经济实力最强，2016年，按2010年不变价美元计算的GDP为1904.69亿美元，人均GDP高达7505美元（现价）。独立后分阶段实施了市场化和私有化改革，正处于从计划经济向市场经济转轨阶段。经济以石油、天然气、采矿、煤炭和农牧业为主，工业基础较为薄弱，轻工业发展相对落后，大部分日用消费品依靠进口。工业主要有采矿、有色和黑色冶金、机械制造、化工、电力、建材、食品加工和纺织等，是原苏联的原子能工业中心。

全国可耕地面积超过 2000 万公顷，农作物播种面积为 1600 万—1800 万公顷，粮食产量 1800 万吨左右。耕地大部分种植以春小麦为主的粮食作物，其他农作物包括稻谷、玉米、棉花、甜菜、烟草、马铃薯等，粮食主产区在北部的科斯塔奈州、北哈萨克斯坦州和阿克莫拉州。南方地区可种植水稻、棉花、烟草、葡萄和水果等。畜牧业以养羊为主，以牛、马、骆驼等养殖为辅，羊毛产量较大。

2. 吉尔吉斯斯坦

吉尔吉斯斯坦位于欧亚大陆腹心地带，是中亚东北部的内陆国，不仅是连接欧亚大陆和中东的要冲，还是大国势力东进西出、南下北上的必经之地。国土面积约 19.99 万平方公里，北和东北接哈萨克斯坦，南邻塔吉克斯坦，西南毗连乌兹别克斯坦，东南和东面与中国接壤（共同边界近 1100 公里）。2016 年底总人口 608 万人，有 80 多个民族，其中吉尔吉斯族约占 72%，乌孜别克族约占 14%，俄罗斯族约占 12%，约有 70% 的居民信仰伊斯兰教。

吉尔吉斯斯坦矿产资源较丰富，总量虽不及邻国哈萨克斯坦和乌兹别克斯坦，但仍具有一定的优势。能源中有煤炭、油页岩、泥炭、天然气、石油，其中煤炭在中亚居重要位置，地质储量约为 296 亿吨，煤田主要分布在南北天山地区，部分煤田可露天开采，被称为"中亚煤斗"。主要矿产为有色金属和稀有金属，其中汞储量和产量均居苏联第一位；锡产量和汞产量占独联体第二位，锑产量占世界第三位、独联体第一位；黄金储量丰富，仅库姆托尔金矿预计储量超 1000 吨；铀矿储量丰富，是世界主要的产铀国之一。境内水资源丰富，蕴藏量在独联体国家中居第三位，仅次于俄罗斯和塔吉克斯坦，潜在的水力发电能力约为 1450 亿千瓦时，已开发利用的只占 10% 左右。

2016 年，吉尔吉斯斯坦按 2010 年不变价美元计算的 GDP 为 24.69 亿美元，在中亚五国中经济总量最小，人均 GDP 为 1100 美元（现价）。第一产业比重 14.40%，工业基础相对薄弱，主要生产和出口原材料，工业行业主要包括采矿、电力、燃料、化工、有色金属、机器制造、木材加工、建材、轻工、食品等；农业以畜牧业为主，饲养牛、羊、猪等牲畜，山间谷地种植小麦、棉花、甜菜、烟草、水果等。出口产品主要为贵金属、化学物品和农产品等，主要进口石油产品、二手汽车、服装、化工产品、天然气等。

3. 塔吉克斯坦

塔吉克斯坦位于中亚东南部，国土面积14.31万平方公里，北邻吉尔吉斯斯坦，西邻乌兹别克斯坦，南与阿富汗接壤，东接中国。2016年底总人口873万人，共有86个民族，其中塔吉克族占80%，乌孜别克族占15.3%，俄罗斯族占1%，多数居民信奉伊斯兰教。

塔吉克斯坦地处山区，境内山地和高原占90%以上，其中约一半国土海拔在3000米以上，有"高山国"之称。境内自然资源丰富，铀储量居独联体首位，铅、锌矿占中亚第一位；褐煤、岩煤、焦炭和无烟煤等探明储量共计46亿吨，焦炭质量及储量属中亚之最；其次有钼、钨、锑、锶、黄金、石油、天然气、岩盐、萤石及多种建筑材料等；水力资源丰富，截至2014年居世界第八位，人均拥有量居世界第一位，占整个中亚的一半左右，但开发量不足10%。

2016年，按2010年不变价美元计算的GDP为80.68亿美元，在中亚五国中经济总量仅高于吉尔吉斯斯坦，人均GDP为796美元（现价）。工业以采掘业、有色金属冶炼、水电、机械制造、食品和纺织工业为主。种植业占农业总产值的70%，植棉业在农业中举足轻重，尤以出产优质细纤维棉花闻名于世，棉花单位面积产量在苏联各共和国中居首位，40%的可耕面积用于种植棉花，养蚕业较发达。此外，还种植柠檬、甜柿、红石榴等水果和少量的水稻、玉米、小麦等。主要出口商品为铝锭、皮棉和纺织品等，主要进口商品为铝生产原料、石油产品、机器设备等。

4. 土库曼斯坦

土库曼斯坦是位于中亚西南部的内陆国，国土面积49.12万平方公里，东南面和阿富汗接壤，东北面与乌兹别克斯坦为邻，西北面是哈萨克斯坦，西邻里海。2016年底总人口566万人，由120多个民族组成，土库曼族约占95%，乌孜别克族约占2%，俄罗斯族约占1%，约有89%的居民信奉伊斯兰教。

土库曼斯坦属于典型的温带大陆性气候，是世界上最干旱的地区之一。境内矿产资源丰富，主要有石油、天然气、芒硝、碘、有色及稀有金属等。据土官方公布的资料，石油和天然气的远景储量为208亿吨和24.6万亿立方米，居世界前列，其中天然气储量列世界第五，约占世界总储量的1/4。石油年产量超过1000万吨，天然气年产量为600多亿立方米。

2016年，按2010年不变价美元计算的GDP为395.63亿美元，经济总量在中亚五国中位居第三，人均GDP达6389美元（现价）。工业以石油和天然气工业为支柱，产业结构单一，长期以来一直是苏联的原料供应地；轻工业以纺织工业为主，大部分产品已经达到国际标准，并出口发达国家。2016年第一产业占GDP比重14.44%，种植业以棉花、小麦、稻米种植为主。主要出口产品为天然气、石油制品、皮棉，主要进口产品为粮食、肉类、轻工业品。

5. 乌兹别克斯坦

乌兹别克斯坦是中亚中部的内陆国，国土面积约44.74万平方公里，西北濒临咸海，与哈萨克斯坦、吉尔吉斯斯坦、塔吉克斯坦、土库曼斯坦和阿富汗毗邻。地理位置优越，处于连接东西方和南北方的中欧中亚交通要冲的十字路口，古代曾是重要商队之路的会合点，是著名的"丝绸之路"古国和各种文化相互交流的活跃之地。2016年底总人口3185万人，是中亚人口最多的国家，占中亚五国总人口的一半以上，由130多个民族组成，其中乌孜别克族约占80%、俄罗斯族约占5%、塔吉克族占4%，约有90%的居民信仰伊斯兰教。

乌兹别克斯坦自然资源丰富，主要有天然气、煤炭、石油、黄金、铜、铅、锌和稀有金属等，黄金储量居世界第四位，年开采量80吨左右，产量占苏联的1/3，在独联体居第二位。铜和钨的储量在独联体国家中均居前列，石油和白银、白金、锌、铝矾土等金属矿藏也非常丰富。铀开采量占苏联的25%。煤储量为20亿吨，铀储量位居世界前列。

乌兹别克斯坦是独联体中经济实力较强的国家，2016年，按2010年不变价美元计算的GDP为617.41亿美元，经济总量在中亚五国中位居第二，人均GDP为2155美元（现价）。国民经济支柱产业是"四金"，即黄金、"白金"（棉花）、"黑金"（石油）、"蓝金"（天然气）。农业、畜牧业和采矿业较为发达，经济结构单一，加工工业较为落后，轻工业不发达，多数日用品依靠其他共和国提供。农业支柱产业是棉花种植业，桑蚕业、畜牧业、蔬菜瓜果种植业也占重要地位，棉花产量占苏联的2/3，居世界第四位，被誉为"白金之国"；洋麻产量占苏联的90%以上，生丝产量占苏联的49%；畜牧业以养羊为主，羊羔皮产量占苏联的2/3。出口产品有天然气、油类、电力、棉花、黄金、矿物肥料、黑色金属和有色金属、纺织品、食品、机械、汽车，进口产品有油类、电力、机器及设备、食品、化学制品、黑色金属和有色金属。

（二）中亚与中国的历史渊源

古代中亚位于中国文明、印度文明、两河文明以及希腊罗马文明的中间地带，由此受到欧亚大陆上许多文明的影响和作用，同时中亚地区地处东西方交通和商业交流的要道，是古代著名"丝绸之路"的中心交点。中国的丝绸、瓷器等货物通过中亚地区流向西方，而西方的货物也经由中亚地区运往中国。由于地理的特殊性，中亚地区与中国的联系源远流长。

新疆与中亚诸国有多个跨界而居的民族，共同的宗教信仰，相通的语言和文化，相近的民风民俗，相同的民族乐器和民族歌舞及体育文化，源远流长的民间文化交流等为新疆与中亚诸国开展文化交流活动奠定了坚实的人文基础。

中国先秦的许多古籍中已经大量提到有关西域的情况，如《穆天子传》《山海经》等。甚至有人考证《穆天子传》中所提到的西王母的瑶池，可能就是额尔齐斯河上的斋桑泊。公元前138年，张骞奉汉武帝旨意出使西域，经大宛、大月氏、大夏、乌孙等地，建立了中国与中亚直接的官方联系，促进了中国与中亚地区的政治往来、经济交流和文化融通，从而使中国与中亚地区的联系达到了历史上一个崭新的阶段。

公元前104年，汉武帝又派李广利征伐大宛，并建立了西域都护府。中西交通的通畅为丝绸之路沿线贸易发展创造了便利的条件，中亚同中国的经济文化交流更加密切。也就是说，中国与中亚地区的正式交往始自西汉时期张骞出使西域，而中国在西域设置都护府则标志着中国对西域地区，包括中亚部分地区的统治正式确立。这不仅使西域东部南部地区第一次与内地紧密地联系在一起，而且也使中国与中亚地区的交往规模快速扩大。在物质交流上，中亚地区的葡萄、苜蓿等植物逐渐移植到中原地区，而中原地区则向中亚地区传去了大量的金属工具、丝织品等，并将铸铁、凿井等技术传到中亚地区；在意识形态方面，中亚地区的佛教和与佛教有关的文化艺术也相继传到中原地区，对于中国的文化产生了巨大影响。

唐朝时期，国势强大，唐政府通过对东突厥、吐谷浑以及阻碍东西方交流的高昌、西突厥进行毁灭性打击，逐渐控制了西域和中亚地区。公元 640 年（贞观十四年），唐朝侯君集率军打败高昌及其附近的西突厥领地，唐朝从此开始设置安西都护府。后来，唐朝又击败了龟兹（首都位于今新疆库车附近），移安西都护府至龟兹。到 659 年唐朝在中亚地区设立了都护府，将西突厥统治下的中亚地区置于自己的统治范围，目前中亚地区大片地域曾属于大唐的国土。中国的造纸术、陶瓷制造技术也相继传入了中亚地区。

中国元朝时期，重新确定了对中亚地区的政治隶属关系，大大促进了经济联系、文化往来以及民族融合。到中国清朝时期，现今中国的新疆地区和中亚部分地区由准噶尔汗国统治，并臣属于中国清朝。随着准噶尔汗国的不断强大，逐步准备脱离清朝并一统西域。在此情况下，康熙皇帝和乾隆皇帝先后派兵西征准噶尔汗国，统一了中国新疆地区，中亚地区许多地方处于中国清朝的直接统治之下，如哈萨克族就臣属于中国清朝。中国清朝对中亚实行了比较明智的政策，18 世纪后半叶中亚地区保持着比较安定繁荣的局面。

19 世纪沙俄开始侵入中亚地区，并与英国展开了激烈的争夺中亚地区的斗争。沙俄占据中亚地区之后，不断地掠夺中国的领土。1884 年 6 月中俄两国签署了《中俄续勘喀什噶尔界约》，沙俄割去了大片中国领土，随后，沙俄又出兵侵占了萨雷阔勒岭地区的中国领土，违背了《中俄续勘喀什噶尔界约》的规定，清王朝一直没有承认沙俄侵占的这些中国领土。

自沙俄侵占中亚地区之后，中国与沙俄在中亚地区直接接壤。在这段时期内，中国与中亚地区的关系实际上即是与沙俄之间的关系。俄国苏维埃政权建立和苏联成立后，中国与中亚地区的关系完全从属于中苏关系。新中国建立之初，中国与苏联中亚地区经济合作比较密切，双方各方面的往来不断。但随着 60 年代中苏关系的恶化，中国与苏联在中亚地区如同中国东北地区与苏联接壤的地区一样处于高度紧张对峙状态，中国与中亚地区的各方面往来中断。戈尔巴乔夫执政时期，随着中苏关系正常化，中国与中亚地区的关系得到了继续发展。在苏联解体以前，哈萨克斯坦首脑纳扎尔巴耶夫曾正式访问过中国，中国与中亚地区的经济贸易关系和文化往来发展迅速，几个口岸相继开放。总的说来，1989年中苏关系正常化，为苏联解体后中国与中亚地区新独立国家发展关系奠定了良好的基础。

中亚各国独立后，中国和中亚各国迅速建立了外交关系。中国和中亚各国崭新关系中蕴含着信任、友好、平等和合作的内容，朝着睦邻友好、共同进步的方向发展。尤其是中国和中亚各国高级领导人的互访给中国和中亚各国的关系注入了新的活力。

过去中国是同一个苏联大国打交道，而现在则是同几个国家打交道，而且，这些独立国家外交趋向随着时间的推移将会越来越趋于多样化。这就要求中国能尽快适应这种变化，制定出完整而又灵活的外交战略和策略。

中亚各国的独立，使中国与俄罗斯的地缘政治和经济格局发生了变化。中亚地区成为横在中国和俄罗斯两个大国之间的战略中间地带和接合部。这样，中亚地区成为除了蒙古国外中国与俄罗斯之间又一个战略中间地带。随着中亚各国的独立，俄罗斯在西段同中国的边界变得很短。俄罗斯同中国的接壤主要体现在同中国东北部的接壤。这是一个新的地缘政治格局。从历史与现实的角度来观察，可以这样说，中国的西北部和东北部的安全环境对中国来说处于一个极好的时期，这对中国进一步开放大西北、建设大西北提供了外部安全环境。另外，对中国来说，中亚各国的独立意味着在欧亚腹地出现了一个巨大的市场，一个现实的和潜在的经济合作区域。这为中国开发大西北、发展大西北、实行全方位的改革开放，提供了难得的机遇。

二 中亚五国经济总量及其增长变动

（一）哈萨克斯坦 GDP 总量及增长率

哈萨克斯坦于 1991 年末独立后，经济发展历程大体可以分三个阶段。

1992 年至 1998 年为经济衰退期。哈萨克斯坦和其他刚独立出来的国家一样也经历了经济的大衰退。其中，1992—1996 年是独立后的适应期，也是克服经济危机、建立新的经济体制与经济关系的阶段。在这个阶段，哈萨克斯坦与苏联之间的经济联系暂时中断，与新的经济伙伴尚处于建立交往关系之中，且建立新的经济体系亦需要一定时间，经济发展受到极大挑战，并一度陷入衰退。1993—1995年按2010年不变价计算的GDP环比增长率连续三年出现负增长，分别为 -9.24%、-12.57%、-8.24%（见表3-1），GDP总量从1992年的812.06亿美元降至1995年的591.28亿美元。

进入1996年后，社会巨变所导致的经济衰退逐步过去，经济开始迎来转机。1996年和1997年按2010年不变价计算的GDP环比增长率分别为0.46%和1.73%，经济下滑趋势得到遏止，逐渐步入正轨并出现恢复性增长。但1998年的俄罗斯金融危机又使其经济再次出现下滑，GDP从1997年的604.33亿美元下降到1998年的592.92亿美元，下降了1.89%。

表3-1　　1992—2016年哈萨克斯坦GDP总量及增长率

年份	GDP（2010年不变价）总额（亿腾格）	环比增长率（%）	GDP（2010年不变价）总额（亿美元）	环比增长率（%）	GDP（现价）总额（亿美元）	环比增长率（%）
1992	119661	—	812.06	—	264.86	—
1995	87128	-8.24	591.28	-8.24	205.63	-6.43
2000	98550	9.85	668.80	9.85	182.92	8.42
2005	161412	9.70	1095.40	9.70	571.24	32.38
2010	218155	7.25	1480.47	7.25	1480.47	28.39
2015	277988	1.15	1886.52	1.15	1843.88	-16.72
2016	280666	0.96	1904.69	0.96	1350.05	-26.78
1992—2016年均增长	3.62	—	3.62	—	7.02	—

数据来源：GDP总量数据来源于UNDATA，环比增长率数据按照总量数据计算而得。

1999年至2013年为快速增长期。从1999年开始，哈萨克斯坦经济止跌回稳，并受益于国际石油价格的不断上升，经济增速逐步提高，经济总量快速提升，2002年，经济总量超过其1992年水平。到2013年，按2010年不变价计算的GDP达到1789.67亿美元，达到1998年的3倍，与1998年相比，年平均增长率达到7.64%。其间，2008年国际金融危机及2009年的国际原油价格大幅下跌，使哈萨克斯坦经济受到较大冲击，GDP增速出现明显下滑，2008年和2009年，不变价环比增速分别为3.29%和1.21%。

2014年以来的经济衰退期。2014年受西方国家制裁俄罗斯、国际大宗商品价格下降、国内经济结构不合理等因素的影响，经济增速出现明显下滑，其中2015年和2016年不变价GDP环比增速已下降到1%左右。

（二）吉尔吉斯斯坦GDP总量及增长率

吉尔吉斯斯坦独立之初，尽管受到国际社会的援助，但苏联解体造成的社会巨变及对外贸易市场萎缩同样使其经济陷入严重衰退。1993—1995年，按2010年本币不变价计算的GDP连续三年出现大幅下降（见表3-2），1995年GDP只相当于1992年的63.87%。

表3-2　　　　1992—2016年吉尔吉斯斯坦GDP总量及增长率

年份	GDP（2010年不变价）总额（亿索姆）	环比增长率（%）	GDP（2010年不变价）总额（亿美元）	环比增长率（%）	GDP（现价）总额（亿美元）	环比增长率（%）
1992	1755	—	10.81	—	21.90	—
1995	1121	-5.42	6.86	96.28	14.92	-3.56
2000	1473	5.44	7.94	22.14	13.70	9.64
2005	1774	-0.18	7.28	13.68	24.60	11.21
2010	2204	-0.47	13.14	-5.16	47.94	2.22
2015	2786	3.88	23.63	-2.30	66.78	-10.58
2016	2893	3.83	24.69	4.49	65.51	-1.90
1992—2016年均增长	2.10	—	3.50	—	4.67	—

数据来源：GDP总量数据来源于UNDATA，环比增长率数据按照总量数据计算而得。

从1996年开始，经济出现恢复性增长，一直到2004年、2005年，经济总量基本恢复到1992年水平。其间，于1998年12月20日加入世界贸易组织，2002年按2010年不变价美元计算的商品和服务出口总额恢复到1992年水平。2007年、2008年和2011年，按2010年本币不变价计算的GDP环比增速分别达到8.54%、8.40%和5.96%。2009—2010年受2008年国际金融危机与2010年4月政治骚乱和6月发生的民族冲突的影响，经济增速下滑，其中2010年GDP出现负增长。2012年，受国际黄金价格下跌导致国内黄金产量下降影响，GDP也出现负增长。但就整体而言，1992—2016年，吉尔吉斯斯坦按2010年本币不变价、2010年美元不变价和现价计算的GDP年平均增长率分别为2.10%、3.50%和4.67%，2016年按不变价和现价美元计算的GDP分别达到1992年的2.28倍和3.13倍。

（三）塔吉克斯坦GDP总量及增长率

塔吉克斯坦于1999年9月9日独立后，国内各种政治、宗教、地方利益集团斗争日趋激烈，并最终导致长达5年多的内战。内战使政府无暇顾及经济发展，经济全面崩溃。1996年与1992年相比，按2010年不变价本币计算的GDP从197亿索姆尼下降到95亿索姆尼（见表3-3），按2010年不变价美元计算的GDP从45.05亿美元下降到21.61亿美元，下降了52.03%，年平均增长率为-16.37%。

表3-3　　1992—2016年塔吉克斯坦GDP总量及增长率

年份	GDP（2010年不变价）总额（亿索姆尼）	环比增长率（%）	GDP（2010年不变价）总额（亿美元）	环比增长率（%）	GDP（现价）GDP（亿美元）	环比增长率（%）
1992	197	—	45.05	—	19.82	—
1995	114	-12.40	25.97	-12.40	12.18	-10.67
2000	114	8.30	25.99	8.30	8.61	-19.91
2005	181	6.72	41.26	6.72	23.12	11.38
2010	247	6.54	56.42	6.54	56.42	13.31
2015	330	5.97	75.47	5.97	78.55	-14.96
2016	353	6.90	80.68	6.90	69.52	-11.50
1992—2016年均增长	2.46	—	2.46	—	5.37	—

数据来源：GDP总量数据来源于UNDATA，环比增长率数据按照总量数据计算而得。

直到1997年6月内战停止后，经济才开始止跌回稳，1998年之后，经济进入快速恢复性增长期，一直到2006年，经济总量基本回升到1992

年水平，现价美元 GDP 从 2000 年最低时的 8.61 亿美元增加到 28.30 亿美元。2008 年至 2016 年，除 2009 年和 2011 年受外部因素影响经济增长率较低外，大部分年份不变价 GDP 增长率都超过了 6%。

到 2016 年，按 2010 年不变价本币和美元计算的 GDP 分别达到 353 亿索姆尼和 80.68 亿美元，现价美元 GDP 达到 69.52 亿美元，分别为 1992 年的 1.79 倍、1.79 倍和 3.51 倍，24 年间年平均增长率分别为 2.46%、2.46% 和 5.37%。剔除内战的影响，2016 年与 1996 年相比，不变价 GDP 和现价美元 GDP 年平均增长率分别高达 6.81% 和 10.00%。

（四）土库曼斯坦 GDP 总量及增长率

土库曼斯坦自 1991 年独立后，其经济与其他中亚国家一样也经历了三年的衰退，但相比之下，其经济衰退程度相对较轻，1995 年不变价 GDP 总量相当于 1992 年的 77.85%，明显高于哈萨克斯坦的 72.81%、吉尔吉斯斯坦的 63.87%、塔吉克斯坦的 57.87%，仅次于乌兹别克斯坦。1996 年之后，除 1997 年受俄罗斯金融危机的影响经济出现大幅下滑外，再没有出现过经济的负增长。到 2001 年，不变价 GDP 总量已超过 1992 年水平（见表 3-4）。

表 3-4　　　　1992—2016 年土库曼斯坦 GDP 总量及增长率

年份	GDP（2010 年不变价）总额（亿马纳特）	环比增长率（%）	GDP（2010 年不变价）总额（亿美元）	环比增长率（%）	GDP（现价）总额（亿美元）	环比增长率（%）
1992	316	—	110.97	—	26.37	—
1995	246	-7.20	86.44	-7.20	21.90	-5.37
2000	306	5.47	107.54	5.47	49.32	27.88
2005	393	13.04	137.89	13.04	141.82	16.68
2010	644	9.20	225.83	9.20	225.83	11.72
2015	1062	6.50	372.54	6.50	360.52	-17.17
2016	1128	6.20	395.63	6.20	361.80	0.36
1992—2016 年均增长	5.44	—	5.44	—	11.53	—

数据来源：GDP 总量数据来源于 UNDATA，环比增长率数据按照总量数据计算而得。

在"能源富国"战略的指导下，得益于国际能源价格的高位运行，土库曼斯坦通过能源出口获得了经济发展的宝贵资金，经济发展迅速。2005—2008年以及2011—2014年，两次连续4年不变价GDP增长率超过10%。

2016年，按2010年不变价本币和美元计算的GDP分别达到1128亿马纳特和395.63亿美元，现价美元GDP达到361.80亿美元，分别为1992年的3.57倍、3.57倍和13.72倍，1992年到2016年，年平均增长率分别为5.44%、5.44%和11.53%。

（五）乌兹别克斯坦GDP总量及增长率

乌兹别克斯坦独立后，也同样出现了明显的经济衰退，但相比之下，是中亚五国中经济衰退程度最小、经济恢复最快的国家，也是经济恢复后GDP增长最为稳定的国家。1995年不变价GDP相当于1992年的91.79%，1998年不变价GDP总量已超过1992年水平（见表3-5），从1996年开始，经济再没有出现过负增长。

表3-5　　　　1992—2016年乌兹别克斯坦GDP总量及增长率

年份	GDP（2010年不变价）总额（亿索姆）	环比增长率（%）	GDP（2010年不变价）总额（亿美元）	环比增长率（%）	GDP（现价）总额（亿美元）	环比增长率（%）
1992	285845.61	—	181.10	—	137.67	—
1995	262383.17	-0.90	166.23	-0.90	134.74	1.06
2000	318204.99	4.00	201.60	4.00	137.59	-19.44
2005	415080.99	6.96	262.97	6.96	143.96	19.11
2010	623883.00	8.48	395.26	8.48	395.26	16.78
2015	919365.04	7.87	582.46	7.87	674.08	6.23
2016	974526.95	6.00	617.41	6.00	677.79	0.55
1992—2016年均增长	5.24	—	5.24	—	6.87	—

数据来源：GDP总量数据来源于UNDATA，环比增长率数据按照总量数据计算而得。

2004年之后，经济开始加速增长，一直到2016年，不变价GDP环比增长率一直保持在6%以上，2007年和2008年经济增长率甚至超过9%。到2016年，按2010年不变价本币和美元计算的GDP分别达到974526.95亿索姆和617.41亿美元，现价美元GDP达到677.79亿美元，分别为1992年的3.41倍、3.41倍和4.92倍，1992年到2016年，年平均增长率分别为5.24%、5.24%和6.87%，是中亚五国独立后经济增长最快的国家。

（六）中亚整体经济增长及各国份额比较

1. 整体经济增长状况

从整体上看，中亚按2010年不变价美元和现价美元计算的GDP分别从1992年的1159.99亿美元和470.62亿美元增加到2016年的3023.11亿美元和2524.67亿美元，年平均增长率分别为4.07%和7.25%。2016年现价美元GDP占"一带一路"沿线64个国家GDP的2.10%，占全球GDP总量的0.34%。

整个时间周期内，经济增长大体经历了三个阶段，即独立初期的动荡和萧条期、国际能源价格上涨带来的恢复与高增长期以及从2014年开始的经济衰退期（见表3-6）。

表3-6　　　　　中亚各时期GDP年均增长状况　　　　（单位：%）

时期	GDP （2010年不变价美元）	GDP （现价美元）	原因
萧条期 （1992—1998）	-4.24	-1.52	独立初期的社会动荡、1997—1998年的俄罗斯及亚洲金融危机
恢复增长期 （1999—2013）	7.85	16.72	国际能源价格上涨、市场化改革、与世界经济关系的建立
衰退期 （2014—2016）	2.99	-14.47	2014年俄罗斯金融危机、国际能源价格下跌、本币对美元贬值

数据来源：依据联合国数据库（UNDATA）计算而得。

1992—1998年，受独立初期的社会动荡、1997—1998年的俄罗斯及亚洲金融危机的影响，中亚整体经济处于萧条期，按2010年不变价美元和现价美元计算的 GDP 年平均增长率分别为 -4.24% 和 -1.52%，经济总量大幅下降，其中 1995 年不变价美元 GDP 只相当于 1992 年的 75.59%，1998 年现价美元 GDP 只相当于 1992 年的 69.45%。

1999—2013 年，在国际能源价格上涨、国内经济秩序基本恢复和市场化改革初见成效以及与世界各国经济关系初步建立的背景下，经济经历了 14 年的恢复和快速增长期。不变价美元和现价美元分别于 2002 年和 2003 年超过 1992 年，整个恢复增长期按 2010 年不变价美元和现价美元计算的 GDP 年平均增长率分别达到 7.85% 和 16.72%，到 2013 年，不变价美元和现价美元 GDP 分别为 1992 年的 2.32 倍和 7.43 倍。

2014—2016 年，受俄罗斯金融危机、国际能源价格下跌等影响，经济进入衰退期。2014 年，国际与地区政治经济形势发生了深刻变化，许多影响深远的重大事件，如乌克兰危机、西方国家对俄罗斯进行严厉经济制裁、原油和大宗商品价格大幅下降、俄罗斯和中亚国家本币贬值、"伊斯兰国"极端组织等严重影响了中亚经济增长。卢布对美元出现大幅贬值，从 2014 年 1 月份的 1 美元兑 33 卢布左右降到 12 月份的 1 美元兑 79 卢布左右，中亚各国货币也不同程度受到冲击，同时，石油价格由当年 6 月的每桶 100 美元下跌至 12 月的每桶 60 美元，中亚经济因此遭受很大打击，经济增速逐步下滑，2014 年、2015 年、2016 年不变价 GDP 环比增长率分别为 5.78%、3.17% 和 2.81%（见表 3-7），现价美元 GDP 大幅下降，环比增长率分别为 -1.32%、-12.38% 和 -16.51%。

表 3-7　　1992—2016 年中亚各国 2010 年不变价美元 GDP 份额

年份	GDP（亿美元）	环比增长率（%）	哈萨克斯坦占比（%）	吉尔吉斯斯坦占比（%）	塔吉克斯坦占比（%）	土库曼斯坦占比（%）	乌兹别克斯坦占比（%）
1992	1159.99	—	70.01	0.93	3.88	9.57	15.61
1993	1069.66	-7.79	68.90	0.50	3.52	10.53	16.54
1994	938.43	-12.27	68.67	0.37	3.16	9.93	17.87
1995	876.78	-6.57	67.44	0.78	2.96	9.86	18.96
1996	884.58	0.89	67.15	0.86	2.44	10.43	19.11
1997	893.58	1.02	67.63	0.86	2.46	9.15	19.90
1998	894.53	0.11	66.28	0.59	2.59	9.78	20.76

续表

年份	GDP（亿美元）	环比增长率（%）	哈萨克斯坦占比（%）	吉尔吉斯斯坦占比（%）	塔吉克斯坦占比（%）	土库曼斯坦占比（%）	乌兹别克斯坦占比（%）
1999	935.15	4.54	65.11	0.70	2.57	10.90	20.73
2000	1011.86	8.20	66.10	0.78	2.57	10.63	19.92
2001	1118.24	10.51	67.91	0.67	2.55	10.03	18.84
2002	1204.02	7.67	69.22	0.58	2.62	9.34	18.23
2003	1296.40	7.67	70.29	0.40	2.70	8.96	17.65
2004	1411.44	8.87	70.75	0.45	2.74	8.64	17.42
2005	1544.79	9.45	70.91	0.47	2.67	8.93	17.02
2006	1703.36	10.26	71.19	0.65	2.58	8.98	16.59
2007	1859.84	9.19	71.00	0.69	2.54	9.14	16.63
2008	1961.47	5.46	69.53	0.74	2.60	9.94	17.19
2009	2018.35	2.90	68.39	0.69	2.62	10.25	18.05
2010	2171.12	7.57	68.19	0.61	2.60	10.40	18.21
2011	2370.96	9.20	68.00	0.59	2.44	10.93	18.05
2012	2521.79	6.36	66.98	0.79	2.46	11.41	18.35
2013	2694.45	6.85	66.42	0.78	2.48	11.77	18.56
2014	2850.16	5.78	65.43	0.85	2.50	12.27	18.94
2015	2940.62	3.17	64.15	0.80	2.57	12.67	19.81
2016	3023.11	2.81	63.00	0.82	2.67	13.09	20.42
1992—2016份额变化	—	—	-7.00	-0.12	-1.22	3.52	4.81

数据来源：依据 UNDATA 计算而得。

这个时期中亚经济增长表现出三个显著特征。

第一，资源型特征明显，经济增长易受国际大宗商品特别是能源价格波动的影响。中亚国家经济收入主要来源为能源出口、原材料出口以及劳务输出，这些收入与世界经济整体形势密切相关，能源等商品国际价格的波动成为其经济波动的重要影响因素，收入来源的单一性增大了其经济增长的脆弱性和不稳定性。

第二，与俄罗斯经济关系依然较为密切，经济增长在很大程度上受俄罗斯经济增长状况的制约。俄罗斯一直以来都是中亚五国最大的贸易伙伴之一，到2016年，俄罗斯仍然是哈萨克斯坦、塔吉克斯坦第一大进口来源国，吉尔吉斯斯坦、土库曼斯坦、乌兹别克斯坦第二大进口来源国，塔吉克斯坦第二大出口目的国，哈萨克斯坦第三大出口目的国，土库曼斯坦、乌兹别克斯坦第四大出口目的国，与俄罗斯较高的贸易依存度经常导致与俄罗斯经济出现共振。

第三，经济增长易受地缘政治、民族矛盾等的冲击。中亚国家及其周边区域民族和宗教关系复杂，在欧亚地缘政治格局中地位十分重要，战略地位突出，同时区域内丰富的石油、天然气、有色金属、稀有金属等资源又使其蕴藏着巨大的经济潜力，因而成为大国利益角逐的焦点。地区内部及周边局势的不稳定成为制约经济持续增长的重要因素。

2. 各国份额比较

中亚各国之间经济规模差距较大，对区域经济发展的影响差异明显。在中亚五国中，哈萨克斯坦经济总量最大，超过了其他四个国家的合计，但在考察的整个时间段内，份额从1992年的70%下降到2016年的63%（见图3-1）。

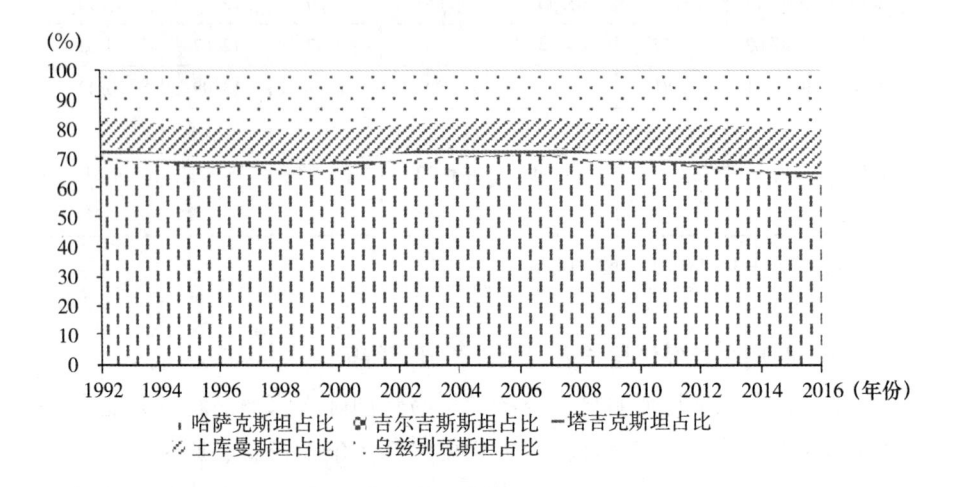

图3-1　1992—2016年中亚各国按2010年不变价美元计算的 GDP 份额累计

数据来源：依据联合国数据库（UNDATA）计算而得。

乌兹别克斯坦经济总量位居第二，经济增长稳定，即使在2014年以来的几年中，经济增长也没有出现明显下滑趋势，在中亚GDP中的份额从1992年的15.61%增加到2016年的20.42%，上升了4.81个百分点，但一直不及哈萨克斯坦的1/3。

土库曼斯坦位居第三，2004年之后，在中亚GDP中的份额稳步提升，2016年，份额达到13.09%，比1992年的9.57%提高了3.52个百分点。

塔吉克斯坦位居第四，占中亚GDP份额自1995年降至3%以下后，大体维持在2.4%—2.7%之间。

吉尔吉斯斯坦经济总量最小，2016年仅占0.82%，不变价GDP仅相当于哈萨克斯坦的1.30%和乌兹别克斯坦的4.02%。

三 中亚五国人均国内生产总值及其增长变动

人均国内生产总值是衡量一个国家或地区经济发展水平和人民生活水平的重要指标。从整体上看，中亚按2010年不变价美元计算的人均GDP从1992年的2239美元增加到2016年的4315美元，年均增长2.77%，取得了不错的增长。但分阶段看，人均GDP增长基本与经济总量增长表现出同样的阶段性特征，也大体上经历了三个阶段（见表3-6）。同时，各国人均GDP水平表现出巨大的差异，贫富差距十分明显。

哈萨克斯坦一直是中亚五国中人均GDP最高的国家，2012年按2010年不变价计算的美元人均GDP已突破1万美元（见表3-8）。从1992年到2016年，人均GDP从4940美元增加到10702美元，年均增长率3.27%，增速在五国中位居第三。2016年人均GDP分别是吉尔吉斯斯坦和塔吉克斯坦的26.36倍和11.58倍。

表3-8　　　　　中亚各国人均GDP（2010年不变价美元）

年份	中亚（美元）	环比增长率（%）	哈萨克（美元）	吉尔吉斯（美元）	塔吉克（美元）	土库曼（美元）	乌兹别克（美元）
1992	2239	—	4940	239	816	2859	844
1993	2041	-8.82	4513	119	671	2822	806

续表

年份	中亚（美元）	环比增长率（%）	哈萨克（美元）	吉尔吉斯（美元）	塔吉克（美元）	土库曼（美元）	乌兹别克（美元）
1994	1778	-12.91	4004	77	520	2274	750
1995	1650	-7.18	3739	150	449	2064	730
1996	1652	0.08	3813	165	369	2161	728
1997	1656	0.25	3941	164	370	1885	751
1998	1647	-0.50	3934	111	385	1991	772
1999	1712	3.92	4078	134	394	2292	797
2000	1836	7.23	4494	162	420	2389	818
2001	2011	9.54	5111	152	453	2465	844
2002	2145	6.68	5609	140	493	2445	869
2003	2286	6.59	6112	103	537	2499	895
2004	2461	7.65	6651	125	580	2597	951
2005	2662	8.16	7232	141	606	2904	1005
2006	2899	8.88	7922	214	633	3187	1067
2007	3122	7.70	8528	243	667	3498	1151
2008	3244	3.91	8701	274	702	3964	1235
2009	3275	0.95	8578	257	714	4154	1312
2010	3449	5.32	9071	241	744	4479	1384
2011	3689	6.97	9738	253	745	5072	1459
2012	3863	4.72	10059	355	784	5563	1555
2013	4061	5.12	10506	366	823	6052	1653
2014	4223	4.00	10787	414	859	6591	1756
2015	4283	1.41	10753	397	890	6933	1861
2016	4315	0.75	10702	406	924	7065	1938
1992—2016年均增长	2.77%	—	3.27%	2.23%	0.52%	3.84%	3.52%

数据来源：各国人均GDP数据来自UNDATA，中亚人均GDP按照各国各年度不变价GDP合计除以各国当年人口合计计算而得。

土库曼斯坦人均GDP位居第二，2011年按2010年不变价计算的美元人均GDP突破5000美元。从1992年到2016年，人均GDP从2859美元增加到 7065 美元，年均增长率 3.84%，是五国中人均 GDP 增长最快的国家。2016 年人均 GDP 分别是吉尔吉斯斯坦和塔吉克斯坦的 17.40 倍和 7.65 倍。

乌兹别克斯坦人均 GDP 居中，从 1992 年到 2016 年，人均 GDP 从 844 美元增加到 1938 美元，年均增长率 3.52%，仅次于土库曼斯坦。

吉尔吉斯斯坦尽管在五国中人均 GDP 最低，但 1992—2016 年，人均 GDP 从 239 美元增加到 406 美元，年均增长率 2.23%。相比之下，塔吉克斯坦受国内战乱影响，人均 GDP 年均增长率最低，1992—2016 年均增长率仅为 0.52%。

第四章

中国西北地区经济发展水平

一 西北地区概况

中国西北地区包括甘肃、宁夏、新疆、陕西和青海五个西部省区，位于丝绸之路经济带国内部分的最西端，是建设丝绸之路经济带的重要依托，是确保边疆国土稳定和民族繁荣安康的重点区域，是通向中亚国家的通道和窗口，也是中国重要的能源安全支撑区、矿产和生物能源战略储备区。随着经济全球化的发展，西北五省区将迎来全新的历史性发展机遇和挑战。

"一带一路"愿景与行动对陕西、甘肃、宁夏、青海、新疆在"一带一路"建设中的功能进行了明确的定位，其中陕西、甘肃、宁夏、青海被定位为面向中亚、南亚、西亚国家的通道、商贸物流枢纽、重要产业和人文交流基地，陕西省会城市西安则被定位为内陆改革开放新高地。新疆则被定位为丝绸之路经济带核心区，发挥独特的区位优势和向西开放重要窗口作用，深化与中亚、南亚、西亚等国家交流合作，形成丝绸之路经济带上重要的交通枢纽、商贸物流和文化科教中心。

改革开放以来，西北地区经济持续快速增长，现价GDP和以1978年不变价计算的GDP从1978年的213.41亿元分别增加到2016年的41990.74亿元和1032.82亿元，年平均增长率分别达到14.91%和4.24%，与全国14.99%和4.94%的增长率基本持平。其中1992年到2016年，现价GDP和以1978年不变价计算的GDP年平均增长率分别达到14.78%和4.65%，不变价GDP增长率高于中亚五国同期GDP增长率（4.07%）。按现价美元计算，2016年中国西北地区GDP总量为6321.72

亿美元①，是中亚五国 GDP 总量 2524.67 亿美元的 2.5 倍，人均 GDP 为 6266 美元，是中亚五国人均 3604 美元的 1.74 倍。

（一）陕西省

陕西省是一个具有悠久历史和现代经济活力的西部省份，位于中国西北地区东部的黄河中游，地理坐标为东经 105°29′—111°15′、北纬 31°42′—39°35′，东隔黄河与山西相望，西连甘肃、宁夏，北邻内蒙古，南连四川、重庆，东南与河南、湖北接壤。全省地域南北长、东西窄，南北长约 880 公里，东西宽 160—490 公里。全省国土面积为 20.58 万平方公里，占全国总面积的 2.14%。2016 年底总人口 3813 万人，占全国总人口的 2.76%。

新中国成立后，陕西省作为内地重点发展省份之一，进行了大规模的现代化建设，由一个典型的农业省发展成为内地新兴的工业基地和科研高教基地。陕西省拥有丰富的矿产资源，并且矿产种类较齐全，是中国的资源大省之一，许多矿种在全国占有重要地位。该省已查明有资源储量的矿产 92 种，其中能源矿产 5 种，金属矿产 27 种，非金属矿产 57 种，水气矿产 3 种。该省矿产资源的主要特点是：资源分布广泛，但相对集中，矿产种类较齐全，但结构不尽理想；资源丰富，但总体勘查程度低，可经济开采的储量少，难以开发利用的资源量多；能源矿产具突出优势，但一些支柱性矿产短缺；除能源矿产外，金属、非金属矿产特大型、大型矿少，中小型矿多，富矿少，中低品位矿多，单一矿少，共伴生矿多。陕西省保有资源储量居全国前列的重要矿产有：盐矿、煤、石油、天然气、钼、汞、金、石灰岩、玻璃石英岩、高岭土、石棉等，不仅资源储量可观，且品级、质量较好，在国内、省内市场具有明显的优势。此外，陕西还是中国旅游资源最富集的省份之一，其资源品位高、存量大、种类多、文化积淀深厚，地上地下文物遗存都极为丰富，被誉为"天然的历史博物馆"。

陕西是中国大西北的门户，是连接中国东、中部地区和西北、西南的交通枢纽。东起连云港，西至荷兰鹿特丹，横跨亚欧的国际经济大通

---

① 按照 2016 年人民币兑美元平均汇率 1 美元 = 6.6423 元人民币计算。下同。

道"新亚欧大陆桥"贯穿陕西中部。陕西既是古代陆路丝绸之路的起点,更是丝绸之路经济带的新起点。

(二) 甘肃省

甘肃省是中华民族和华夏文明的发祥地之一,被誉为羲皇故里,古属雍州。地处黄河上游,地理坐标为北纬32°31′—42°57′、东经92°13′—108°46′,东接陕西,南接巴蜀、青海,西倚新疆,北扼内蒙古、宁夏,是古丝绸之路的锁匙之地和黄金路段,并与蒙古国接壤,具有承东启西、南拓北展的区域优势,东西蜿蜒1600多公里,国土面积45.37万平方公里,占全国总面积的4.73%。2016年底总人口3813万人,占全国总人口的1.89%。

从资源状况来看,由于甘肃的地形及气候条件的复杂性,形成了具有地方特色的植物资源,如陇南高寒阴湿地区的中药材资源、沙漠地区的瓜果资源等都在国内外具有一定的知名度;并且由于其地质构造复杂,在地质构造地带形成过程中,发育生成了极为丰富的矿产资源,主要包括有色金属、黑色金属、能源、化工原料,以及冶金辅助原料、建筑原料和其他非金属矿藏,矿藏储量在全国也具有相当重要的地位。

"一带一路"倡议与国家经济结构调整为甘肃带来历史性的发展机遇,位于"丝绸之路经济带"黄金段的甘肃不仅体现了多元融合的文化特色,更由于其东北部与长城沿线、西南部与藏彝走廊沿线密切的地理和人文关系,使得甘肃在"一带一路"中能够更好地发挥其得天独厚的地理、经济和文化之间的连接作用。

(三) 宁夏回族自治区

宁夏回族自治区是中华民族远古文明发祥地之一,地理坐标为北纬35°14′—39°23′、东经104°17′—107°39′,东邻陕西省,西、北部接内蒙古自治区,西南部、南部和东南部与甘肃省相连,黄河纵贯全区,素有"塞上江南"之美誉,历史上是"丝绸之路"的要道。全区总面积6.64万平方公里,占全国总面积的0.69%,属于中国五大少数民族自治区之一,其中以回族的聚集最为典型。2016年底总人口675万人,其中回族人口约占36%,总人口占全国总人口的0.49%。

宁夏矿产资源富集,主要以煤和非金属居多,金属矿产较少。依靠资源优势,现在的宁夏已经建立了以冶金、医药、机电、建材和煤炭产业为五大支柱产业的发展模式,同时以能源、化工、新材料、装备制造和农副产品加工为基础的现代工业体系也加入了发展的行列,经济状况正在向平稳化、科学化、增长化的趋势快速发展。

从"一带一路"倡议来看,丝绸之路经济带沿线囊括了内蒙古、新疆、宁夏、青海、甘肃、云南、广西等多个民族地区和省份。其中,宁夏回族自治区是中国与阿拉伯国家进行经贸往来、文化交流的最主要通道,也是"一带一路"倡议中的重要支撑点,宁夏应发挥其在地缘区位、政策机制、中阿传统友谊、清真产品产业等方面的优势,加强与阿拉伯国家的交流与合作,积极在中国推进的"一带一路"建设中发挥重要作用。2012年9月国务院批准宁夏回族自治区建立内陆开放型经济试验区、银川综合保税区,"两区"建设作为国家战略,将为宁夏发展创造良好的契机。

(四) 青海省

青海省位于青藏高原东北部,地理坐标为东经89°35′—103°04′、北纬31°39′—39°19′,是长江、黄河、澜沧江的发源地,北部、东部与甘肃省相邻,东南部与四川省接壤,南部、西南部与西藏自治区相连,西北部同新疆维吾尔自治区紧邻,是西藏、新疆连接内地的重要纽带,东西长约1200公里,南北宽800公里,国土面积72万平方公里,占全国总面积的7.5%。全省民族自治地方占全省总面积的96%以上,有藏、回、蒙古、撒拉等43个少数民族。2016年底总人口593万人,占全国总人口的0.43%。

青海省自然资源丰富,绝大部分草原、森林、水利和矿产资源几乎全部分布在少数民族地区,具有非常重要的战略地位。在国家的大力支持下,青海经过半个多世纪的开发与建设,农牧业生产基础进一步增强,反映青海资源禀赋特征的优势特色工业体系初步形成,公路、铁路、水利等基础设施条件极大改善,各区域经济发展和人民生活水平都有了较大幅度的提高。

在国家的"一带一路"倡议布局中,青海所处的位置也非常有利,从地理位置和在古丝绸之路中的地位来看，青海是贯穿南北丝绸之路大通道的桥梁和纽带，更是中国连通南亚国家的重要走廊和通道。"一带一路"倡议对促进青海经济社会发展、边疆安全稳定繁荣、全面建成小康社会具有重大意义。

（五）新疆维吾尔自治区

新疆维吾尔自治区地处中国西北边疆，地理坐标为东经73°32′—90°21′、北纬34°22′—49°33′，东部和南部依次与甘肃、青海和西藏三省区连接，东北与蒙古人民共和国相邻，西部与俄罗斯、哈萨克斯坦、吉尔吉斯斯坦、塔吉克斯坦接壤，西南和阿富汗、巴基斯坦、印度相邻，边界线长达5300多公里，为中国边境线最长的省区。新疆是中国国土面积最大的省级行政区，国土面积166万平方公里，占全国总面积的17.29%。新疆也是中国五个少数民族自治区之一，共有55个民族成分，其中世居民族有维吾尔、汉、哈萨克、回、柯尔克孜、蒙古、塔吉克、锡伯、满、乌孜别克、俄罗斯、达斡尔、塔塔尔13个，2016年底总人口2398万人，其中少数民族约占63%，总人口占全国总人口的1.73%。

新疆拥有得天独厚的自然资源，目前已发现矿产资源138种，探明储量的有117种，储量居全国前10位的有43种。其中石油预测资源量占全国石油资源量的1/3以上；天然气资源量占全国陆上天然气资源量的34%；煤炭预测储量约占全国总量的40%；铜、镍、黄金等有色金属资源，铍、铯、钽、铌等稀有金属资源，石材、石棉、膨润土等非金属及钾盐等资源十分可观，在国家战略安全中具有重要的地位和作用。

面对中西亚的地缘战略与国际政治角力以及中亚经济全面复苏、南亚经济高速增长和国内经济战略性调整、"一带一路"的实施等，都再次为新疆复兴带来了机遇。新疆作为"一带一路"的核心区，是连接中国与中亚地区乃至欧洲的陆路交通枢纽。同时，经济全球化、区域经济一体化和金融经济国际化已经成为当今世界发展的主流。因此，新疆应加强与中亚国家的经济与金融合作，从而实现与中亚国家互利共赢。

二 西北地区 GDP 增长变动

(一) 陕西省

改革开放以来,陕西省经济获得了长足发展,取得了巨大的成绩,经济总量一直稳居西北五省区第一。现价 GDP 总量从 1992 年的 531.63 亿元增加到 2016 年的 19399.59 亿元,年平均增长率 16.17%（见表 4-1）；以 1978 年不变价计算的 GDP 从 1992 年的 153.16 亿元增加到 2016 年的 391.66 亿元,年平均增长率 3.99%,两项增长率在西北地区分别位居第二和第四。

表 4-1　　　　1992—2016 年陕西省 GDP 总量及增长率

年份	现价 GDP		1978 年不变价 GDP	
	GDP（亿元）	环比增长率（%）	GDP（亿元）	环比增长率（%）
1992	531.63	13.51	153.16	4.81
1995	1036.85	23.58	222.21	11.92
2000	1804	13.27	231.67	2.59
2005	3933.72	23.87	288.54	8.95
2010	10123.48	23.91	371.54	8.13
2015	18021.86	1.88	391.50	-5.58
2016	19399.59	7.64	391.66	0.04
1992—2016 年平均增长率	16.17%	—	3.99%	—

数据来源：GDP 及以 1978 年为 100 的 GDP 指数来源于 WIND,增长率以这两个数据为基础计算而得。

20 世纪 90 年代以来,陕西省 GDP 增长大体经历了四个阶段（见图 4-1）。第一个阶段为 1990 年至 1993 年的上行阶段,经济增长率从 12.82% 上升到 27.57%；第二个阶段为 1993 年至 1998 年的下行阶段,现价 GDP 增长率 1998 年达到 6.95% 的谷值,不变价 GDP 从 1994 年的峰值 13.91% 下降到 1998 年的 -4.17%；第三个阶段为 1998 年至 2008 年的上升阶段，现价和不变价 GDP 增长率在 2008 年达到峰值，分别为 27.05% 和 9.15%；第四个阶段为 2008 年以后的下行阶段，现价和不变价 GDP 增长率在 2015 年分别降至 1.88% 和 -5.58%。

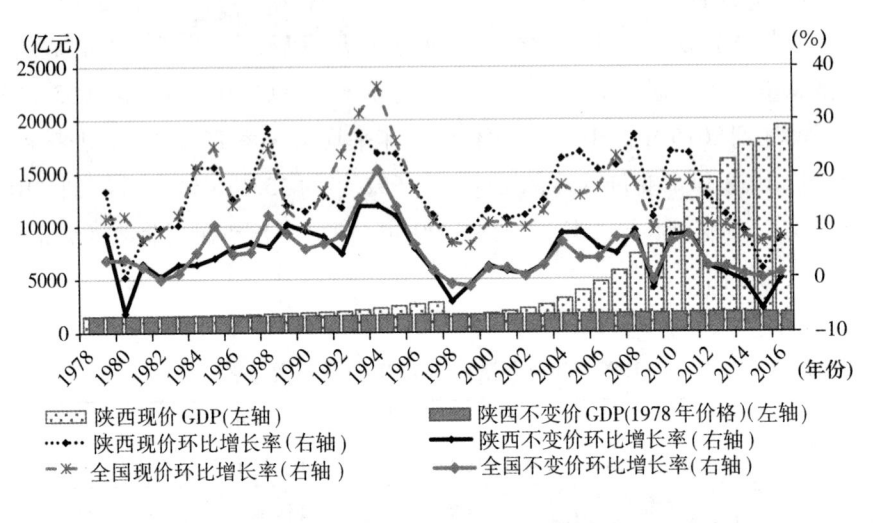

图 4-1　1978—2016 年陕西省 GDP、增长率及与全国的比较

数据来源：GDP 及以 1978 年为 100 的 GDP 指数来源于 WIND，增长率以这两个数据为基础计算而得。

经济周期波动与全国比较，除 1993 年现价 GDP 增长率比全国早一年出现峰值、1998 年现价和不变价 GDP 比全国早一年出现谷值、2008 年现价和不变价 GDP 比全国晚一年出现峰值、2010 年现价 GDP 比全国早一年出现峰值外，基本与全国同步波动，经济波动周期与全国的差异并无规律可循。但 2010 年之后，无论现价还是不变价 GDP 增长率的下滑幅度均明显高于全国，不变价 GDP 分别于 2013 年和 2015 年出现负增长。

2016 年，陕西省按现价美元计算的 GDP 达到 2920.61 亿美元，相当于当年中亚五国 GDP 合计（2524.67 亿美元）的 1.16 倍，是中亚最大经济体哈萨克斯坦（1350.05 亿美元）的 2.16 倍，最小经济体吉尔吉斯斯坦（65.51 亿美元）的 44.58 倍。

（二）甘肃省

甘肃省经济总量在西北五省区中一直位居第三，高于宁夏和青海，低于陕西和新疆。从纵向比较，现价和以 1978 年不变价计算的 GDP 分别从 1992 年的 317.79 亿元、105.33 亿元增加到 2016 年的 7200.37 亿元和 217.00 亿元，2016 年分别是 1992 年的 22.66 倍和 2.06 倍，年平均增长率分别达到 13.89% 和 3.06%（见表 4-2），也取得了不俗的成绩。但与西北地区其他省区相比，现价和不变价 GDP 增长率在西北各省区中排在倒数第一，比最高的宁夏低 2.49 个和 2.34 个百分点，比其他四省区中现价 GDP 增长率最低的新疆低 0.27 个百分点，不变价 GDP 增长率最低的陕西低 0.93 个百分点。

表 4-2　　　　　　　1992—2016 年甘肃省 GDP 总量及增长率

年份	现价 GDP		1978 年不变价 GDP	
	GDP（亿元）	增长率（%）	GDP（亿元）	增长率（%）
1992	317.79	17.10	105.33	6.54
1995	557.76	22.96	135.54	11.43
2000	1052.88	10.10	159.65	0.36
2005	1933.98	14.54	176.06	2.40
2010	4120.75	21.64	220.65	8.83
2015	6790.32	-0.68	220.09	-8.15
2016	7200.37	6.04	217.00	-1.40
1992—2016 年平均增长率	13.89%	—	3.06%	—

数据来源：GDP 及以 1978 年为 100 的 GDP 指数来源于 WIND，增长率以这两个数据为基础计算而得。

从 20 世纪 90 年代初开始到 2016 年，从谷到谷划分，甘肃现价 GDP 增长基本经历了三个完整的周期（见图 4-2）。从 1991 年到 2001 年是第一个周期，峰值出现在 1996 年，比全国晚两年，增长率达到 29.54%，2001 年的谷值为 6.88%，也比全国晚两年。第二个周期为 2001 年至 2009 年，峰值出现在 2004 年，增长率为 20.62%，比全国 2007 年的峰值早三年，谷值出现在 2009 年，为 6.97%。第三个周期为 2009 年至 2015 年，峰值在 2011 年，增长率为 21.83%，2015 年的增长率为 -0.68%，能否成为这个周期的谷仍有待于观察。

与全国相比，2000年之后，甘肃经济波动周期与全国出现明显偏差，表现出波动周期短、波动幅度大的特点。特别是2011年之后，现价和不变价GDP增速快速下滑，前者2015年为-0.68%，后者分别在2012年和2014—2016年出现负增长，其中2015年增长率为-8.15%，在西北五省区中下降幅度最大。

2016年甘肃省按现价美元计算的GDP为1084.02亿美元，相当于中亚五国合计的42.94%、哈萨克斯坦的80.29%，经济总量高于除哈萨克斯坦以外的其他四个中亚国家，比除哈萨克斯坦以外的其他四国GDP合计少90亿美元，是吉尔吉斯斯坦的16.55倍、塔吉克斯坦的15.59倍。

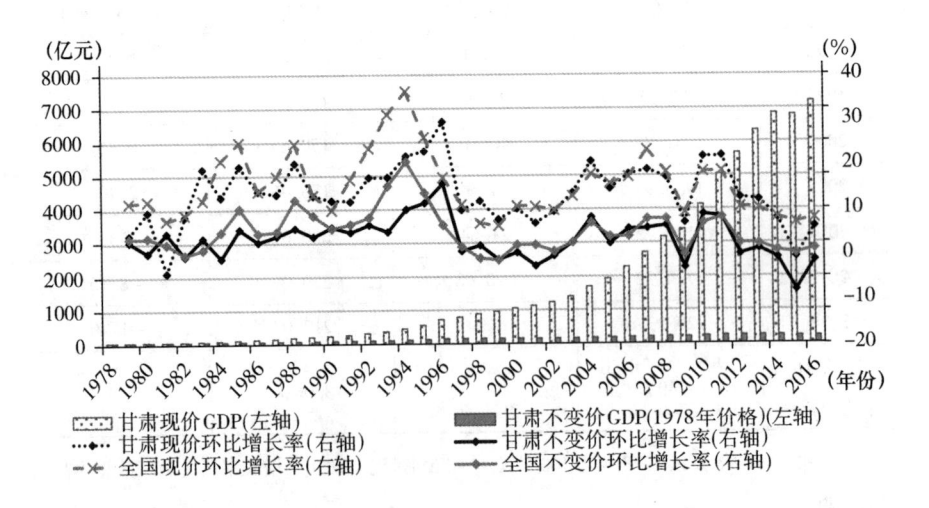

图4-2　1978—2016年甘肃省GDP、增长率及与全国的比较

数据来源：GDP及以1978年为100的GDP指数来源于WIND，增长率以这两个数据为基础计算而得。

（三）宁夏回族自治区

改革开放初期，宁夏经济总量在西北地区最小，1995年现价GDP超过青海后，一直维持在第四位。现价和以1978年不变价计算的GDP分别从1992年的83.14亿元、25.37亿元增加到2016年的3168.59亿元和89.65亿元，2016年分别是1992年的38.11倍和3.53倍，年平均增长率分别达到 16.38% 和 5.40%（见表 4-3），两项增长率在西北五省区中均位居第一。

表 4-3　1992—2016 年宁夏回族自治区 GDP 总量及增长率

年份	现价 GDP GDP（亿元）	现价 GDP 增长率（%）	1978 年不变价 GDP GDP（亿元）	1978 年不变价 GDP 增长率（%）
1992	83.14	15.83	25.37	6.67
1995	175.19	28.57	41.10	17.35
2000	295.02	11.51	44.24	1.19
2005	612.61	14.06	54.48	2.85
2010	1689.65	24.85	82.72	10.01
2015	2911.77	5.80	89.06	-2.04
2016	3168.59	8.82	89.65	0.66
1992—2016 年平均增长率	16.38%	—	5.40%	—

数据来源：GDP 及以 1978 年为 100 的 GDP 指数来源于 WIND，增长率以这两个数据为基础计算而得。

自 1990 年以来，宁夏 GDP 增长波动与全国 GDP 增长波动基本同步，也大体经历了两个较为完整的周期（见图 4-3），即 1990 年至 1999 年和 1999 年至 2015 年，现价和不变价 GDP 增长率 1999 年的谷值分别为 7.80% 和 -1.14%，2008 年的峰值分别为 30.99% 和 16.33%，比全国的峰值晚出现一年。2008 年之后，GDP 增长率出现明显下滑，尽管在 2010 年和 2011 年有所反弹，但下降的趋势并未得到扭转，2015 年现价 GDP 增长率为 5.80%，在西北五省区中最高；不变价 GDP 增长率分别在 2012 年、2014 年、2015 年出现负增长。同样值得一提的是，2015 年的谷值仍有待进一步观察。

2016 年宁夏回族自治区按照现价美元计算的 GDP 达到 477.03 亿美元，经济总量低于哈萨克斯坦和乌兹别克斯坦，但高于土库曼斯坦、塔吉克斯坦和吉尔吉斯斯坦，比这三个国家的 GDP 合计少约 20 亿美元，相当于土库曼斯坦的 1.32 倍。

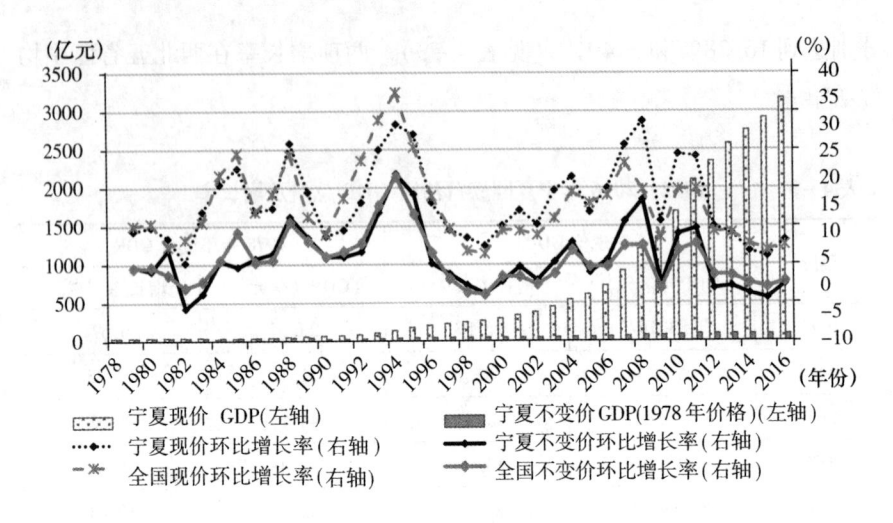

图 4-3　1978—2016 年宁夏区 GDP、增长率及与全国的比较

数据来源：GDP 及以 1978 年为 100 的 GDP 指数来源于 WIND，增长率以这两个数据为基础计算而得。

（四）青海省

改革开放初期，青海省经济总量在西北地区位居第四，1995 年以来，其现价 GDP 总量一直排在西北地区最后一位，但不变价 GDP 总量一直保持在第四位。现价和以 1978 年不变价计算的 GDP 分别从 1992 年的 87.52 亿元、36.67 亿元增加到 2016 年的 2572.49 亿元和 93.99 亿元，2016 年分别是 1992 年的 29.39 倍和 2.56 倍，年平均增长率分别达到 15.13% 和 4.00%（见表 4-4），两项增长率在西北五省区中均位居第三。

在自 20 世纪 90 年代以来的两个完整的经济周期中，青海省除 1991 年的谷值和 2008 年的峰值比全国晚一年出现外，经济波动周期基本与全国同步。1991—1999 年的波动幅度比全国的波动幅度较小，而 1999—2015 年的波动幅度比全国较大（见图 4-4）。在 2008 年以来的经济下行阶段，2009 年的不变价 GDP 增长率达到 -3.63%，是西北五省区该年不变价 GDP 下降幅度最大的省区。2010 年之后，不变价 GDP 在 2014—2016 年三年连续出现负增长，其中 2015 年的增长率降至 -3.02%。

表 4-4　　1992—2016 年青海省 GDP 总量及增长率

年份	现价 GDP		1978 年不变价 GDP	
	GDP（亿元）	增长率（%）	GDP（亿元）	增长率（%）
1992	87.52	16.54	36.67	8.53
1995	167.80	21.24	54.91	12.28
2000	263.68	10.15	56.73	1.10
2005	543.32	16.57	66.27	3.90
2010	1350.43	24.89	88.87	8.30
2015	2417.05	4.94	95.37	-3.02
2016	2572.49	6.43	93.99	-1.44
1992—2016 年平均增长率	15.13%	—	4.00%	—

数据来源：GDP 及以 1978 年为 100 的 GDP 指数来源于 WIND，增长率以这两个数据为基础计算而得。

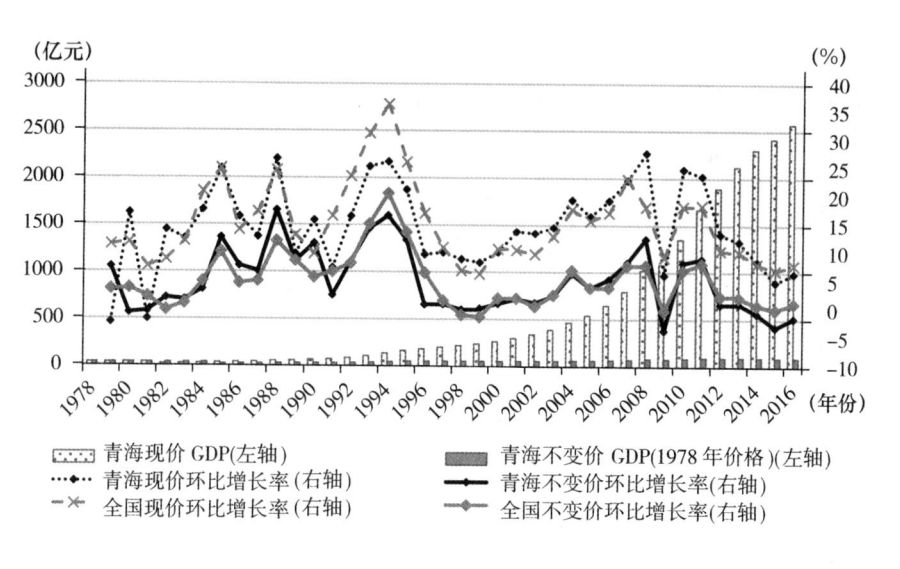

图 4-4　1978—2016 年青海省 GDP、增长率及与全国的比较

数据来源：GDP 及以 1978 年为 100 的 GDP 指数来源于 WIND，增长率以这两个数据为基础计算而得。

2016 年，青海省按照现价美元计算的 GDP 为 387.29 亿美元，经济总量低于哈萨克斯坦和乌兹别克斯坦，但高于土库曼斯坦、塔吉克斯坦和吉尔吉斯斯坦，比土库曼斯坦多约 25 亿美元，分别是吉尔吉斯斯坦和塔吉克斯坦的 5.91 倍和 5.57 倍。

（五）新疆维吾尔自治区

随着改革开放的深入、西部大开发战略的实施和经济社会环境的不断改善，新疆经济发生了翻天覆地的变化。改革开放初期，在西北五省区中，新疆经济总量低于陕西和甘肃，位居第三。现价和不变价 GDP 分别于 1988 年和 2001 年超过甘肃，之后一直位居西北地区第二。现价和以 1978 年不变价计算的 GDP 分别从 1992 年的 402.31 亿元、89.44 亿元增加到 2016 年的 9649.70 亿元和 240.52 亿元，2016 年分别是 1992 年的 23.99 倍和 2.69 倍，年平均增长率分别达到 14.16% 和 4.21%（见表 4-5），现价和不变价 GDP 增长率在西北五省区中分别位居第四和第二。

表 4-5　　1992—2016 年新疆维吾尔自治区 GDP 总量及增长率

年份	现价 GDP GDP（亿元）	现价 GDP 增长率（%）	1978 年不变价 GDP GDP（亿元）	1978 年不变价 GDP 增长率（%）
1992	402.31	19.77	89.44	5.89
1995	814.85	23.03	134.40	12.76
2000	1363.56	17.23	155.23	7.85
2005	2604.19	17.89	183.67	6.30
2010	5437.47	27.13	232.02	14.95
2015	9324.80	0.55	250.09	-7.58
2016	9649.70	3.48	240.52	-3.83
1992—2016 年平均增长率	14.16%		4.21%	—

数据来源：GDP 及以 1978 年为 100 的 GDP 指数来源于 WIND，增长率以这两个数据为基础计算而得。

新疆现价 GDP 增长大体经历了三个周期（见图 4-5）。第一个周期为 1992 年至 1999 年，峰值与全国同步出现在 1994 年，增长率为 33.73%，1999 年的谷值为 5.08%，当年不变价 GDP 增长率降至 -

2.16%。第二个周期为1999年至2009年，2008年的峰值为18.73%，比全国晚一年，受到2008年国际金融危机和2009年"7·5"事件的影响，2009年经济到达谷底，谷值为2.24%，当年不变价GDP增长率降至-5.42%。第三个周期为2009年至2015年，2010年对口援疆工作为新疆经济增添了活力，经济增长率在该年迅速达到峰值27.13%，之后呈逐年下降趋势，2015年现价和不变价GDP经济增长率分别为0.55%和-7.58%，2016年不变价GDP增长率仍然为负。

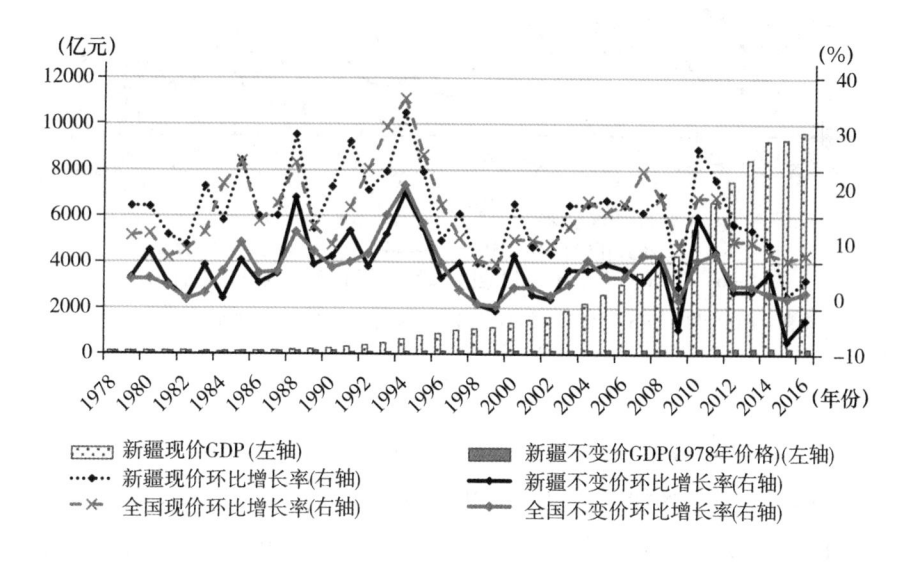

图4-5 1978—2016年新疆区GDP、增长率及与全国的比较

数据来源：GDP及以1978年为100的GDP指数来源于WIND，增长率以这两个数据为基础计算而得。

2016年新疆现价美元GDP为1452.76亿美元，经济总量相当于中亚五国合计的57.64%，比哈萨克斯坦高约100亿美元，分别为吉尔吉斯斯坦的22.18倍、塔吉克斯坦的20.90倍、土库曼斯坦的4.02倍和乌兹别克斯坦的2.14倍。

（六）西北地区GDP总量及份额比较

1992年至2016年，西北五省区现价和按照1978年不变价计算的GDP分别从1422.39亿元和409.97亿元增加到41990.74亿元和1032.82

亿元，年平均增长率分别为 15.15% 和 3.92%，与同期全国相比，现价 GDP 增长率高 0.37 个百分点，不变价 GDP 增长率低 0.73 个百分点。从谷到谷划分，现价和不变价 GDP 的增长变动大体经历了三个周期（见图 4-6），即 1992—1999 年、1999—2009 年和 2009—2015 年。

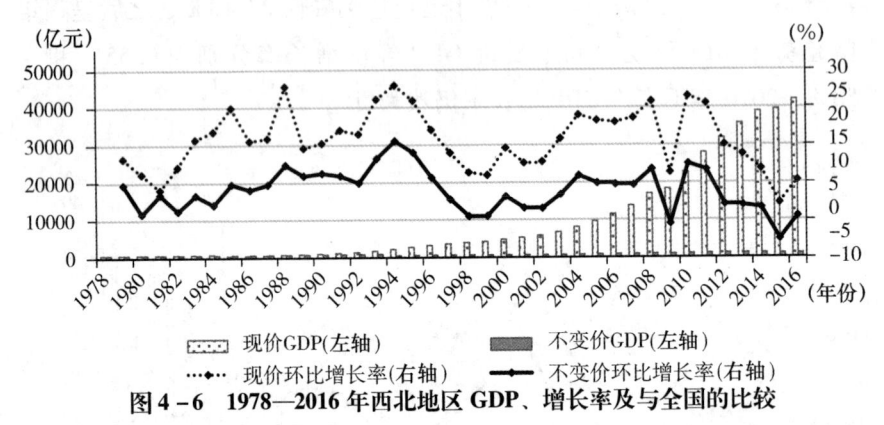

图 4-6　1978—2016 年西北地区 GDP、增长率及与全国的比较

数据来源：GDP 及以 1978 年为 100 的 GDP 指数来源于 WIND，增长率以这两个数据为基础计算而得。

西北地区现价 GDP 在全国现价 GDP 中所占的份额在 1978 年为 5.80%，此后经历了十几年的持续下滑，到 1995 年降至最低的 4.49%。2000 年之后，在西部大开发政策实施的推动下，西北地区占全国份额开始回升，到 2005 年超过 5%，2014 年最高达到 6.03%，2016 年回落至 5.65%。仅从 1992—2016 年来看，西北地区的份额上升了 0.42 个百分点，但与改革开放初的 1978 年相比，仍下降了 0.15 个百分点（见表 4-6）。

表 4-6　1992—2016 年西北五省区现价 GDP 占全国的比重　（单位：%）

年份	陕西	甘肃	宁夏	青海	新疆	西北合计
1992	1.95	1.17	0.31	0.32	1.48	5.23
1995	1.69	0.91	0.29	0.27	1.33	4.49
2000	1.80	1.05	0.29	0.26	1.36	4.77
2005	2.10	1.03	0.33	0.29	1.39	5.14
2010	2.45	1.00	0.41	0.33	1.32	5.50

续表

年份	陕西	甘肃	宁夏	青海	新疆	西北合计
2015	2.62	0.99	0.42	0.35	1.35	5.73
2016	2.61	0.97	0.43	0.35	1.30	5.65
2016比1992份额变化	0.66	-0.20	0.12	0.03	-0.18	0.42
2016比1978份额变化	0.41	-0.79	0.07	-0.08	0.24	-0.15

数据来源：根据WIND数据库计算而得。

从各省区占全国GDP的比重来看（见表4-6），陕西省占全国GDP的比重一直位居第一，并且有持续上升的态势，从1992年的1.95%提高到2016年的2.61%，24年间上升了0.66个百分点，2016年比1978年也上升了0.41个百分点，其间，2014年所占比重最高达到2.75%。新疆维吾尔自治区占全国比重从1988年起一直位居第二，尽管2016年比1992年相比，略降0.18个百分点，但与1978年相比，仍上升了0.24个百分点。甘肃省占全国的比重在改革开放初期位居第二，在1988年被新疆超越之后，一直位居第三，从1978年1.76%降到1%左右，近年来已跌至1%以下，2016年仅占0.97%，比1992年下降了0.2个百分点，比1978年下降了近0.8个百分点，是全国各省区中经济地位下降最为严重的省份。宁夏回族自治区和青海省总体而言比重变化不大，2016年与1992年相比，宁夏上升了0.12个百分点，青海上升了0.03个百分点，而与1978年相比，宁夏上升了0.07个百分点，但青海下降了0.08个百分点。

从西北地区内部来看（见表4-7），陕西省GDP总量一直稳居西北五省的第一位，从1978年到2004年，陕西省的份额一直维持在39%左右，2005年超过40%后迅速上升，到2016年已经达到46.20%，相当于新疆的两倍，与新疆、甘肃、青海三省区之和大体相等，2016年与1992年和1978年相比，分别上升了8.82个和8.21个百分点，是两个份额都上升且上升幅度最大的省份。

新疆维吾尔自治区在1978年所占份额为18.31%，较甘肃省低约12个百分点，之后快速上升，1988年超过甘肃后一直位居第二，至1994

年，上升到最高时的 29.71%，而后又逐步下滑，2016 年下降到 22.98%，与 1978 年相比，上升了 4.67 个百分点，但与 1992 年相比，却下降了 5.30 个百分点。

甘肃省是西北五省区中唯一 GDP 份额持续且大幅下滑的省份，1988 年被新疆超越后份额排名降至第三，并一路下滑，2016 年与 1978 年和 1992 年相比，分别下降了 13.18 个和 5.19 个百分点，经济总量从 1978 年占西北五省区的近 1/3 降至 2016 年的不足 1/6。

宁夏回族自治区得益于增长率在西北地区位居第一，使其 GDP 份额是除陕西以外的另一个份额持续上升的省区，1995 年份额超过青海后，排名从最后一位上升到第四位。2016 年与 1978 年和 1992 年相比，份额分别上升了 1.46 个和 1.70 个百分点。

青海省 GDP 份额也基本呈下降趋势，1978 年其份额高于宁夏 1.19 个百分点，之后持续下滑，2016 年与 1978 年和 1992 年相比，份额分别下降了 1.16 个和 0.03 个百分点。

总体来看，宁夏和青海份额仍相对较小，2016 年两省区合计比甘肃低 3.47 个百分点，相当于新疆的 59.53% 和陕西的 29.61%。

表 4-7　1992—2015 年西北各省区现价 GDP 占西北合计的比重（单位：%）

年份	陕西	甘肃	宁夏	青海	新疆
1992	37.38	22.34	5.85	6.15	28.28
1995	37.67	20.26	6.36	6.10	29.60
2000	37.75	22.03	6.17	5.52	28.53
2005	40.86	20.09	6.36	5.64	27.05
2010	44.55	18.14	7.44	5.94	23.93
2015	45.66	17.21	7.38	6.12	23.63
2016	46.20	17.15	7.55	6.13	22.98
2016 比 1992 份额变化	8.82	-5.19	1.70	-0.03	-5.30
2016 比 1978 份额变化	8.21	-13.18	1.46	-1.16	4.67

数据来源：根据 WIND 数据库计算而得。

三 西北地区人均 GDP 增长变动

人均 GDP 既考虑到了经济总量大小,又考虑到了人口数量因素,常常用来衡量一个国家或地区的经济实力、发展水平和人民生活水准。改革开放 40 年来,西北五省区人均 GDP(见图 4-7)及与全国的差距均发生了巨大的变化。总体来看,2016 年西北五省区现价人均 GDP 为 41620 元,相当于全国 53980 元的 77.10%。

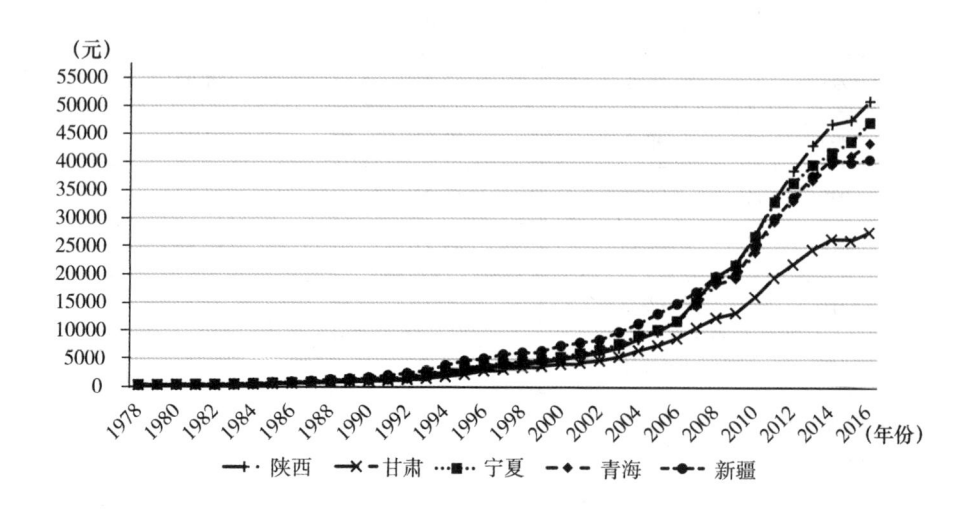

图 4-7 西北各省区人均 GDP

数据来源:WIND 数据库。

(一)陕西省

陕西省 1978 年人均 GDP 为 291 元,仅相当于全国的 75.58%,在西北五省区中位居倒数第一,但经过 30 多年的增长,2016 年已突破 5 万元,与 1978 年和 1992 年相比,年平均增长率分别达到 14.56% 和 16.17%(见表 4-8),在西北五省区中排在第一位。

快速的增长使其一路超越,分别于 1986 年超过甘肃、2006 年超过青海、2007 年超过宁夏,2009 年成功超过新疆后,成为西北地区人均 GDP 最高的省份。与全国人均 GDP 相比,2013 年几乎与全国持平，2016年为全国人均GDP的94.51%，分别为甘肃的1.85倍、新疆的1.26倍、青海的1.17倍和宁夏的1.08倍，与1978年相比，上升了18.93个百分点；与1992年相比，上升了27.20个百分点，平均每年上升一个多百分点。

表4-8　1992—2016年陕西省现价人均GDP总量及增长率

年份	人均GDP（元）	环比增长率（%）	相当于全国的百分比（%）
1978	291	—	75.58
1992	1571	12.05	67.31
1995	2965	22.32	58.24
2000	4968	12.53	62.55
2005	9899	15.28	68.90
2010	27133	23.63	87.88
2015	47626	1.49	94.78
2016	51015	7.12	94.51
1992—2016年平均增长率	16.17%	—	27.20（增减变化）

数据来源：人均GDP来源于WIND数据库，其他数据根据人均GDP计算而得。

（二）甘肃省

1978年，甘肃省人均GDP为348元，高于新疆和陕西，位居西北地区第三位。1978—2016年，人均GDP年平均增长率为12.20%，在西北五省区中排在倒数第一；1992—2016年，年平均增长率为13.29%（见表4-9），仅高于新疆，在西北五省区中排在倒数第二。相对较低增长率使其迅速被新疆（1980年）和陕西（1986年）超越，成为西北五省区中倒数第一。

表4-9　　　1992—2016年甘肃省现价人均GDP总量及增长率

年份	人均GDP（元）	环比增长率（%）	相当于全国的百分比（%）
1978	348	—	90.39
1992	1384	13.70	59.30
1995	2316	20.56	45.49
2000	4129	9.29	51.99
2005	7477	13.87	52.04
2010	16113	21.43	52.19
2015	26165	-1.01	52.07
2016	27643	5.65	51.21
1992—2016年平均增长率	13.29%	—	-8.09（增减变化）

数据来源：人均GDP来源于WIND数据库，其他数据根据人均GDP计算而得。

与全国人均GDP相比，1978年甘肃人均GDP相当于全国的90.39%，从1979开始迅速下降，到1995年降到仅为全国的45.49%，之后略有回升，2016年仍只为全国的51.21%，与1992年相比，下降了8.09个百分点；与1978年相比，下降了39.18个百分点，平均每年下降一个多百分点。

（三）宁夏回族自治区

宁夏回族自治区1978年人均GDP为370元，低于青海但高于其他省区，在西北五省区中位居第二（见表4-10）。到2016年，人均GDP增加到47194元，在西北五省区中仅低于陕西，仍位居第二。2016年与1978年相比，年平均增长率为13.61%，低于陕西和新疆；与1992年相比，年平均增长率为14.80%，仅低于陕西。

与全国人均GDP相比，1978年相当于全国的96.13%，之后快速下降，到1997年，仅相当于全国的65.99%，2000年之后开始逐步回升，2016年为87.43%，其间2012年最高已相当于全国的90.97%。2016年与1978年相比，下降了8.70个百分点；与1992年相比，上升了13.82个百分点，特别是2000年至2016年上升了19.74个百分点，平均每年上升1个多百分点。

表4-10　1992—2016年宁夏回族自治区现价人均GDP总量及增长率

年份	人均GDP（元）	环比增长率（%）	相当于全国的百分比（%）
1978	370	—	96.13
1992	1718	13.70	73.61
1995	3448	25.84	67.73
2000	5376	9.71	67.69
2005	10239	11.31	71.26
2010	26860	23.34	86.99
2015	43805	4.71	87.17
2016	47194	7.74	87.43
1992—2016年平均增长率	14.80%	—	13.82（增减变化）

数据来源：人均GDP来源于WIND数据库，其他数据根据人均GDP计算而得。

（四）青海省

1978年青海省人均GDP为428元（见表4-11），不仅在西北五省区中位居第一，而且比当年全国人均GDP高11.17%，是陕西省的约1.5倍。到2016年，人均GDP增加到43531元，与1978年相比，年平均增长率为12.93%，仅高于甘肃，位居第四；与1992年相比，年平均增长率为13.91%，高于甘肃和新疆，位居第三。相对较低的增长率使其逐步被其他省区超越，分别于1983年被新疆、1996年被宁夏、2006年被陕西超越，2016年在西北五省区中仅高于甘肃，从第一位降到倒数第二位。

表4-11　　1992—2016年青海省现价人均GDP总量及增长率

年份	人均GDP（元）	环比增长率（%）	相当于全国的百分比（%）
1978	428	—	111.17
1992	1912	16.09	81.92
1995	3513	19.41	69.00
2000	5138	8.67	64.69
2005	10045	15.55	69.91
2010	24115	23.96	78.10
2015	41252	3.99	82.09

续表

年份	人均GDP（元）	环比增长率（%）	相当于全国的百分比
2016	43531	5.52	80.64
1992—2016年平均增长率	13.91%	—	-1.28（增减变化）

数据来源：人均GDP来源于WIND数据库，其他数据根据人均GDP计算而得。

与全国人均GDP相比，1978年相当于全国的111.17%，此后经历了近20年的持续下滑，到1996年最低降至63.60%，2000年之后逐步回升，2016年为80.64%，与1978年相比下降了30.53个百分点；与1992年相比，下降了1.28个百分点。

（五）新疆维吾尔自治区

与西北地区其他省区相比，新疆人均GDP变化最具戏剧性。1978年人均GDP为313元（见表4-12），仅高于陕西省，位居第四位。2016年人均GDP达到40564元，与1978年相比，年平均增长率为13.66%，比陕西低0.9个百分点，位居第二；与1992年相比，年平均增长率为12.35%，位居倒数第一。

表4-12 1992—2016年新疆维吾尔自治区现价人均GDP总量及增长率

年份	人均GDP（元）	环比增长率（%）	相当于全国的百分比（%）
1978	313	—	81.30
1992	2477	17.90	106.13
1995	4701	20.91	92.34
2000	7372	14.42	92.82
2005	13108	15.62	91.23
2010	25034	25.53	81.08
2015	40036	-1.51	79.67
2016	40564	1.32	75.15
1992—2016年平均增长率	12.35%	—	-30.98（增减变化）

数据来源：人均GDP来源于WIND数据库，其他数据根据人均GDP计算而得。

在改革开放初期的前十几年中,新疆是西北五省区中唯一人均 GDP 与全国差距逐步缩小的省区,于 1980 年超过甘肃,1982 年超过宁夏,1983 年超过青海,成为西北五省区中人均 GDP 最高的省区,到 1991 年比全国人均 GDP 高出 9.88%。之后,与全国的差距又逐步拉大,到 2009 年仅相当于全国的 76.05%,比除甘肃以外的其他省区的优势也逐步缩小,2009 年同时被陕西和宁夏超越,排名降到第三位,2015 年又被青海超越,排名又回到了 1978 年的第四位。2016 年人均 GDP 相当于全国的 75.15%,与 1978 年相比下降了 6.15 个百分点;与 1992 年相比,下降了 30.98 个百分点。

四　与中亚经济总量及人均 GDP 的比较

(一) 经济总量比较

2016 年中国西北地区按照现价美元计算的经济总量为 6321.72 亿美元,其中陕西省 2920.61 亿美元,甘肃省 1084.02 亿美元,宁夏回族自治区 477.03 亿美元,青海省 387.29 亿美元,新疆维吾尔自治区 1452.76 亿美元。与中亚整体相比较,中国西北地区是中亚五国合计的 2.50 倍(见表 4 - 13),经济总量大大高于中亚;与中亚各国相比较,分别为哈、吉、塔、土、乌经济总量的 4.68 倍、96.50 倍、90.94 倍、17.47 倍、9.33 倍。

表 4 - 13 　 2016 年中国西北各省区经济总量相当于中亚各国的倍数

	哈萨克斯坦	吉尔吉斯斯坦	塔吉克斯坦	土库曼斯坦	乌兹别克斯坦	中亚
陕西	2.16	44.58	42.01	8.07	4.31	1.16
甘肃	0.80	16.55	15.59	3.00	1.60	0.43
宁夏	0.35	7.28	6.86	1.32	0.70	0.19
青海	0.29	5.91	5.57	1.07	0.57	0.15
新疆	1.08	22.18	20.90	4.02	2.14	0.58
西北	4.68	96.50	90.94	17.47	9.33	2.50

注:西北地区各省区经济总量数据按 2016 年人民币兑美元平均汇率 1 美元 = 6.6423 元人民币计算。

数据来源:西北地区数据来源于 WIND,中亚数据来源于 UNDATA。

陕西省 2016 年现价美元 GDP 不仅超过中亚所有国家，而且也超过了中亚五国整体的经济总量，为其 1.16 倍，是西北地区中唯一超过中亚整体经济总量的省份；与中亚各国相比较，分别为哈、吉、塔、土、乌经济总量的 2.16 倍、44.58 倍、42.01 倍、8.07 倍、4.31 倍。

甘肃省 2016 年现价美元 GDP 超过了除哈萨克斯坦之外的其他四个国家，相当于哈国的 80.29%，分别为吉、塔、土、乌经济总量的 16.55 倍、15.59 倍、3.00 倍、1.60 倍，相当于中亚五国合计的 42.94%。

宁夏回族自治区 2016 年现价美元 GDP 超过了吉、塔、土三国，分别为 7.28 倍、6.86 倍、1.32 倍，但仅相当于哈国的 35.33%、乌国的 70.38% 和中亚整体的 18.89%。

青海省在西北地区中经济总量最小，2016 年现价美元 GDP 大体与土库曼斯坦相当，为其 1.07 倍，分别为吉、塔的 5.91 倍和 5.57 倍，仅相当于哈国的 28.69%、乌国的 57.14% 和中亚整体的 15.34%。

新疆维吾尔自治区作为西北地区第二大经济体，2016 年现价美元 GDP 也超过了中亚所有国家，大体与哈国相当，为其 1.08 倍，分别为吉、塔、土、乌经济总量的 22.18 倍、20.90 倍、4.02 倍、2.14 倍，但仅相当于中亚整体的 57.54%。

（二）人均 GDP 比较

西北地区从整体上看，按照现价美元计算，2016 年人均 GDP 为 6266 美元，是中亚五国现价美元人均 GDP（3604 美元）的 1.74 倍（见表 4-14），低于哈萨克斯坦（7505 美元）和土库曼斯坦（6389 美元），分别相当于两国的 83.49% 和 98.07%，但高于乌兹别克斯坦（2155 美元）、吉尔吉斯斯坦（1100 美元）和塔吉克斯坦（796 美元），分别为它们的 2.91 倍、5.70 倍和 7.87 倍。

表 4-14　2016 年中国西北各省区人均 GDP 相当于中亚各国的倍数

	哈萨克斯坦	吉尔吉斯斯坦	塔吉克斯坦	土库曼斯坦	乌兹别克斯坦	中亚
陕西	1.02	6.98	9.65	1.20	3.56	2.13
甘肃	0.55	3.78	5.23	0.65	1.93	1.15

续表

	哈萨克斯坦	吉尔吉斯斯坦	塔吉克斯坦	土库曼斯坦	乌兹别克斯坦	中亚
宁夏	0.95	6.46	8.93	1.11	3.30	1.97
青海	0.87	5.96	8.23	1.03	3.04	1.82
新疆	0.81	5.55	7.67	0.96	2.83	1.69
西北	0.83	5.70	7.87	0.98	2.91	1.74

注：西北地区各省区人均GDP数据按2016年人民币兑美元平均汇率1美元=6.6423元人民币计算。

数据来源：西北地区数据来源于WIND，中亚数据来源于UNDATA。

陕西省2016年人均GDP为7680美元，是中亚五国整体人均GDP的2.13倍，略高于哈萨克斯坦的7505美元和土库曼斯坦的6389美元，是乌兹别克斯坦的3.56倍、吉尔吉斯斯坦的6.98倍和塔吉克斯坦9.65倍，是西北地区唯一超过中亚所有国家人均收入水平的省份。

甘肃省2016年人均GDP为4162美元，是中亚五国整体人均GDP的1.15倍，分别相当于哈萨克斯坦和土库曼斯坦的55.45%、65.14%，是乌兹别克斯坦的1.93倍、吉尔吉斯斯坦的3.78倍和塔吉克斯坦5.23倍。

宁夏回族自治区2016年人均GDP为7105美元，是中亚五国整体人均GDP的1.97倍，相当于哈萨克斯坦的94.67%，是土库曼斯坦的1.11倍、乌兹别克斯坦的3.30倍、吉尔吉斯斯坦的6.46倍和塔吉克斯坦的8.93倍。

青海省2016年人均GDP为6554美元，相当于中亚五国整体人均GDP的1.82倍，相当于哈萨克斯坦的87.33%，与土库曼斯坦大体接近（高165美元），分别是乌兹别克斯坦的3.04倍、吉尔吉斯斯坦的5.96倍和塔吉克斯坦的8.23倍。

新疆维吾尔自治区2016年人均GDP为6107美元，相当于中亚五国整体人均GDP的1.69倍，相当于哈萨克斯坦的81.37%，比土库曼斯坦低282美元，分别是乌兹别克斯坦的2.83倍、吉尔吉斯斯坦的5.55倍和塔吉克斯坦的7.67倍。

综合来看，西北地区各省区人均GDP不仅全部超过了中亚整体人均 GDP，也大幅度超过了塔吉克斯坦、吉尔吉斯斯坦和乌兹别克斯坦，但除陕西省基本与哈萨克斯坦持平外，其他省区及西北地区整体仍低于哈萨克斯坦，甘肃省、新疆维吾尔自治区及西北地区整体仍略低于土库曼斯坦。

第五章

中国西北地区与中亚产业结构互补性

一 中国西北地区产业结构演进

产业结构是指一个国家或地区产业部门的组成及各产业部门之间的相互联系和数量对比关系,主要说明一国或地区国民经济由哪些产业部门组成,各产业部门之间的投入产出关系以及它们在整个国民经济中所占的比重。

(一) 西北地区的产业结构

2016年,西北五省区农业、工业、建筑业和服务业[①]增加值占比分别为11.59%、33.11%、10.78%、44.53%,与1992年相比,四个产业占比变化幅度分别为-12.57个、0.08个、3.13个、9.38个百分点(见表5-1)。

表5-1　　　　西北五省区及陕西省产业结构变动　　　　(单位:%)

年份	西北地区				陕西省			
	农业	工业	建筑业	服务业	农业	工业	建筑业	服务业
1992	24.16	33.03	7.65	35.15	21.95	37.42	6.23	34.39
1993	23.05	35.04	7.93	33.98	21.86	36.87	6.99	34.28
1994	23.58	34.29	7.24	34.89	20.48	36.64	6.79	36.09

---

① 中国2004年以前地区生产总值数据执行《国民经济行业分类》(GB/T 4754—1994),2004—2012年地区生产总值数据执行《国民经济行业分类》(GB/T 4754—2002),三次产业划分根据《三次产业划分规定》(2003)。2013年开始,行业分类执行《国民经济行业分类》(GB/T 4754—2011),三次产业划分根据《三次产业划分规定》(2012)。

续表

年份	西北地区				陕西省			
	农业	工业	建筑业	服务业	农业	工业	建筑业	服务业
1995	23.39	34.09	6.67	35.86	20.95	36.45	6.15	36.45
1996	23.92	33.39	6.61	36.08	20.61	36.16	6.14	37.09
1997	22.69	32.94	7.07	37.29	19.63	34.62	6.52	39.23
1998	21.97	31.82	7.80	38.40	19.08	33.98	7.31	39.64
1999	19.34	31.78	8.65	40.23	16.76	34.15	8.24	40.85
2000	17.54	32.37	8.77	41.32	15.09	34.60	8.39	41.92
2001	16.51	32.21	8.90	42.39	14.00	34.79	8.48	42.74
2002	15.75	32.42	8.91	42.92	13.26	36.06	8.27	42.40
2003	16.22	33.90	8.77	41.10	12.18	38.70	8.23	40.89
2004	15.60	36.73	8.31	39.36	12.20	41.15	7.77	38.88
2005	14.43	38.75	8.00	38.82	11.08	41.96	7.64	39.32
2006	12.95	41.62	7.72	37.71	10.22	44.14	7.56	38.08
2007	13.07	41.85	7.68	37.39	10.30	44.19	7.68	37.83
2008	12.62	42.60	8.14	36.63	10.31	44.77	8.02	36.91
2009	12.49	39.69	9.19	38.63	9.66	42.86	9.00	38.48
2010	13.03	42.16	8.87	35.94	9.76	45.03	8.76	36.44
2011	12.10	43.38	8.81	35.70	9.76	46.82	8.61	34.81
2012	12.08	42.53	9.00	36.39	9.48	47.37	8.49	34.66
2013	11.80	40.17	9.40	38.63	8.99	46.19	8.94	35.88
2014	11.57	39.27	9.82	39.34	8.82	45.03	9.27	36.89
2015	11.72	34.58	10.53	43.17	8.84	40.66	9.86	40.64
2016	11.59	33.11	10.78	44.53	8.71	39.06	9.99	42.24
变化	-12.57	0.08	3.13	9.38	-13.24	1.64	3.76	7.85

数据来源：根据 WIND 数据库计算所得。

从总体上来看，西北地区产业结构变化表现出以下特征。

（1）产业结构变化符合产业结构一般演进规律。农业占比呈逐年下降趋势；工业、建筑业、服务业占比在波动中有所上升。

（2）分阶段看，产业结构变动表现出明显的波动性。除农业占比持续下降外，其他产业占比均经历了较大幅度的波动，其中，工业占比在2002年前基本维持在33%左右，2003年后开始上升，至2011年达到峰值43.38%，之后开始又出现快速下降；建筑业占比在整个时间段内经历了两降两升，但低点和高点逐步抬升，2007年后随着房地产市场持续升温，建筑业占比出现较大幅度提高；服务业占比也大体经历了两降两升。

（3）与全国比较，西北地区产业结构演进速度大大低于全国水平。西北地区农业增加值占GDP的比重仍然较大，比全国总体水平高约3个百分点；1992—2016年，全国服务业占比上升了近24个百分点，而西北地区仅上升了9.38个百分点，2016年这一占比仍低于全国整体水平约7个百分点。

（二）陕西省的产业结构

2016年，陕西省实现生产总值19165.39亿元，其中，农业增加值1693.84亿元，占GDP比重为8.71%，仅高于宁夏；工业和建筑业增加值9390.88亿元，占GDP比重为49.05%，工业占比在西北地区位居第一；服务业增加值8080.67亿元，占GDP比重为42.24%。与1992年相比，四个产业占比变化幅度分别为-13.24个、1.64个、3.76个、7.85个百分点（见表5-1）。

1992—2016年，农业产业增加值占比呈现出逐年下降的趋势，从1992年的21.95%下降到2016年的8.71%，与占比持续下降相伴随，2016年农业增加值比1992年高出14倍以上，这侧面说明农业内部结构得到优化和调整。工业产业占比总体呈现先上升后下降的趋势，在2012年达到最高47.37%，2016年降至39.06%，但在西北五省区中仍位居第一，比西北地区整体占比高近6个百分点。建筑业产业呈升降交替的趋势，在25年间所占比重总体增加3.76个百分点。服务业产业增加值占比变化趋势同建筑业相似，1992—2001年占比从34.39%上升到42.74%，增加了8.35个百分点；2001—2016年，占比呈波动下降趋势，从2001年的42.74%下降至2012年的34.66%，2013年起再次开始上升，到2016年，服务业占比在西北五省区中仍排在最后一位。

从总体上来看，陕西省产业结构变化表现出以下特征：（1）陕西省产业结构演进符合产业结构一般演进规律。陕西省四类产业比例由1992

年的 21.95∶37.42∶6.23∶34.39 调整为 2016 年的 8.71∶39.06∶9.99∶42.24，虽然工业占比依然较高，服务业占比仍然相对较低，但总体上与产业结构一般演进规律相符。（2）工业的主导地位稳固上升。工业自 2003 年后对本省的 GDP 贡献率始终维持在 40% 以上，呈现稳中上升的趋势，在全部产业中的主导地位不断加强；同时，工业内部结构发生了巨大变化，以通信、电子设备制造、能源化工、装备制造、冶金、汽车、航空等为代表的重工业获得快速发展。（3）产业结构逐步向高级化迈进。发挥本省知识与教育优势，形成了林果业、畜牧业等特色优势产业；制造、加工、通信、化工、能源等产业不断加快技术改造步伐，对区域经济增长的贡献提升；结合历史文化和自然景观等优势，促进旅游业发展，并带动了金融、证券、保险等现代服务业发展。

（三）甘肃省的产业结构

2016 年，甘肃省实现生产总值 7152.04 亿元，其中，农业增加值 973.47 亿元，占 GDP 比重为 14.15%，仅低于新疆；工业和建筑业增加值 2491.53 亿元，占 GDP 比重为 34.89%；服务业增加值 3687.04 亿元，占 GDP 比重为 50.96%，在西北地区位居第一。与 1992 年相比，四个产业占比变化幅度依次为 -9.20 个、-10.48 个、4.88 个、14.79 个百分点（见表 5-2），在西北五省区中，农业占比下降幅度最小，工业占比下降幅度最大，服务业占比上升幅度最大。

表 5-2　　　　　　甘肃省及青海省产业结构变动　　　　（单位：%）

年份	甘肃省 农业	甘肃省 工业	甘肃省 建筑业	甘肃省 服务业	青海省 农业	青海省 工业	青海省 建筑业	青海省 服务业
1992	23.35	34.68	5.81	36.17	22.74	30.50	10.99	35.77
1993	23.49	36.73	6.24	33.54	20.25	33.43	10.45	35.87
1994	22.90	38.48	5.32	33.30	23.41	33.33	8.42	34.84
1995	19.84	40.57	5.48	34.12	23.61	30.76	7.72	37.90
1996	26.04	38.25	4.93	30.78	21.94	28.92	9.08	40.05
1997	23.93	36.15	6.44	33.48	20.16	28.22	9.78	41.84
1998	22.79	35.09	7.01	35.11	18.95	28.42	10.49	42.14

续表

年份	甘肃省				青海省			
	农业	工业	建筑业	服务业	农业	工业	建筑业	服务业
1999	20.01	34.22	8.69	37.09	17.03	28.85	10.68	43.44
2000	18.37	31.14	8.94	41.55	14.69	30.07	11.46	43.78
2001	18.42	31.61	9.12	40.85	14.35	29.18	12.77	43.70
2002	17.42	31.63	9.12	41.82	13.27	28.82	13.90	44.00
2003	17.12	31.97	8.83	42.08	13.58	29.63	13.84	42.94
2004	16.90	34.03	8.26	40.81	12.99	32.95	12.49	41.58
2005	15.93	35.46	7.90	40.71	12.02	37.54	11.17	39.27
2006	14.75	38.08	7.68	39.49	10.41	40.88	10.30	38.40
2007	14.35	39.34	7.97	38.35	10.41	43.23	9.35	37.01
2008	14.59	37.54	8.89	38.98	10.40	45.98	8.69	34.93
2009	14.67	35.53	9.55	40.24	9.93	43.50	9.71	36.86
2010	14.54	38.90	9.27	37.29	9.99	45.44	9.70	34.87
2011	13.52	38.32	9.04	39.12	9.28	48.59	9.78	32.34
2012	13.81	36.64	9.38	40.17	9.34	47.32	10.38	32.97
2013	13.78	33.76	9.52	42.94	9.77	42.94	11.24	36.04
2014	13.62	32.83	9.88	43.66	9.49	41.37	12.16	36.98
2015	14.54	25.97	10.68	48.81	8.77	36.93	12.96	41.34
2016	14.15	24.20	10.69	50.96	8.72	35.00	13.53	42.75
变化	-9.20	-10.48	4.88	14.79	-14.02	4.50	2.54	6.98

数据来源：根据 WIND 数据库计算所得。

一直以来，工业和服务业是甘肃最大的两个产业，1999 年之后，服务业成为其占比最高的产业（除 2010 年外）。农业占比总体呈下降趋势，但到 2016 年，占比依然较高，比西北地区整体占比高 2 个多百分点；工业占比在波动中出现较大幅度下降，1992 年占比仅次于陕西，到 2016 年，在西北地区占比降至最低，比西北地区总体占比低近 9 个百分点；建筑业占比在波动中逐步上升，2016 年与西北地区整体占比基本相当。

与产业结构一般演进规律相比较，甘肃省产业结构的变化显得极为奇特。首先，产业结构演进与其人均收入水平不相称。2016 年，甘肃省按照现价美元计算的人均 GDP 为 4162 美元，大约只相当于全国人均 GDP

的一半,位居全国倒数第一。在这样的收入水平下,工业占比出现大幅下降,有悖产业结构一般演进规律。其次,服务业占比与农业占比不相称。2016年,在农业占比仍超过14%的情况下,服务业占比已接近51%,是西北五省区中唯一超过50%的省,占比虚高特征明显。最后,服务业占比与工业占比不相称。甘肃省工业以"三高一低"(高投入、高耗能、高污染、低附加值)和产能过剩行业的重工业为主,产品结构单一,科技含量低,在国内经济进入"新常态"后,工业内部结构调整滞后,2011年后,工业占比快速下滑,2015年和2016年两年工业增加值连续出现负增长,在农业和建筑业占比基本稳定的情况下,工业占比下降部分几乎全部被服务业吸纳,工业的虚弱造就了服务业的虚高。

(四)青海省的产业结构

2016年,青海省实现生产总值2572.49亿元,其中,农业增加值221.19亿元,占GDP的8.72%,高于宁夏和陕西,位居第三,比西北地区整体占比低约3个百分点;工业和建筑业产业增加值1249.98亿元,占GDP的48.53%;服务业产业增加值1101.32亿元,占GDP的42.75%。与1992年相比,四个产业占比变化幅度依次为-14.02个、4.50个、2.54个、6.98个百分点(见表5-2),在西北五省区中,农业占比下降幅度最大,工业占比上升幅度最大,服务业占比上升幅度最小。

分阶段看,农业增加值占比在1996年之后呈现逐年下降趋势,到2016年已降至9%以下,下降幅度高于西北地区整体下降幅度1.5个百分点,在西北五省区中仅略高于陕西。工业增加值占比在1994年至1997年出现短暂下降,1998年至2003年基本维持在29%左右,从2004年开始快速上升,至2011年达到48.59%的峰值,之后又出现快速下降。建筑业增加值占比也大体表现为两降两升,2016年比西北地区整体占比高近3个百分点。服务业占比在前十年基本呈现上升趋势,至2002年达到44.00%的峰值,基本吸收了该阶段农业份额的下降部分;之后受工业占比快速上升的挤压,出现较大幅度下降,2011年降至32.34%,其谷值与工业峰值同时出现;从2012年开始,在工业占比下降的情况下,其占比又出现超过10个百分点的上升。

整体而言,青海省产业结构正处于由工业化初级阶段向工业化高级阶段的演变阶段，基本符合产业结构一般演进规律，并表现出以下特点：（1）农业增加值占比持续下降。2016年，农业占比已低于9%，比西北地区整体占比低近3个百分点。（2）工业、建筑业增加值占比在波动中有所上升。2016年与1992年相比，第二产业占比上升7个百分点，与其人均GDP水平基本相称，但是，工业内部结构仍不合理，产业竞争力较弱，技术水平不高，工业转型面临诸多困难，导致在国内经济进入"新常态"后，工业占比出现快速下降。（3）服务业增加值占比在波动中有较大幅度上升。1992—2016年服务业占比总体呈上升趋势，并在2011年后成为吸纳工业份额下降的主要产业；同时，服务业发展层次仍然较低，交通运输、仓储和邮政业、房地产业、住宿和餐饮业、批发零售等传统行业仍占较大比重。

（五）宁夏回族自治区的产业结构

宁夏经济起步较晚，但是在西部大开发之后，其经济发展势头良好。2016年，宁夏实现生产总值2911.77亿元，其中，农业产业增加值238.47亿元，占GDP的8.05%；工业和建筑业增加值合计1379.04亿元，占GDP的46.76%；服务业增加值1294.26亿元，占GDP的45.19%。2016年与1992年相比，四个产业占比变化幅度分别为－13.97%、－0.25%、6.05%、8.17%（见表5－3），在西北五省区中，农业占比下降幅度仅次于青海，工业占比也出现小幅下降，建筑业占比上升幅度最大。

表5－3　　　　　　宁夏区及新疆区产业结构变动　　　　　　（单位：%）

年份	宁夏				新疆			
	农业	工业	建筑业	服务业	农业	工业	建筑业	服务业
1992	22.02	33.37	7.59	37.02	28.46	26.42	10.28	34.84
1993	19.95	35.73	7.92	36.41	25.61	31.48	9.92	32.98
1994	21.97	34.01	7.10	36.92	28.34	28.69	8.92	34.05
1995	20.21	36.17	6.45	37.16	29.54	26.88	7.97	35.61
1996	21.33	33.99	5.70	38.98	27.67	26.54	8.28	37.51
1997	19.96	33.40	6.09	40.55	26.90	29.09	7.97	36.04

续表

年份	宁夏				新疆			
	农业	工业	建筑业	服务业	农业	工业	建筑业	服务业
1998	19.85	31.92	6.84	41.40	26.24	26.99	8.79	37.98
1999	18.15	31.57	7.68	42.60	23.08	27.16	8.99	40.77
2000	15.59	32.78	8.38	43.24	21.14	30.70	8.72	39.44
2001	14.70	31.66	8.61	45.02	19.32	29.87	8.60	42.21
2002	14.01	31.97	8.63	45.40	18.91	28.75	8.65	43.69
2003	12.86	33.81	9.63	43.70	22.44	29.67	8.21	39.69
2004	12.48	36.65	8.63	42.24	20.80	33.26	8.17	37.76
2005	11.77	37.28	8.60	42.36	19.51	36.96	7.81	35.72
2006	10.98	39.60	8.82	40.60	16.87	40.99	7.20	34.94
2007	10.66	40.98	8.52	39.84	17.85	39.88	6.88	35.39
2008	9.88	42.11	8.55	39.45	16.52	41.96	7.54	33.98
2009	9.41	38.45	10.49	41.65	17.76	36.38	8.74	37.12
2010	9.43	38.06	10.94	41.57	19.84	39.75	7.92	32.49
2011	8.76	38.85	11.39	41.00	17.23	40.85	7.95	33.97
2012	8.52	37.53	11.99	41.96	17.60	37.97	8.41	36.02
2013	8.58	36.03	12.63	42.75	17.12	34.11	8.75	40.03
2014	8.30	35.20	13.32	43.17	16.74	33.80	9.22	40.24
2015	8.60	33.49	13.67	44.24	16.89	28.95	10.13	44.04
2016	8.05	33.12	13.64	45.19	17.31	27.40	10.74	44.55
变化	-13.97	-0.25	6.05	8.17	-11.15	0.98	0.46	9.71

数据来源：根据 WIND 数据库计算所得。

1992—2016 年，除农业增加值占比稳定下降外，其他产业占比均出现不同程度的波动。工业增加值占比在 20 世纪 90 年代初出现小幅上升，1995 年之后出现明显下降，1999 年达到谷值的 31.57%，从 2003 年开始，工业占比快速上升，2008 年达到峰值的 42.11%，之后逐步下滑，2016 年比 2008 年下降约 9 个百分点。建筑业增加值占比在 90 年代初也出现了小幅下降，1996 年降至谷值的 5.70%，之后逐步上升，2000—2008 年基本维持在 8.38%—9.63% 之间，2009 年建筑业占比首次超过 10%，并逐步上升，2015 年达到 13.67% 的峰值。服务业增加值占比在

2002年之前基本维持上升态势,并于2002年达到45.40%的峰值,从2003年开始又逐步下降,至2008年降至39.45%,之后又出现回升,2016年达到45.19%。

整体而言,宁夏产业结构变动也基本符合产业结构一般演进规律,并表现出如下特点:第一,农业增加值占GDP比重持续下降,到2016年,已降至西北五省中最低。第二,工业增加值占比小幅下降,特别是2008年之后出现持续性下滑,暴露出其工业内部结构的不合理,装备制造业等传统部门发展水平低,生产规模小,技术落后,新兴产业部门发展滞后,难以适应经济转型的要求。第三,建筑业占比的大幅上升,特别是2008年以后,这在一定程度上挤压了工业和服务业占比。第四,服务业增加值占比在波动中上升明显,但2016年仍低于2002年的峰值水平,传统服务业占服务业比重较高,生产性服务业和现代服务业增速较慢,服务业内部结构仍不合理。

(六)新疆维吾尔自治区的产业结构

新疆是中国面积最大、边境线最长、毗邻国家最多的省级行政区,同时也是中国丝绸之路经济带建设的核心区。国家在2000年实施西部大开发战略以来,新疆经济得到了极大的发展,尤其是中央新疆工作座谈会召开及对口援疆以来,新疆经济快速发展。2016年新疆地区生产总值9617.23亿元,其中,农业增加值1648.97亿元,占GDP的17.31%;工业和建筑业产业增加值合计3585.22亿元,占GDP的38.14%;服务业增加值4383.04亿元,占GDP的44.55%。2016年与1992年相比,四个产业占比变化幅度分别为-11.15%、0.98%、0.46%、9.71%(见表5-3),在西北五省区中,服务业占比上升幅度仅次于甘肃,位居第二。

新疆农业发展历史悠久,一直以来都是中国的农业大省,1992年以来,农业增加值占比逐步下降,但一直到2001年才降至20%以下,之后继续缓慢下降,2008年达到16.52%的谷值,以后的大多数年份维持在17%左右。工业发展相对滞后,1992年工业占比在西北五省区中最低,并低于当年农业占比2个百分点;2000年后工业占比逐步提高,2008年达到峰值的41.96%,之后又逐步下降,2016年基本降至20世纪90年代初的水平。建筑业增加值占比总体较低,峰值为1992年的10.28%,谷值为 2007 年的 6.88%。服务业增加值占比在前十年基本保持上升态势，2002 年达到 43.69%；之后在波动中逐步下降，2010 年降至 32.49%；从 2011 年开始又逐步回升，2016 年达到峰值 44.55%。

新疆产业结构变动基本符合产业结构一般演进规律，当前产业结构状态大体处于工业化中期阶段。产业结构演进表现出以下特点：（1）农业增加值占比逐步下降，但到 2016 年，农业比重仍超过 17%，占比依然过高。（2）工业增加值占比长期保持较低水平，2016 年仅高于甘肃，比西北地区整体占比低近 6 个百分点，以重工业为主的工业结构显然不适应经济结构转型的要求，其占比在 2011 年之后出现快速下降。（3）服务业增加值占比在波动中有所上升，2016 年超过 44% 的比重基本与其人均收入水平相符，同时，"一带一路"倡议为新疆发展边境贸易、交通运输、仓储物流、离岸金融等行业创造了良好的契机，丰富的旅游资源与快速发展的旅游业等，都将有助于服务业占比的进一步提高。

二 中亚五国产业结构演进

（一）中亚五国的产业结构

自独立以来，中亚各国三次产业（基于 ISIC 产业分类标准）均取得了长足发展，产值规模大幅增加，农业、工业、建筑业、服务业产值分别由 1992 年的 126.40 亿美元、141.10 亿美元、38.06 亿美元和 210.7 亿美元，增加到 2016 年的 241.80 亿美元、678.30 亿美元、168.60 亿美元和 1278 亿美元（见表 5-4），年均增速分别为 2.74%、6.76%、6.40% 和 7.80%，工业、建筑业、服务业增长速度明显大于农业。

表 5-4　　1992—2016 年中亚地区各产业增加值及占比

年份	增加值（亿美元）				增加值结构（%）			
	农业	工业	建筑业	服务业	农业	工业	建筑业	服务业
1992	126.40	141.10	38.06	210.70	24.48	27.33	7.37	40.81
1993	94.43	119.40	36.59	206.20	20.68	26.15	8.01	45.15
1994	94.68	96.31	32.46	172.10	23.93	24.35	8.21	43.51

续表

年份	增加值（亿美元）				增加值结构（%）			
	农业	工业	建筑业	服务业	农业	工业	建筑业	服务业
1995	76.99	95.48	24.42	169.00	21.04	26.09	6.68	46.19
1996	71.78	100.00	23.93	178.10	19.20	26.76	6.40	47.64
1997	84.53	100.20	24.09	192.30	21.07	24.98	6.00	47.94
1998	75.30	93.31	26.97	197.40	19.16	23.75	6.86	50.23
1999	82.72	90.71	24.96	170.40	22.43	24.60	6.77	46.20
2000	74.36	102.80	21.86	163.90	20.49	28.32	6.02	45.16
2001	71.21	112.20	22.10	174.80	18.73	29.50	5.81	45.97
2002	75.90	122.20	27.98	201.10	17.77	28.60	6.55	47.08
2003	84.92	150.50	31.33	250.90	16.41	29.07	6.05	48.47
2004	95.61	195.90	40.87	338.60	14.25	29.20	6.09	50.46
2005	112.50	253.70	62.52	431.20	13.08	29.50	7.27	50.15
2006	130.20	335.90	100.30	582.00	11.34	29.25	8.74	50.68
2007	163.60	413.40	128.20	769.00	11.10	28.04	8.70	52.16
2008	177.80	609.00	151.80	936.60	9.48	32.73	8.10	49.95
2009	176.40	535.90	139.80	877.50	10.20	30.98	8.08	50.73
2010	188.90	689.10	164.00	1064.00	8.97	32.73	7.79	50.51
2011	241.10	852.90	183.20	1301.00	9.35	33.08	7.11	50.46
2012	255.40	919.40	198.50	1489.00	8.92	32.21	6.93	52.02
2013	287.70	979.30	221.70	1729.00	8.94	30.43	6.89	53.74
2014	294.70	958.20	222.70	1722.00	9.21	29.96	6.96	53.86
2015	273.10	787.60	199.40	1586.00	9.59	27.67	7.01	55.73
2016	241.80	678.30	168.60	1278.00	10.22	28.66	7.12	54.00
变化	2.74%	6.76%	6.40%	7.80%	-14.26	1.33	-0.25	13.19

数据来源：根据 UNDATA 数据计算而得。

从整体来看，中亚五国农业增加值占比在波动中呈下降趋势，至 2012 年降至 8.92%，之后略有回升，2016 年占比为 10.22%，比 1992 年下降了 14.26 个百分点。工业增加值占比在 20 世纪 90 年代中后期有所下降，1998 年降至 23.75% 的谷值，其后在波动中有所上升，到 2011 年达到 33.08% 的峰值，之后又有所下降，2016 年降至 28.66%，与 1992 年相比，上升 1.33 个百分点。建筑业增加值占比基本稳定在 7% 左右波动，2006 年最高时为 8.74%，2001 年最低时为 5.81%，2016 年比 1992 年下降 0.25 个百分点。服务业增加值占比在 20 世纪 90 年代中后期受工业占比下降影响，曾出现快速上升，1998 年比 1992 年上升了近 10 个百分点，1999 年出现较大幅度下降，2003—2011 年基本维持在 50% 左右，之后又出现较大幅度上升；从整个时间段来看，总体呈波动上升态势，2016 年比 1992 年上升了 13.19 个百分点，几乎全部吸纳了农业占比的下降部分。

中亚五国产业结构变化表现出以下特点。

(1) 从变化趋势看，产业结构演进趋势与一般演进规律基本一致。1992—2016 年，农业增加值占比大幅下降，2016 年已降至 10% 左右，工业增加值占比略有上升，服务业占比大幅上升，2016 年已超过 50%。

(2) 工业发展滞后，第二产业增加值占比较低。受其最大经济体哈萨克斯坦工业占比较低的影响，中亚五国工业整体占比一直较低，除哈萨克斯坦以外的其他几个国家，在独立后很长一段时间里，都经历了工业增加值占比的大幅下降，2016 年第二产业占比与 1992 年大体相当。

(3) 服务业增加值占比整体偏高，与其人均收入水平不大相符。工业不发达除使工业占比较低外，也使其服务业占比虚高，2016 年中亚五国按 2010 年不变价美元计算的人均 GDP 为 4315 美元，按现价美元计算的人均 GDP 仅为 3604 美元，但其服务业增加值占比在 2004 年之后基本保持在 50% 以上，2015 年甚至高达 55.73%，服务业占比虚高特征较为明显。

与中国西北地区相比较，2016 年农业、工业、建筑业占比均低于中国西北地区，但服务业占比比中国西北地区高约 10 个百分点。

(二) 哈萨克斯坦的产业结构

哈萨克斯坦是中亚五国中经济实力最强的国家，也是和中国联系最为密切的国家。2016 年，国内生产总值达到 1904.69 亿美元（2010 年不变价美元），人均 GDP 高达 7505 美元（现价美元），经济主要以石油、天然气、采矿、煤炭和农牧业为主，工业基础较为薄弱，轻工业发展相对落后，大部分日用消费品依靠进口。工业主要有采矿、有色和黑色冶金、机械制造、化工、电力、建材、食品加工和纺织等，是苏联的原子能工业中心。

2016 年哈萨克斯坦农业、工业、建筑业、服务业产业增加值占 GDP 的比重分别为 4.90%、27.32%、6.33% 和 61.45%，与 1992 年相比，四个产业增加值占比的变化幅度分别为 -15.28 个、7.35 个、-0.81 个、8.75 个百分点（见表 5-5）。

表 5-5　　　　　哈萨克斯坦、吉尔吉斯斯坦产业结构变动　　　　（单位：%）

年份	哈萨克斯坦				吉尔吉斯斯坦			
	农业	工业	建筑业	服务业	农业	工业	建筑业	服务业
1992	20.18	19.97	7.14	52.70	39.04	35.96	4.08	20.91
1993	15.22	21.14	7.22	56.42	40.09	28.09	5.55	26.28
1994	15.06	24.08	9.08	51.78	39.96	24.14	3.54	32.36
1995	12.86	23.88	6.33	56.93	43.15	15.26	6.52	35.07
1996	12.68	24.43	4.32	58.57	49.47	13.76	6.38	30.39
1997	11.90	25.81	4.15	58.15	44.22	20.38	4.85	30.56
1998	9.05	25.76	5.22	59.96	39.22	20.99	4.89	34.89
1999	10.37	29.62	4.98	55.03	37.66	24.78	3.29	34.27
2000	8.60	34.58	5.49	51.32	36.58	26.99	4.48	31.95
2001	9.26	32.55	5.80	52.39	36.94	24.83	4.03	34.21
2002	8.48	31.26	6.72	53.53	37.30	19.55	3.71	39.44
2003	8.30	30.70	6.32	54.69	36.68	19.01	3.18	41.12
2004	7.43	30.56	6.32	55.69	32.76	21.15	2.69	43.39
2005	6.63	31.02	8.16	54.18	31.31	19.11	2.97	46.62
2006	5.70	30.63	10.16	53.51	31.99	16.72	2.98	48.30
2007	5.80	28.98	9.67	55.55	30.15	14.79	4.01	51.05
2008	5.44	32.93	8.28	53.35	26.18	16.91	5.86	51.05
2009	6.24	30.99	8.00	54.78	20.32	18.38	7.26	54.04
2010	4.66	33.99	7.96	53.39	18.75	22.29	5.93	53.02
2011	5.47	33.83	7.06	53.64	18.03	24.52	5.36	52.10
2012	4.66	32.75	6.72	55.87	18.51	17.52	7.22	56.74
2013	4.93	30.36	6.52	58.19	16.43	20.78	7.10	55.70
2014	4.69	29.52	6.43	59.36	16.50	18.44	8.33	56.73
2015	4.97	26.21	6.31	62.51	15.40	18.30	9.17	57.13
2016	4.90	27.32	6.33	61.45	14.40	19.03	9.29	57.28
变化	-15.28	7.35	-0.81	8.75	-24.64	-16.93	5.21	36.37

数据来源：根据 UNDATA 数据计算而得。

分阶段看，农业增加值占比在建国初期快速下降，2000 年已降至 10% 以下，比 1992 年下降 10 个多百分点，之后维持缓慢下降状态，2010 年以来一直保持在 5% 以下。建国初期，哈萨克斯坦丰富的能源矿物储量不仅带来石油天然气开采业、煤炭和矿物采选业的迅猛发展，还带动了石油焦炭加工业、金属加工业、化学原料和产品制造业的快速崛起与发展，工业增加值占比快速上升，至 2000 年达到峰值的 34.58%，比 1992 年上升近 15 个百分点，几乎全部吸纳了该段时间农业和建筑业份额的下降部分；之后基本维持在 31% 左右，2011 年后逐步有所下降。建筑业增加值占 GDP 的比重整体较低，1992—1997 年，占比持续下降，1997 年降至谷值的 4.15%；之后持续上升，2006 年达到峰值的 10.16%，2007 年之后又基本表现为下降趋势。服务业一直是哈萨克斯坦最大的产业，增加值占比均在 50% 以上，2015 年已超过 60%。

总体而言，哈萨克斯坦产业结构变动呈现出以下特点：（1）产业结构变动符合世界产业结构调整趋势，农业占比持续下降，工业和服务占比有所上升，2016 年各产业增加值占比服务业＞工业＞农业，在中亚国家中产业结构最为合理。（2）当前产业结构状态已接近高收入国家水平。2016 年农业占比降至 5% 以下，服务业占比已超过 60%，按照 2010 年不变价格计算的人均 GDP 已超过 1 万美元，产业结构与收入水平基本相符。（3）工业产业内部结构不协调，能源、石油、采掘业发展快，其他工业发展相对缓慢。工业发展对本国资源依赖性较强，工业占比也易受到国际资源价格波动的影响。在国际市场上能源和矿产品的价格上涨阶段，其工业占比也处于上升阶段；相反，国际市场资源价格的下降往往会通过贸易传导到国内生产，工业占比也会随之回落。

（三）吉尔吉斯斯坦的产业结构

1992 年，吉尔吉斯斯坦农业、工业、建筑业、服务业增加值占 GDP 的比重分别为 39.04%、35.96%、4.08%、20.91%，第一产业和第二产业占比大体相当，到 2016 年，各产业占比变化幅度依次为 -24.64 个、-16.93 个、5.21 个、36.37 个百分点（见表 5 - 5），在中亚各国中，工业占比仅略高于塔吉克斯坦,而服务业占比仅次于哈萨克斯坦。

吉尔吉斯斯坦是中亚三个农业山国之一,93%的国土面积为山地,在苏联经济分工体系中,吉尔吉斯斯坦重点发展棉花种植、畜牧业和水电业,农业是其第一大产业。独立初期,其经济仍以传统的畜牧业为主,为实现粮食自给,大力发展粮食种植业,农业增加值占比进一步上升,1996年曾达到49.47%,几乎占据了GDP的一半。从1997年开始,农业占比逐步下降,到2016年降至最低的14.40%,比1992年下降了24.64个百分点。

吉尔吉斯斯坦工业结构单一,采矿业占比较大,尚未形成完整的工业体系,加工业基础薄弱、技术水平较低,研发创新能力不足,使其在国民经济中的地位不断下降。建国初期,工业增加值占比曾大幅下滑,到1996年已降至13.76%。之后出现快速回升,2000年达到26.99%,从2001年开始,工业占比除在2010年和2011年出现短暂回升外,总体呈现下降趋势。建筑业所占比重波动较大,有些年份其增加值占比甚至小于3%,近年来,建筑业占比呈上升趋势,2016年占比达到9.29%。

服务业产业在国内生产总值中的比重逐渐上升,2002年超过农业比重后成为其第一大产业,2016年占比达到57.28%,零售业、餐饮业、旅游业、交通运输和通信业等在国民经济中逐渐发挥了越来越重要的作用。

吉尔吉斯斯坦产业结构变化表现出以下特点:(1)产业结构变动呈现较大的波动性,农业和工业份额在一些时间段上曾出现明显的逆向演进。(2)从整个时间段来看,产业结构变动基本符合一般产业结构演进规律,农业比重大幅下降,服务业比重明显提高,建国初期受苏联经济分工影响而形成的畸形产业结构得到一定程度的调整。(3)当前产业结构状态仍不够合理,特别是工业发展严重滞后,占比较低,并导致服务业占比严重虚高,与其仅1000美元左右的人均GDP水平不相符。

(四)塔吉克斯坦的产业结构

1992年,塔吉克斯坦各产业增加值呈现工业>服务业>农业>建筑业格局,占GDP比重依次为47.32%、26.08%、21.69%、4.91%(见表5-6),到2016年,产业结构呈现服务业>农业>工业>建筑业格局,各产业增加值占GDP比重分别为47.06%、23.30%、17.03%和12.61%。2016年与1992年相比,农业、工业、建筑业、服务业增加值占比变化幅度分别为 1.61%、-30.29%、7.70%、20.98%，在中亚五国中，农业和建筑业占比最高，工业占比最低。

表 5-6　　　　　塔吉克斯坦、土库曼斯坦产业结构变动　　　　（单位：%）

年份	塔吉克斯坦				土库曼斯坦			
	农业	工业	建筑业	服务业	农业	工业	建筑业	服务业
1992	21.69	47.32	4.91	26.08	10.56	74.15	4.61	10.68
1993	18.22	50.18	5.27	26.33	19.21	52.00	12.00	16.79
1994	18.76	40.63	6.91	33.70	32.95	41.10	6.88	19.08
1995	31.60	46.55	1.84	20.02	16.86	59.19	6.07	17.89
1996	35.08	41.24	1.69	21.99	13.09	59.79	10.75	16.36
1997	32.78	37.89	1.92	27.41	20.96	38.19	11.83	29.02
1998	24.98	36.63	2.59	35.80	25.88	33.48	13.41	27.23
1999	25.41	36.50	3.67	34.43	24.84	31.44	12.21	31.51
2000	27.34	36.07	2.31	34.27	22.95	35.04	6.77	35.24
2001	26.11	36.71	2.98	34.20	24.66	36.64	5.66	33.04
2002	24.57	36.57	2.26	36.60	22.01	34.25	8.13	35.61
2003	27.02	33.78	3.20	36.00	20.29	34.56	6.71	38.44
2004	21.49	29.80	4.75	43.96	19.44	33.59	6.52	40.45
2005	23.76	25.59	5.09	45.56	18.81	31.13	6.48	43.58
2006	23.92	23.73	6.78	45.57	17.44	30.28	6.02	46.26
2007	21.90	20.68	9.11	48.31	19.07	31.78	6.37	42.78
2008	22.49	16.08	11.71	49.72	12.29	44.64	9.04	34.03
2009	20.59	15.91	11.29	52.21	12.26	44.60	8.94	34.20
2010	21.85	16.45	11.41	50.29	14.55	40.33	8.11	37.01
2011	26.86	16.38	8.95	47.82	13.03	43.21	8.70	35.07
2012	26.24	15.39	9.41	48.96	13.27	42.72	8.59	35.42
2013	23.08	14.23	11.71	50.98	13.61	42.09	8.47	35.83
2014	26.83	13.83	11.69	47.65	13.30	42.67	8.59	35.44
2015	24.69	14.95	12.52	47.83	13.40	42.50	8.55	35.56
2016	23.30	17.03	12.61	47.06	13.44	42.42	8.53	35.61
变化	1.61	-30.29	7.70	20.98	2.88	-31.73	3.92	24.93

数据来源：根据 UNDATA 数据计算而得。

塔吉克斯坦是落后的农业国，境内多山地，仅有7%的谷地可用于种植，农业以棉花种植业和畜牧业为主，粮食不能自给。独立初期，为解决粮食供应不足问题，扩大粮食种植面积，农业增加值占比快速上升，1996年，占比达到35.08%，比1992年上升13个多百分点，从1998年开始，农业占比降至30%以下，大体维持在23%左右，但一直在20%以上。

独立后的塔吉克斯坦工业，在切断了与苏联的联系后，占GDP比重持续下降，分别于1997年、2004年、2008年连降三个台阶，依次降到40%、30%、20%以下，2014年最低时仅有13.83%，之后略有回升。工业以采掘、有色金属冶炼、水电、食品和纺织工业为主，对金、银、铝等矿产资源和水资源的依赖程度较高，技术和人才短缺，发展慢、水平低。建筑业在建国初期受战乱影响，其增加值占比出现较大幅度下滑，1998年之后，占比逐步回升，2016年达到12.61%，占GDP的比重超过1/8，在中亚五国中占比最高。

服务业在建国初期受农业增加值占比大幅上升的挤压，其增加值占比出现一定程度下滑，1996年后呈现平稳上升态势，1998年占比超过30%，2004年超过40%，2009年后部分年份已超过50%。塔吉克斯坦服务业仍以商品零售业、交通运输业等传统服务业为主，发展水平较低。

塔吉克斯坦产业结构演进主要表现出以下特点：（1）产业结构仍处于低水平演进状态。虽然农业占比较20世纪90年代中期有所下降，但一直都在20%以上，工业占比出现大幅下降，并降至20%以下。（2）产业结构变化表现出较大的波动性，且出现不同程度的逆向演进。受独立及内战等因素的影响，农业在90年代中期，工业在整个时间段都出现逆向演进，第二产业至2016年占比仍低于30%。（3）与吉尔吉斯斯坦类似，服务业占比虚高特征明显。服务业占比接近甚至超过50%的主要原因是工业占比的下降，它吸收了工业份额下降的2/3，同时，2016年塔吉克斯坦现价和2010年不变价人均GDP均低于1000美元，较高的服务业占比与其收入水平不相符。

（五）土库曼斯坦的产业结构

1992年，土库曼斯坦农业、工业、建筑业和服务业增加值占GDP比重分别为10.56%、74.15%、4.61%和10.68%（见表5-6），各产业占比呈现出的工业>服务业>农业>建筑业的格局，2016年四个产业占比分别为13.44%、42.42%、8.53%、35.61%，与1992年相比，调整幅度分别为2.88%、-31.73%、3.92%、24.93%，在中亚五国中，工业占比最高，服务业占比最低。

独立初期，经济结构单一，农业是其薄弱环节，以种植棉花为主，粮食不能自给。独立后实行一系列惠农政策，调整种植结构，扩大粮食种植面积，继续重视棉花的生产和加工，使得农业增加值占比有较大幅度上升，1997年超过20%，2004年之后，农业占比才降至20%以下，2008年以来，基本维持在13%左右。

受苏联经济分工影响，土库曼斯坦在1992年工业增加值占GDP比重接近3/4，高达74.15%，之后受其他产业占比上升的挤压，工业占比出现较大幅度下降，2006年降至30.28%；从2008年开始，工业占比恢复到40%以上，在石油和天然气工业的带动下，基本维持在42%左右。建筑业占GDP比重在建国初期曾出现较大幅度上升，1998年达到峰值的13.41%，之后有所回落，2008年以来基本稳定在8.5%左右。

土库曼斯坦建国后实施了刺激服务业发展的政策，兴建新铁路干线、公路等交通基础设施及通信和互联网设施，使服务业增加值占比逐步提升，1997年超过20%，1999年超过30%，2004年超过40%，2006年峰值时达到46.26%，之后有所回落，2008年以来基本保持在35%左右。

土库曼斯坦产业结构变化表现出以下特点：（1）产业结构变化具有明显的阶段性。2000年之前，产业结构变化基本表现为对之前在苏联经济分工影响下形成的畸形产业结构的调整，农业、建筑业、服务业占比上升，工业占比下降；2000年之后，产业结构进入正常演进轨道，变化趋势基本符合一般产业结构演进规律。（2）当前产业结构状态仍不尽合理。经济发展对石油和天然气资源的过度依赖使其工业占比较高，而服务业占比相对较低，同时，2016年按现价和2010年不变价计算的人均GDP已分别达到6389美元和7065美元，服务业占比与收入水平不大相符。

（六）乌兹别克斯坦的产业结构

1992年，乌兹别克斯坦农业、工业、建筑业和服务业增加值占GDP的比重分别为34.78%、29.33%和9.33%、26.55%（见表5-7），产业结构呈现农业＞工业＞服务业＞建筑业的格局，到2016年，四个产业增加值占比分别调整为分别为17.60%、25.65%、7.20%、49.54%，呈现服务业＞工业＞农业＞建筑业格局。与1992年相比，占比变化幅度分别为-17.18%、-3.68%、-2.13%、22.99%，服务业是占比唯一上升的部门。在中亚五国中，农业占比仅低于塔吉克斯坦，工业占比高于塔吉克斯坦和吉尔吉斯斯坦，服务业占比低于哈萨克斯坦和吉尔吉斯斯坦。

表5-7　　　　　　乌兹别克斯坦产业结构变动　　　　　（单位：%）

年份	农业	工业	建筑业	服务业
1992	34.78	29.33	9.33	26.55
1993	29.86	27.63	9.61	32.90
1994	36.22	20.16	7.62	36.00
1995	31.41	23.00	7.89	37.71
1996	25.58	25.06	9.41	39.95
1997	31.74	21.03	8.16	39.07
1998	31.29	17.44	8.77	42.50
1999	33.52	16.54	7.78	42.17
2000	34.36	16.24	6.89	42.52
2001	34.01	16.04	6.60	43.36
2002	34.46	16.57	5.61	43.36
2003	32.97	18.28	5.41	43.35
2004	30.77	20.37	5.58	43.27
2005	29.46	23.68	5.42	41.44
2006	27.90	24.21	5.65	42.23
2007	25.86	23.32	6.58	44.25
2008	21.85	26.05	6.20	45.89
2009	20.62	26.12	7.48	45.78
2010	19.76	26.67	6.64	46.93

续表

年份	农业	工业	建筑业	服务业
2011	19.42	26.55	6.21	47.82
2012	19.20	26.18	6.24	48.38
2013	18.96	25.88	6.54	48.62
2014	18.89	25.79	6.82	48.49
2015	18.29	25.69	7.26	48.75
2016	17.60	25.65	7.20	49.54
变化	-17.18	-3.68	-2.13	22.99

数据来源：根据 UNDATA 数据计算而得。

乌兹别克斯坦是中亚古老的灌溉农业国，独立之前，农业主要为棉花种植业，棉花产量占农业总产量的40%；独立之后为了实现粮食自给，加大粮食种植面积，相应减少了棉花种植，农业增加值占比逐步下降，1996年降至25.58%，1997年后农业占比逐步回升，2002年达到34.46%，与1992年基本持平，之后呈现稳定回落趋势，2010年降至20%以下。

受苏联经济发展模式的影响，乌兹别克斯坦工业主要为采矿业、天然气、有色金属等重工业部门，加工业发展滞后，但工业门类较为齐全。苏联解体带来的经济困难、资金匮乏以及设备老化等问题使许多工业企业失去活力，工业增加值占比经历长达10年的下滑，至2001年，降至16.04%，比1992年下降13个多百分点。随后，政府出台了一系列促进工业发展的政策措施，在油气、煤炭、电力等领域加大招商引资力度，为外国投资者创造良好、稳定的投资环境，并大力发展汽车制造、农业机械、生物技术、制药、信息技术等产业，2002年之后工业占比逐步回升，2004年超过20%，近10年来一直维持在25%左右。建筑业增加值占比总体较低，基本表现为先下降而后上升的态势，2003年降至5.41%的谷值，之后逐步上升，2016年占比仍比1992年低2.12个百分点。

服务业增加值占比在建国初期受农业和工业占比下降影响出现快速上升，1998年达到42.50%，比1992年上升了近16个百分点；之后一直到2006年一直维持在42%左右；从2007年开始，在工业和建筑业占比相对稳定而农业占比逐步下降的情况下，服务业占比进一步上升，基本吸收了该段时间农业份额的下降部分。

整体而言，乌兹别克斯坦产业结构变化基本符合产业结构变化，特别是2000年之后，农业占比逐步下降，第二、第三产业占比逐步提高，2016年产业结构状态除农业占比相对较高外，基本与其人均GDP水平相符。

三 中国西北地区与中亚五国产业结构互补性

（一）西北地区与中亚产业同构性

产业结构相似系数是联合国工发组织国际工业研究中心提出的度量方法，用来测算两个国家或地区的产业结构相似度。产业结构相似系数的计算公式如下：

$$S_{ij} = \sum_{k=1}^{n}(X_{ik}X_{jk}) / \sqrt{\sum_{k=1}^{n}X_{ik}^2 \sum_{k=1}^{n}X_{jk}^2}$$

式中，i和j表示两个区域，X_{ik}和X_{jk}分别表示产业k在区域i和区域j的生产总值中所占比重。S_{ij}取值范围为[0,1]，当$S_{ij}=0$时，说明两个国家或地区的产业结构完全不同；当$S_{ij}=1$时，说明两个国家或地区的产业结构完全相同。S_{ij}的值越大，说明产业同构性程度越高，产业结构互补性越差；反之则同构性程度越低，产业结构互补性越强。因涉及国家或地区之间的产业结构，取0.95为标准，即当产业相似度系数值小于0.95时，认为两地区的产业相似程度低，即存在产业结构互补。

将西北地区作为一个整体计算的其与中亚五个国家及中亚整体的产业同构系数如表5-8所示。从整体角度来看，中国西北地区与中亚产业结构相似度较高，在所考察的时间段中，除2007年产业结构相似系数略低于0.95外，其他年份均大于0.95，平均值为0.971，因此，两个区域在整体上并不存在明显的产业结构互补性。但是，两个大的区域整体的产业结构可以被看成是区域产业结构的平均水平，抹杀区域内部产业结构的差异，所以并不能反映产业结构相似性的全貌。

第五章 中国西北地区与中亚产业结构互补性

表5-8　　　　　西北地区与中亚各国产业结构相似系数

年份	哈萨克斯坦	吉尔吉斯斯坦	塔吉克斯坦	土库曼斯坦	乌兹别克斯坦	中亚
1992	0.930	0.930	0.955	0.754	0.965	0.989
1993	0.898	0.934	0.955	0.908	0.982	0.967
1994	0.933	0.938	0.990	0.938	0.941	0.972
1995	0.915	0.885	0.928	0.872	0.968	0.973
1996	0.913	0.842	0.938	0.840	0.984	0.970
1997	0.928	0.895	0.961	0.980	0.963	0.973
1998	0.924	0.931	0.990	0.971	0.950	0.970
1999	0.964	0.929	0.981	0.981	0.931	0.985
2000	0.979	0.920	0.969	0.988	0.915	0.993
2001	0.982	0.911	0.966	0.971	0.912	0.995
2002	0.981	0.898	0.973	0.985	0.907	0.994
2003	0.970	0.899	0.973	0.996	0.917	0.988
2004	0.956	0.912	0.982	0.995	0.920	0.975
2005	0.956	0.889	0.952	0.984	0.928	0.970
2006	0.944	0.842	0.924	0.967	0.916	0.954
2007	0.930	0.829	0.903	0.975	0.916	0.943
2008	0.946	0.849	0.854	0.998	0.933	0.960
2009	0.954	0.894	0.881	0.994	0.954	0.969
2010	0.945	0.897	0.859	0.999	0.938	0.957
2011	0.943	0.905	0.838	1.000	0.928	0.955
2012	0.936	0.854	0.838	1.000	0.931	0.952
2013	0.939	0.906	0.859	0.998	0.946	0.957
2014	0.939	0.897	0.856	0.995	0.951	0.961
2015	0.950	0.938	0.912	0.981	0.976	0.974
2016	0.964	0.952	0.938	0.974	0.981	0.986
平均值	0.945	0.899	0.927	0.962	0.942	0.971

数据来源：根据WIND和UNDATA数据库计算所得。

分国家来看，在所考察的25年中，中国西北地区与哈萨克斯坦的产业结构相似系数有15年小于0.95，均值为0.945，2016年略大于0.95；与吉尔吉斯斯坦产业结构相似系数除2016年外均小于0.95，均值为

0.899，多数年份小于 0.9，最高值为 2016 年的 0.952；与塔吉克斯坦的产业结构相似系数有 13 年小于 0.95，均值为 0.927，且 2006 年到 2016 年一直小于 0.95；与土库曼斯坦的产业结构相似系数只有前 5 年小于 0.95，1997 年以来一直大于 0.95，均值为 0.962；与乌兹别克斯坦的产业结构相似系数也有 15 年小于 0.95，均值为 0.942。因此，从各国情况来看，中国西北地区除与土库曼斯坦不存在产业结构互补性之外，与其他四个国家都存在明显的互补关系。同时，随着中亚各国对建国初期不合理的产业结构的逐步调整，以及市场化过程中基于本国要素禀赋和经济分工的工业化水平的逐步提升，中国西北地区与中亚各国产业结构差异性逐渐减小，产业结构互补性程度有所下降。

（二）分省区的产业同构性

1. 陕西省

在西北地区，陕西省不仅经济总量最大，人均收入水平最高，而且产业结构合理化和高级化程度也最高。陕西省与中亚五国的产业结构相似系数除土库曼斯坦外，均值均在 0.95 以下（见表 5-9），因此，其与哈、吉、塔、乌四国间存在产业结构互补，且与塔吉克斯坦的相似程度最低，互补性最强。

表 5-9　　　　　　　陕西与中亚五国产业结构相似系数

年份	哈萨克斯坦	吉尔吉斯斯坦	塔吉克斯坦	土库曼斯坦	乌兹别克斯坦
1992	0.907	0.925	0.975	0.806	0.950
1995	0.917	0.855	0.927	0.888	0.952
2000	0.985	0.900	0.962	0.983	0.891
2005	0.954	0.857	0.931	0.971	0.899
2010	0.945	0.878	0.833	0.994	0.920
2015	0.922	0.891	0.857	0.993	0.944
2016	0.943	0.913	0.892	0.989	0.954
平均	0.939	0.868	0.907	0.962	0.917

数据来源：根据 WIND 和 UNDATA 数据库计算所得。

2. 甘肃省

甘肃省在 2000 年之前与哈、吉、乌之间的产业结构互补性较为明显（见表 5-10）；在 2012 年之前，甘肃省仍与吉、塔两国存在着较为明显的产业结构互补关系。但是随着甘肃省产业结构的畸形化演进，特别是工业增加值占比的快速下滑以及农业占比持续较高，使服务业占比虚高，导致甘肃省与中亚五国的产业结构相似程度越来越大，产业间的互补性越来越小，产业结构趋同现象明显。2016 年，甘肃省与中亚五国的产业结构相似系数仅剩土库曼斯坦小于 0.95，从陕西省与土库曼斯坦较高的产业结构相似系数可以看出，这是近年来甘肃省产业结构逆向演进的直接结果。

表 5-10　　　　　甘肃与中亚五国产业结构相似系数

年份	哈萨克斯坦	吉尔吉斯斯坦	塔吉克斯坦	土库曼斯坦	乌兹别克斯坦
1992	0.928	0.924	0.960	0.767	0.956
1995	0.888	0.820	0.944	0.923	0.927
2000	0.976	0.926	0.968	0.987	0.925
2005	0.966	0.918	0.971	0.994	0.949
2010	0.955	0.922	0.890	1.000	0.958
2015	0.975	0.985	0.966	0.932	0.996
2016	0.981	0.992	0.978	0.916	0.996
平均	0.945	0.917	0.952	0.963	0.951

数据来源：根据 WIND 和 UNDATA 数据库计算所得。

3. 青海省

青海省与中亚各国产业结构相似系数从均值看，均小于 0.95（见表 5-11），其中均值最高的是土库曼斯坦，接近 0.95。2010 年以来，除土库曼斯坦外，青海省与中亚其他四国的产业结构相似系数在大多数年份都小于 0.95，因此，可以认为青海省与哈、吉、塔、乌之间产业结构差异较大，存在产业结构互补关系。相对而言，与塔吉克斯坦的产业结构相似度最低，2016 年相似系数为 0.915，互补性最强。但是，近年来，青海省与前述四个国家之间的产业结构相似系数都有所上升，2016 年相似系数小于 0.95 的仅剩吉、塔两个国家，这可能与中国经济进入"新常态"之后青海在经济转型和结构升级方面所面临的诸多困难有关。

表 5-11　　　　　　　　青海与中亚五国产业结构相似系数

年份	哈萨克斯坦	吉尔吉斯斯坦	塔吉克斯坦	土库曼斯坦	乌兹别克斯坦
1992	0.942	0.910	0.938	0.725	0.959
1995	0.935	0.902	0.902	0.835	0.980
2000	0.985	0.892	0.942	0.970	0.907
2005	0.964	0.877	0.946	0.980	0.917
2010	0.936	0.867	0.822	0.992	0.912
2015	0.935	0.913	0.882	0.984	0.955
2016	0.952	0.932	0.915	0.977	0.963
平均	0.947	0.877	0.899	0.949	0.930

数据来源：根据 WIND 和 UNDATA 数据库计算所得。

4. 宁夏回族自治区

宁夏回族自治区 1992—2016 年与哈、吉、塔、土、乌五个国家的产业结构相似系数均值依次为 0.962、0.897、0.929、0.954、0.940（见表 5-12），从均值看，与吉、塔、乌三国存在产业互补关系。宁夏与哈萨克斯坦的产业结构相似系数自 1999 年以来，除个别年份外，均在 0.95 以上，两者之间基本不存在产业结构互补性；与吉尔吉斯斯坦的相似系数一直低于 0.95，与塔吉克斯坦和乌兹别克斯坦在多数年份低于 0.95，而与土库曼斯坦在 1997 年以来一直高于 0.95。同时，近年来宁夏与吉、塔、乌的产业结构相似系数上升较快，2016 年低于 0.95 的国家仅剩吉、塔两个国家。

表 5-12　　　　　　　　宁夏与中亚五国产业结构相似系数

年份	哈萨克斯坦	吉尔吉斯斯坦	塔吉克斯坦	土库曼斯坦	乌兹别克斯坦
1992	0.940	0.910	0.952	0.752	0.951
1995	0.924	0.852	0.920	0.883	0.951
2000	0.987	0.903	0.959	0.981	0.904

续表

年份	哈萨克斯坦	吉尔吉斯斯坦	塔吉克斯坦	土库曼斯坦	乌兹别克斯坦
2005	0.976	0.890	0.955	0.986	0.923
2010	0.979	0.931	0.897	0.991	0.958
2015	0.956	0.939	0.907	0.969	0.968
2016	0.966	0.947	0.925	0.965	0.970
平均	0.962	0.897	0.929	0.954	0.940

数据来源：根据 WIND 和 UNDATA 数据库计算所得。

5. 新疆维吾尔自治区

新疆维吾尔中自治区是中国与中亚国家经济贸易的主体，地理位置优越，与哈萨克斯坦、吉尔吉斯斯坦、塔吉克斯坦毗邻，是第二"亚欧大陆桥"必经之地，在中国与中亚五国经济文化交流中处于十分重要的位置。新疆与乌兹别克斯坦的产业结构相似系数一直较高，大多数年份均高于 0.95（见表 5-13），均值为 0.964，2016 年高达 0.995，两者之间产业结构同构性较高；除此之外，与其他四个国家的产业结构相似系数均值均小于 0.95，从均值看，新疆与哈、吉、塔、土之间存在产业互补性。但是，近年来，随着新疆与中亚国家经济文化交流的逐步加深，产业结构相似系数逐步提高，产业结构趋同化较为明显，2015 年、2016 年新疆与中亚五个国家的产业结构相似系数均超过 0.95，产业互补性逐步减弱。

表 5-13　　　　　　新疆与中亚五国产业结构相似系数

年份	哈萨克斯坦	吉尔吉斯斯坦	塔吉克斯坦	土库曼斯坦	乌兹别克斯坦
1992	0.939	0.931	0.910	0.665	0.979
1995	0.904	0.951	0.901	0.797	0.996
2000	0.962	0.947	0.979	0.993	0.938
2005	0.932	0.911	0.961	0.985	0.950
2010	0.911	0.896	0.866	0.993	0.942
2015	0.953	0.965	0.957	0.959	0.994
2016	0.957	0.972	0.976	0.950	0.995
平均	0.935	0.926	0.935	0.947	0.964

数据来源：根据 WIND 和 UNDATA 数据库计算所得。

综合来看，中国西北各省区与中亚各国之间存在产业结构互补性，但随着中亚国家工业化水平的逐步提高，产业结构相似系数近年来也有明显提高，产业结构存在一定程度的趋同化现象。如果西北地区经济转型和产业结构升级受阻，将可能在很大程度上影响西北地区与中亚国家之间的贸易和经济合作的基础。

第六章

中亚五国贸易的区域特征和产品特征

一 中亚五国贸易概况

20世纪90年代以来，随着亚欧第二大陆桥的全线贯通和乌鲁木齐—新西伯利亚—莫斯科、乌鲁木齐—伊斯兰堡、乌鲁木齐—第比利斯等航线的开通，中亚市场的范围正在不断扩大。中亚市场沿着亚欧第二大陆桥向西延伸，扩大到俄罗斯、乌克兰、白俄罗斯、波兰、德国及其他欧洲国家，而与中亚国家隔里海相望的阿塞拜疆、格鲁吉亚、亚美尼亚等国家也已经成为中亚市场西延的范围。中亚市场的向东延伸，除了中国东、中部的商品经新疆进入中亚市场外，内地不少企业还在中亚地区开商店和办工厂，直接参与中亚市场的开发。中亚市场的东西双向延伸为其扩大对外贸易创造了良好的条件。1992年各国相继独立后，积极融入世界贸易体系，市场潜力得以发挥，进出口总额在波动中逐步上升，2016年商品和服务出口额867.26亿美元，进口额747.79亿美元，分别为1992年的2.16倍和2.92倍，进出口总额占"一带一路"沿线64个国家的1.41%。

（一）整体贸易规模及增长状况

1992—2016年24年间，中亚地区商品和服务进出口贸易在波动中增长，进口额、出口额和进出口总额总体呈上升态势。2016年与1992年相比，出口总额从297.14亿美元增加到867.26亿美元，年平均增长率4.56%，其间2013年已接近1400亿美元；进口总额从346.95亿美元增加到747.79亿美元，年平均增长率3.25%，其间2012—2014年均超过1000亿美元；进出口总额从644.09亿美元增加到1615.05亿美元，年平均增长率 3.90%，2013 年最高时超过 2400 亿美元。

分年度来看，在各国建国初期与世界联系尚未建立，1998 年又遭遇俄罗斯及亚洲金融危机的影响下，1992—1999 年对外贸易出现大幅下滑（见表 6-1），至 1999 年，进口额、出口额均降至 1992 年的一半以下。2000 年之后，贸易出现恢复性增长，进出口总额除 2009 年受国际金融危机影响出现负增长外，其余年份均出现较快增长，2013 年与 1999 年相比，进口额、出口额、进出口总额年平均增长率高达 14.88%、17.65%、16.33%。2014 年之后，在经历了国际与地区政治经济局势的深刻变化后，进口额、出口额又出现大幅下降，三年均为负增长，2015 年出口增长率降至 -30.55%，进口增长率降至 -19.53%。

表 6-1　　　　　中亚国家商品和服务进出口总额及增长率

年份	进口（现价）总额（亿美元）	环比增长率（%）	出口（现价）总额（亿美元）	环比增长率（%）	进出口（现价）总额（亿美元）	环比增长率（%）
1992	346.95	—	297.14	—	644.09	—
1995	186.00	1.79	173.11	14.18	359.11	7.41
2000	182.34	18.84	201.70	40.45	384.04	29.29
2005	394.40	20.58	472.55	27.13	866.95	24.07
2010	712.30	9.76	998.15	26.43	1710.45	18.91
2011	854.82	20.01	1309.46	31.19	2164.28	26.53
2012	1016.79	18.95	1357.83	3.69	2374.62	9.72
2013	1069.41	5.18	1398.33	2.98	2467.74	3.92
2014	1019.00	-4.71	1369.26	-2.08	2388.26	-3.22
2015	820.04	-19.53	950.94	-30.55	1770.98	-25.85
2016	747.79	-8.81	867.26	-8.80	1615.05	-8.81
1992—2016 年均	3.25	—	4.56	—	3.90	—
1992—1999 年均	-11.00	—	-9.87	—	-10.47	—
1999—2013 年均	14.88	—	17.65	—	16.33	—
2013—2016 年均	-11.24	—	-14.72	—	-13.18	—

注：贸易额为各国贸易额的加总数，未剔除中亚各国相互之间的贸易额。

数据来源：商品和服务进出口总额数据来源于 UNDATA，环比增长率数据按照总量数据计算而得。

(二) 贸易的内部构成

哈萨克斯坦是中亚五国中经济体量最大、人均 GDP 最高的国家，也是贸易体量最大的国家。1992 年哈萨克斯坦进口在中亚进口总额中占 68.35%，超过 1/3，之后有所下降，1999 年最低降至 44.11%（见图 6-2）。从 2000 年开始，进口占比又一路回升，2007 年达到最高时的 68.43%，略高于 1992 年。2008 年后又逐步下降，到 2016 年降至 52.00%，比 1992 年下降了 16.35 个百分点，1992—2016 年占比的算术平均值为 56.75%。

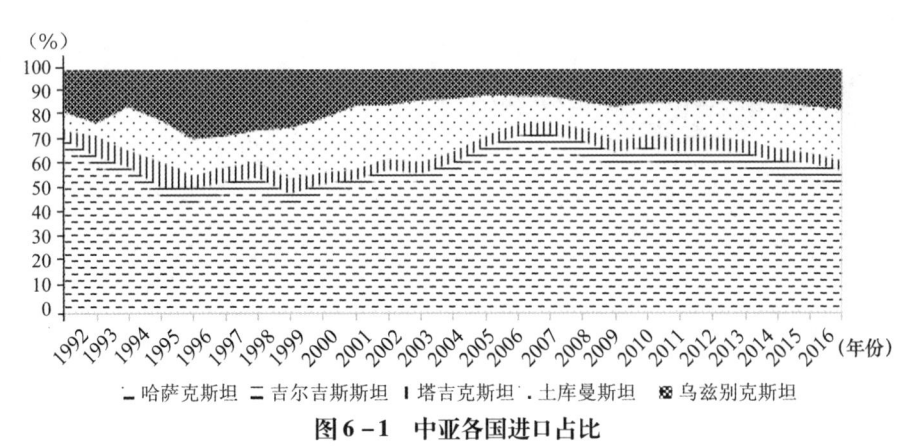

图 6-1 中亚各国进口占比

注：中亚贸易总额为各国贸易额的加总数，未剔除中亚各国相互之间的贸易额。
数据来源：商品和服务进口总额数据来源于 UNDATA，占比按照总量数据计算而得。

土库曼斯坦在建国初期进口额在中亚五国中位居第三，低于乌兹别克斯坦。2000 年进口占比超过乌兹别克斯坦，成为中亚第二大进口国，尽管在 2007—2009 年曾略低于乌兹别克斯坦，但之后又恢复到第二位且维持到 2016 年。到 2016 年，进口占比达到 21.34%，比 1992 年上升了 13.5 个百分点，1992—2016 年占比的算术平均值为 16.59%。

乌兹别克斯坦在建国初期进口额曾快速增长，1998 年进口在中亚五国中的占比达到了 1/4。之后受土库曼斯坦进口增长的挤压，进口占比出现下滑，到 2016 年，降至 16.37%，比 1992 年下降了 0.77 个百分点。24 年间进口占比的算术平均值为 16.52%，略低于土库曼斯坦。

吉尔吉斯斯坦和塔吉克斯坦1992年进口占比分别排在第五位和第四位,之后前者在波动中有所上升,而后者则略有下降。2016年,吉尔吉斯斯坦占比为6.30%,比1992年上升了3.29个百分点,位居第四;塔吉克斯坦占比为4.00%,比1992年上升了0.34个百分点,位居第五。

从出口占比来看,哈萨克斯坦仍位居第一(见图6-3),1992年占比为68.60%,受建国初期其出口大幅下降的影响,占比快速下降,到1996年降至46.11%,1997年之后逐步回升,2008年最高时达到71.89%。2016年占比为50.46%,比1992年下降了18.14个百分点,其间占比的算术平均值为58.34%。

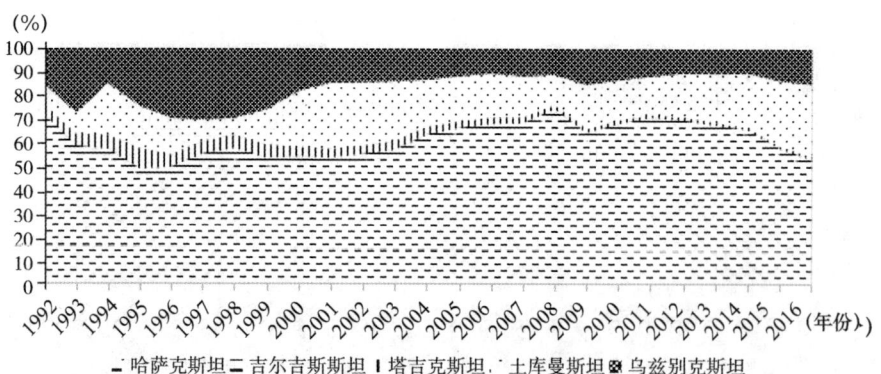

图6-2 中亚各国出口占比

注:中亚贸易总额为各国贸易额的加总数,未剔除中亚各国相互之间的贸易额。
数据来源:商品和服务出口总额数据来源于UNDATA,占比按照总量数据计算而得。

2000年之前,土库曼斯坦出口占比除1994年外,一直位居第三,排在乌兹别克斯坦之后,2000年超过乌兹别克斯坦后,跃居第二且得以持续维持。2016年,土库曼斯坦为31.02%,比1992年上升了22.11个百分点,算术平均值为19.02%;乌兹别克斯坦为14.69%,比1992年下降了1.02个百分点,算术平均值为16.54%。

吉尔吉斯斯坦出口占比大多数年份维持在2.5%左右,1992—2016年的算术平均值为2.86%,2016年为2.78%,比1992年上升了0.16个百分点,从第五位上升至第四位。塔吉克斯坦1992年出口占比为4.15%,2000年之前的大部分年份超过5%,之后持续下滑,个别年份甚至不足

1%，至 2016 年降至 1.05%，比 1992 年下降了 3.1 个百分点，位居倒数第一，其间算术平均值为 3.25%。

（三）各国贸易规模及增长状况

1. 哈萨克斯坦

1992—2016 年，哈萨克斯坦对外贸易整体呈增长趋势（见表 6-2），规模也在不断扩大，2008 年进出口贸易总额首次突破 1000 亿美元。除 2009 年受金融危机影响外，2003—2011 年贸易出现爆发性增长，进出口总额增长率超过 20%。至 2013 年，哈萨克斯坦进出口总额达到 1547.77 亿美元，其中进口额 633.96 亿美元，创历史新高；出口额 913.81 亿美元，仅次于 2012 年，进、出口额分别是 1992 年的 2.67 倍、4.48 倍。

表 6-2　1992—2016 年哈萨克斯坦商品和服务进出口总额及增长率

年份	进口（现价）总额（亿美元）	环比增长率（%）	出口（现价）总额（亿美元）	环比增长率（%）	进出口（现价）总额（亿美元）	环比增长率（%）
1992	237.15	—	203.84	—	440.99	—
1995	89.55	-13.52	80.14	-1.61	169.69	-8.28
2000	89.81	32.69	103.54	44.53	193.35	38.78
2005	254.59	34.37	303.87	34.13	558.46	34.24
2010	442.57	13.13	655.02	35.77	1097.59	25.63
2015	452.36	-20.29	525.82	-39.64	978.18	-32.00
2016	388.81	-14.05	437.58	-16.78	826.39	-15.52
1992—2016 年均	2.08	—	3.23	—	2.65	—
1992—1999 年均	-16.40	—	-13.88	—	-15.18	—
1999—2013 年均	17.33	—	19.94	—	18.77	—
2013—2016 年均	-15.04	—	-21.77	—	-18.87	—

数据来源：商品和服务进出口总额数据来源于 UNDATA，增长率数据按照总量数据计算而得。

从增长率看，1992—2016 年进口额、出口额、进出口总额年平均增长率分别为 2.08%、3.23%、2.65%，其间大体可分为三个时间段：1992—1999 年，受建国初期对外贸易关系尚未全面建立及亚洲金融危机影响，贸易出现大幅下降，进口额、出口额、进出口总额年平均增长率分别为 -16.40%、-13.88%、-15.18%；从 2000 年开始，贸易出现快速增长，2013 年与 1999 年相比，进口额、出口额、进出口总额年平均增长率分别高达 17.33%、19.94%、18.77%，尽管 2009 年曾出现短暂大幅下降，但很快得以恢复；从 2014 年开始，贸易又出现快速下降，2016 年与 2013 年相比，进口额、出口额、进出口总额年平均增长率分别为 -15.04%、-21.77%、-18.87%。

2. 吉尔吉斯斯坦

总体而言，吉尔吉斯斯坦对外贸易在 1992—2016 年呈现增长趋势，进口额、出口额、进出口总额分别从 10.42 亿美元、7.79 亿美元、18.21 亿美元增加到 47.10 亿美元、24.12 亿美元、71.22 亿美元，2016 年与 1992 年相比，年平均增长率分别为 6.49%、4.82%、5.85%（见表 6-3）。

表 6-3　1992—2016 年吉尔吉斯斯坦商品和服务进出口总额及增长率

年份	进口（现价） 总额（亿美元）	进口（现价） 环比增长率（%）	出口（现价） 总额（亿美元）	出口（现价） 环比增长率（%）	进出口（现价） 总额（亿美元）	进出口（现价） 环比增长率（%）
1992	10.42	—	7.79	—	18.21	—
1995	6.32	1.95	4.40	-15.82	10.72	-6.18
2000	6.52	-8.47	5.73	8.72	12.25	-1.16
2005	13.97	23.19	9.42	0.10	23.39	12.72
2010	39.16	6.12	24.72	-3.65	63.88	2.11
2015	50.60	-22.72	23.50	-15.97	74.10	-20.70
2016	47.10	-6.92	24.12	2.64	71.22	-3.88
1992—2016 年均	6.49	—	4.82	—	5.85	—
1992—1999 年均	-5.30	—	-5.43	—	-5.35	—
1999—2013 年均	17.40	—	13.48	—	15.94	—
2013—2016 年均	-11.22	—	-8.01	—	-10.19	—

数据来源：商品和服务进出口总额数据来源于 UNDATA，增长率数据按照总量数据计算而得。

分阶段看，吉尔吉斯斯坦建国后贸易恢复较为缓慢，一直到2004年，进口额、出口额才超过1992年，其间1993—1994年、1999年和2001年贸易额曾出现较大幅度下降，贸易总额分别在1995年和2001年出现两个低点，大约只相当于1992年的60%。2004—2013年贸易出现快速增长，除2009年进口额、出口额负增长外，其余年份均保持了较快增长速度，其中2006—2008年连续三年进出口总额环比增长率超过40%，至2013年，进出口总额达到历史高位，其中进口额67.32亿美元，创历史新高；出口额30.99亿美元，仅次于2011年。2013年之后，与中亚其他国家类似，贸易出现明显下降，2016年与2013年相比，进口额、出口额、进出口总额年平均增长率分别-11.22%、-8.01%、-10.19%。

3. 塔吉克斯坦

建国以来，塔吉克斯坦对外贸易总体发展缓慢，2016年与1992年相比，进口额、出口额、进出口总额分别从12.70亿美元、12.34亿美元、25.04亿美元变化为29.88亿美元、9.12亿美元、39.00亿美元，年平均增长率分别为3.63%、-1.25%、1.86%（见表6-4）。进口在波动中有所增长，而出口除少数几个年份高于1992年外，大部分年份均低于1992年水平。

表6-4　　1992—2016年塔吉克斯坦商品和服务进出口总额及增长率

年份	进口（现价）总额（亿美元）	环比增长率（%）	出口（现价）总额（亿美元）	环比增长率（%）	进出口（现价）总额（亿美元）	环比增长率（%）
1992	12.70	—	12.34	—	25.04	—
1995	19.74	60.47	14.82	64.91	34.56	62.34
2000	8.62	-9.70	7.95	0.35	16.57	-5.14
2005	16.83	16.45	12.55	2.85	29.38	10.22
2010	33.29	8.71	15.12	24.08	48.41	13.08
2015	33.20	-38.55	8.11	-22.16	41.31	-35.90
2016	29.88	-10.00	9.12	12.49	39.00	-5.58
1992—2016年均	3.63	—	-1.25	—	1.86	—
1992—1999年均	-3.99	—	-6.14	—	-5.01	—
1999—2013年均	13.28	—	5.11	—	10.49	—
2013—2016年均	-18.25	—	-16.94	—	-17.95	—

数据来源：商品和服务进出口总额数据来源于UNDATA，增长率数据按照总量数据计算而得。

分阶段看，建国初期受内战和亚洲金融危机影响，进口额、出口额均出现大幅下滑，一直到2002年进出口额才止跌回稳，之后出现快速增长。除2009年受国际金融危机影响外，其他年份进口额一直保持快速增长势头；出口额分别于2008年、2009年和2011年出现较大幅度的负增长。至2013年，进口额和进出口总额均创历史新高，分别达到54.68亿美元和70.60亿美元，2013年与1999年相比，进口额、出口额和进出口总额年平均增长率分别为13.28%、5.11%和10.49%。进口快速增长和出口发展相对缓慢以及从2014年开始的区域地缘政治格局的变化，使其贸易发展格局难以为继，从2014年开始，贸易额又大幅下降，其中2015年进口额、出口额和进出口总额分别比2014年下降38.55%、22.16%和35.90%；2016年与2013年相比，进口额、出口额和进出口总额年平均增长率分别为-18.25%、-16.94%和-17.95%，贸易总额基本回落到十年前的水平。

4. 土库曼斯坦

土库曼斯坦的对外贸易无疑是中亚五国中增长最快、最稳定的，2016年与1992年相比，进口额、出口额、进出口总额分别从27.22亿美元、26.48亿美元、53.70亿美元增加到159.59亿美元、269.03亿美元、428.62亿美元，年平均增长率分别为7.65%、10.14%、9.04%（见表6-5），2016年分别为1999年的5.86倍、10.16倍、7.98倍。

表6-5　1992—2016年土库曼斯坦商品和服务进出口总额及增长率

年份	进口（现价）总额（亿美元）	环比增长率（%）	出口（现价）总额（亿美元）	环比增长率（%）	进出口（现价）总额（亿美元）	环比增长率（%）
1992	27.22	—	26.48	—	53.70	—
1995	31.75	-4.57	31.20	-7.11	62.95	-5.85
2000	40.65	26.22	47.96	121.51	88.61	64.53
2005	67.76	-6.36	92.22	23.06	159.98	8.61
2010	100.44	9.83	172.34	14.29	272.78	12.61
2015	159.28	-16.86	267.08	-17.34	426.36	-17.16
2016	159.59	0.20	269.03	0.73	428.62	0.53
1992—2016年均	7.65	—	10.14	—	9.04	—

续表

年份	进口（现价） 总额（亿美元）	环比增长率（%）	出口（现价） 总额（亿美元）	环比增长率（%）	进出口（现价） 总额（亿美元）	环比增长率（%）
1992—1999年均	2.43	—	-2.84	—	0.04	—
1999—2013年均	12.76	—	20.45	—	16.67	—
2013—2016年均	-2.65	—	-2.81	—	-2.75	—

数据来源：商品和服务进出口总额数据来源于UNDATA，增长率数据按照总量数据计算而得。

土库曼斯坦经济受到国家独立的影响较轻，对外贸易受到的冲击也较小，1999年进口额、出口额和进出口总额已基本恢复到1992年的水平。在分段考察的三个时间段上，除2013—2016年进口额、出口额、进出口总额均出现小幅下降外，其余两个时期基本表现为正增长，且1999—2013年进口额、出口额和进出口总额年平均增长率分别高达12.76%、20.45%和16.67%，得益于油气资源的大量出口，出口额出现爆发式增长。

5. 乌兹别克斯坦

乌兹别克斯坦是中亚五国中经济衰退程度最小、经济恢复最快的国家，也是经济恢复后GDP增长最为稳定的国家。与经济增长相比较，贸易增长要逊色不少。2016年与1992年相比，进口额、出口额、进出口总额分别从59.45亿美元、46.69亿美元、106.14亿美元增加到122.40亿美元、127.41亿美元、249.81亿美元（见表6-6），年平均增长率分别为3.05%、4.27%、3.63%，低于土库曼斯坦和吉尔吉斯斯坦，但高于哈萨克斯坦和塔吉克斯坦。

表6-6　1992—2016年乌兹别克斯坦商品和服务进出口总额及增长率

年份	进口（现价） 总额（亿美元）	环比增长率（%）	出口（现价） 总额（亿美元）	环比增长率（%）	进出口（现价） 总额（亿美元）	环比增长率（%）
1992	59.45	—	46.69	—	106.14	—
1995	38.63	40.98	42.56	90.26	81.19	63.13
2000	36.74	-0.37	36.52	-1.65	73.26	-1.01
2005	41.26	4.55	54.49	12.13	95.75	8.74

续表

年份	进口（现价）总额（亿美元）	进口（现价）环比增长率（%）	出口（现价）总额（亿美元）	出口（现价）环比增长率（%）	进出口（现价）总额（亿美元）	进出口（现价）环比增长率（%）
2010	96.83	-1.97	130.94	10.57	227.77	4.87
2015	124.60	-11.26	126.43	-7.50	251.03	-9.40
2016	122.40	-1.76	127.41	0.77	249.81	-0.49
1992—2016 年均	3.05	—	4.27	—	3.63	—
1992—1999 年均	-6.60	—	-3.22	—	-5.02	—
1999—2013 年均	10.02	—	10.20	—	10.11	—
2013—2016 年均	-4.48	—	-4.13	—	-4.30	—

数据来源：商品和服务进出口总额数据来源于 UNDATA，增长率数据按照总量数据计算而得。

分阶段看，在独立之初，进出口贸易也受到较大冲击，1993 年和 1994 年，对外贸易大幅下滑，在 1995 年和 1996 年出现反弹后，经历了长达五年的持续下降，到 2001 年，进口额、出口额、进出口总额只相当于 1992 年的 50.12%、61.60%、55.18%。从 2002 年开始出现恢复性增长，进口额、出口额、进出口总额分别于 2007 年、2004 年、2006 年超过 1992 年，并分别于 2013 年、2011 年、2013 年创历史新高。从 2014 年开始，三项指标均出现了不同程度的下滑。

二 中亚五国贸易的区域特征

（一）中亚整体主要贸易伙伴

中亚五国与世界上许多国家有贸易往来，主要贸易伙伴包括俄罗斯、中国、土耳其、瑞士、意大利、荷兰和法国等。

中亚五国最大的进口来源国为俄罗斯（见表 6-7），进口额从 2000 年的 29.51 亿美元增长到 2010 年的 101.01 亿美元，2000 年、2010 年、2015 年和 2016 年分别占其进口总额的 16.18%、14.18%、20.38% 和 18.38%。中亚五国与中国的贸易往来一直呈现稳步上升趋势，2016 年来自于中国的进口额为 84.09 亿美元，是 2000 年进口额的 40.43 倍，2000 年、2010 年、2015 年和 2016 年分别占其进口总额的 1.14%、9.60%、

12.67%和11.25%，从第9位上升到第2位。此外，德国、土耳其、乌克兰也是中亚五国的主要进口来源国。

表6-7 中亚五国对主要贸易伙伴进口额及所占比重

排名	2000			2010		
	国别	进口（亿美元）	比重（%）	国别	进口（亿美元）	比重（%）
1	俄罗斯	29.51	16.18	俄罗斯	101.01	14.18
2	德国	5.32	2.92	中国	68.4	9.60
3	美国	5.22	2.86	德国	29.48	4.14
4	土耳其	4.71	2.58	土耳其	23.02	3.23
5	乌克兰	4.44	2.44	乌克兰	22.52	3.16
6	乌兹别克斯坦	3.66	2.01	韩国	20.45	2.87
7	日本	2.76	1.51	哈萨克斯坦	19.84	2.79
8	英国	2.26	1.24	意大利	19.41	2.72
9	中国	2.08	1.14	美国	19.1	2.68
10	哈萨克斯坦	2.08	1.14	法国	8.66	1.22
排名	2015			2016		
	国别	进口（亿美元）	比重（%）	国别	进口（亿美元）	比重（%）
1	俄罗斯	167.12	20.38	俄罗斯	137.48	18.38
2	中国	103.86	12.67	中国	84.09	11.25
3	土耳其	38.41	4.68	土耳其	31.56	4.22
4	德国	30.44	3.71	德国	24.82	3.32
5	韩国	25.92	3.16	哈萨克斯坦	19.47	2.60
6	哈萨克斯坦	22.46	2.74	韩国	18.13	2.42
7	美国	19.42	2.37	美国	14.31	1.91
8	意大利	15.95	1.95	意大利	13.58	1.82
9	乌克兰	15.7	1.91	法国	10.2	1.36
10	乌兹别克斯坦	10.99	1.34	日本	9.94	1.33

注：贸易额为各国贸易额的加总数，未剔除中亚各国相互之间的贸易额。

数据来源：2000年贸易数据来自COMTRADE，其他年份来自WIND，比重按照进出口额计算而得。

中亚五国出口贸易国主要有中国、意大利、俄罗斯、瑞士等（见表6-8）。

表6-8　　　　中亚五国对主要贸易伙伴出口额及所占比重

排名	2000			2010		
	国别	出口额（亿美元）	比重（%）	国别	出口额（亿美元）	比重（%）
1	俄罗斯	33.28	16.50	中国	116.16	11.64
2	意大利	14.26	7.07	意大利	97.08	9.73
3	百慕大	12.05	5.97	法国	46.3	4.64
4	英属维尔京群岛	10.29	5.10	俄罗斯	45.2	4.53
5	德国	7.28	3.61	荷兰	41.61	4.17
6	中国	7.17	3.55	土耳其	26.32	2.64
7	瑞士	5.89	2.92	奥地利	25.75	2.58
8	乌克兰	5.01	2.48	加拿大	24.56	2.46
9	伊朗	4.73	2.35	德国	18.21	1.82
10	荷兰	3.98	1.97	瑞士	16.52	1.66

排名	2015			2016		
	国别	出口额（亿美元）	比重（%）	国别	出口额（亿美元）	比重（%）
1	中国	160.57	16.89	中国	119.36	13.76
2	意大利	84.56	8.89	意大利	77.81	8.97
3	俄罗斯	58.09	6.11	瑞士	51.43	5.93
4	瑞士	53.31	5.61	俄罗斯	47.78	5.51
5	荷兰	49.81	5.24	荷兰	32.56	3.75
6	土耳其	28.97	3.05	土耳其	23.29	2.69
7	法国	28.46	2.99	法国	19.24	2.22
8	罗马尼亚	13.43	1.41	乌兹别克斯坦	11.15	1.29
9	希腊	12.6	1.33	西班牙	9.92	1.14
10	乌克兰	12.54	1.32	英国	9.74	1.12

注：贸易额为各国贸易额的加总数，未剔除中亚各国相互之间的贸易额。

数据来源：2000年贸易数据来自COMTRADE，其他年份来自WIND。比重按照进出口额计算而得。

2016年，中国是中亚五国第一大出口国，自2000年以来，中亚对中国出口额呈不断上升趋势，2010年达到116.16亿美元，之后持续稳步上升，于2016年达到119.36亿美元，是2000年的16.65倍，从2000年的第6位上升到第1位，2000年、2010年、2015年和2016年分别占其出口总额的3.55%、11.64%、16.89%和13.76%，2015年占比超过1/6。意大利是中亚五国第二大出口国，出口额从2000年的14.26亿美元增加到2010年的97.08亿美元，2015年、2016年仍稳定在80亿美元左右。2000年、2010年、2015年和2016年分别占其出口总额的7.07%、9.73%、8.89%和8.97%。此外，瑞士、俄罗斯、荷兰等也是中亚五国主要出口贸易去向国。

（二）各国主要贸易伙伴

1. 哈萨克斯坦

哈萨克斯坦与世界上180多个国家有贸易往来，其最大的贸易伙伴有俄罗斯、中国、德国、美国、意大利等。哈萨克斯坦最大的进口来源国是俄罗斯（见表6-9），2000年、2010年、2015年和2016年的进口额分别为23.39亿美元、54.76亿美元、105.29亿美元和91.30亿美元，占其进口总额的26.04%、12.37%、23.28%和23.48%，进口额呈现持续增长趋势，2016年自俄罗斯的进口额是2000年的3.90倍。第二大进口来源国是中国，2000年、2010年、2015年和2016年的进口额分别为1.51亿美元、39.65亿美元、51.93亿美元和36.66亿美元，占其进口总额的1.68%、8.96%、11.48%和9.43%，进口额大幅度上升，占比从2000年的第六位上升至第二位。此外，德国、美国、土耳其、意大利也是其主要进口来源国。

表6-9　　　　哈萨克斯坦主要贸易伙伴进口额及所占比重

排名	2010			2015			2016		
	国别	进口（亿美元）	比重（%）	国别	进口额（亿美元）	比重（%）	国别	进口（亿美元）	比重（%）
1	俄罗斯	54.76	12.37	俄罗斯	105.29	23.28	俄罗斯	91.30	23.48
2	中国	39.65	8.96	中国	51.93	11.48	中国	36.66	9.43
3	德国	18.28	4.13	德国	19.86	4.39	德国	14.44	3.71
4	意大利	15.81	3.57	美国	14.84	3.28	美国	12.77	3.28

续表

排名	2010			2015			2016		
	国别	进口(亿美元)	比重(%)	国别	进口额(亿美元)	比重(%)	国别	进口(亿美元)	比重(%)
5	乌克兰	13.59	3.07	意大利	11.74	2.60	意大利	8.34	2.15
6	美国	13.16	2.97	乌克兰	8.28	1.83	法国	6.61	1.70
7	英国	7.25	1.64	土耳其	7.42	1.64	土耳其	6.18	1.59
8	土耳其	6.16	1.39	乌兹别克	7.26	1.60	乌兹别克	5.88	1.51
9	日本	5.55	1.25	法国	6.71	1.48	日本	5.53	1.42
10	韩国	5.27	1.19	韩国	6.07	1.34	韩国	4.53	1.17

数据来源：贸易额数据来自 WIND，比重按照贸易额计算而得。

哈萨克斯坦主要出口去向国与进口来源国相比有着较大变动，意大利是哈萨克斯坦第一大出口国（见表6-10），2000年、2010年、2015年和2016年的出口额分别为9.18亿美元、95.77亿美元、81.36亿美元和74.75亿美元，分别占其出口总额的8.87%、14.62%、15.47%和17.08%。中国是哈萨克斯坦第二大出口国，2000年、2010年、2015年和2016年的出口额分别为6.73亿美元、101.22亿美元、54.80亿美元和42.50亿美元，分别占其出口总额的6.50%、15.45%、10.42%和9.71%。俄罗斯也是哈萨克斯坦的重要出口国，但其地位已有所下降。此外，法国、瑞士、荷兰也是其出口的主要国家。

表6-10　　哈萨克斯坦主要贸易伙伴出口额及所占比重

排名	2010			2015			2016		
	国别	出口(亿美元)	比重(%)	国别	出口(亿美元)	比重(%)	国别	出口(亿美元)	比重(%)
1	中国	101.22	15.45	意大利	81.36	15.47	意大利	74.75	17.08
2	意大利	95.77	14.62	中国	54.80	10.42	中国	42.50	9.71
3	法国	44.33	6.77	荷兰	49.81	9.47	俄罗斯	35.10	8.02
4	荷兰	41.61	6.35	俄罗斯	45.48	8.65	荷兰	32.56	7.44
5	俄罗斯	30.07	4.59	法国	26.81	5.10	瑞士	26.88	6.14
6	奥地利	25.29	3.86	瑞士	26.60	5.06	法国	17.98	4.11

续表

排名	2010			2015			2016		
	国别	出口（亿美元）	比重（%）	国别	出口（亿美元）	比重（%）	国别	出口（亿美元）	比重（%）
7	加拿大	24.4	3.73	罗马尼亚	13.43	2.55	西班牙	9.92	2.27
8	德国	17.5	2.67	土耳其	12.76	2.43	乌兹别克	9.23	2.11
9	英国	13.8	2.11	希腊	12.6	2.40	乌克兰	9.11	2.08
10	罗马尼亚	12.82	1.96	西班牙	12.2	2.32	英国	8.91	2.04

数据来源：贸易额数据来自 WIND，比重按照贸易额计算而得。

2. 吉尔吉斯斯坦

2016 年，吉尔吉斯斯坦与 138 个国家有贸易关系，其中出口 82 个国家，进口 131 个国家。在进出口总额中，独联体国家占 41.1%，独联体以外国家占 58.9%，最大贸易伙伴有俄罗斯、中国、哈萨克斯坦、土耳其、美国、瑞士、乌兹别克斯坦、阿联酋等国家。

表 6-11　　　　吉尔吉斯斯坦主要贸易伙伴进口额及所占比重

排名	2010			2015			2016		
	国别	出口（亿美元）	比重（%）	国别	出口（亿美元）	比重（%）	国别	出口（亿美元）	比重（%）
1	俄罗斯	10.84	27.68	俄罗斯	12.72	25.14	中国	14.65	31.10
2	中国	6.66	17.01	中国	10.29	20.34	俄罗斯	8.00	16.99
3	哈萨克	3.85	9.83	哈萨克	6.77	13.38	哈萨克	6.36	13.50
4	美国	1.91	4.88	土耳其	1.64	3.24	土耳其	1.91	4.06
5	乌兹别克	0.94	2.40	美国	1.22	2.41	美国	1.54	3.27
6	德国	0.89	2.27	德国	0.93	1.84	乌兹别克	0.70	1.49
7	日本	0.86	2.20	乌克兰	0.89	1.76	德国	0.62	1.32
8	土耳其	0.85	2.17	日本	0.61	1.21	乌克兰	0.40	0.85
9	乌克兰	0.82	2.09	乌兹别克	0.59	1.17	白俄罗斯	0.35	0.74
10	白俄罗斯	0.53	1.35	韩国	0.54	1.07	韩国	0.26	0.55

数据来源：贸易额数据来自 WIND，比重按照贸易额计算而得。

长期以来，俄罗斯一直是吉尔吉斯斯坦最大的进口来源国（表6－11），2000年、2010年、2015年和2016年的进口额分别为1.33亿美元、10.84亿美元、12.72亿美元和8.00亿美元，占比分别为20.40%、27.68%、25.14%和16.99%，2015年和2016年自俄罗斯的进口额分别是2000年的9.56倍和6.02倍。中国一直是吉尔吉斯斯坦的第二大进口来源国，2016年超过俄罗斯跃居第一，2000年、2010年、2015年和2016年的进口额分别为0.37亿美元、6.66亿美元、10.29亿美元和14.65亿美元，占比分别为5.67%、17.01%、20.34%和31.10%，2015年和2016年分别为2000年的27.81倍和39.59倍。第三大进口来源国为哈萨克斯坦，2000年、2010年、2015年和2016年占比分别为8.74%、9.83%、13.38%和13.50%。2016年自中国和俄罗斯的进口占其全部进口的48.09%，比2000年前两位占比提高了16个多百分点。进口来源地进一步集中。此外，土耳其、美国、乌兹别克斯坦、德国也是其主要进口来源国。

表6－12 吉尔吉斯斯坦主要贸易伙伴出口额及所占比重

排名	2010 国别	出口（亿美元）	比重（%）	2015 国别	出口（亿美元）	比重（%）	2016 国别	出口（亿美元）	比重（%）
1	瑞士	3.88	15.70	瑞士	5.62	23.91	瑞士	6.48	26.87
2	阿联酋	3.02	12.22	哈萨克	2.28	9.70	哈萨克	1.51	6.26
3	俄罗斯	2.58	10.44	俄罗斯	1.57	6.68	俄罗斯	1.45	6.01
4	哈萨克	1.82	7.36	阿联酋	0.99	4.21	乌兹别克	1.25	5.18
5	美国	0.9	3.64	乌兹别克	0.95	4.04	土耳其	0.90	3.73
6	乌兹别克	0.4	1.62	土耳其	0.84	3.57	中国	0.80	3.32
7	法国	0.38	1.54	中国	0.36	1.53	阿联酋	0.36	1.49
8	土耳其	0.37	1.50	塔吉克	0.24	1.02	英国	0.32	1.33
9	中国	0.28	1.13	比利时	0.22	0.94	塔吉克	0.22	0.91
10	加拿大	0.17	0.69	英属维尔京	0.20	0.85	比利时	0.11	0.46

数据来源：贸易额数据来自WIND，比重按照贸易额计算而得。

吉尔吉斯斯坦出口的主要国家与进口相比有显著差异（见表6-12），瑞士是吉尔吉斯斯坦的第一大出口国，2000年、2010年、2015年和2016年的出口额分别为0.34亿美元、3.88亿美元、5.62亿美元和6.48亿美元，占比分别为5.93%、15.70%、23.91%和26.87%，尤其在2010年、2015年和2016年均处于吉尔吉斯斯坦出口额第一的位置；第二大出口国为哈萨克斯坦，四个年份出口额分别为0.33亿美元、1.82亿美元、2.28亿美元和1.51亿美元，占比分别为5.76%、7.36%、9.70%和6.26%；第三大出口国为俄罗斯，出口额分别为0.65亿美元、2.58亿美元、1.57亿美元和1.45亿美元，占比分别为11.34%、10.44%、6.68%和6.01%。此外，乌兹别克斯坦、土耳其、中国等也是其主要出口去向国。对中国的出口额四年分别为0.44亿美元、0.28亿美元、0.36亿美元和0.80亿美元，均未过亿，分别位列第4、第9、第7和第6，2016年占比为3.32%。与进口相比，出口去向国相对较为分散，前两大出口去向国约占其出口额的1/3。

3. 塔吉克斯坦

塔吉克斯坦最大的贸易伙伴有俄罗斯、中国、哈萨克斯坦、土耳其、乌兹别克斯坦、瑞士、巴基斯坦、意大利等。

表6-13　　　　　塔吉克斯坦主要贸易伙伴进口额及所占比重

排名	2010 国别	出口（亿美元）	比重（%）	2015 国别	出口（亿美元）	比重（%）	2016 国别	出口（亿美元）	比重（%）
1	俄罗斯	8.57	32.24	俄罗斯	8.74	35.35	俄罗斯	7.59	32.15
2	哈萨克	2.93	11.02	中国	3.90	15.77	中国	3.74	15.84
3	中国	2.38	8.96	哈萨克	2.19	8.84	哈萨克	2.98	12.63
4	乌克兰	1.89	7.10	伊朗	2.18	8.82	伊朗	1.67	7.09
5	伊朗	1.42	5.33	土库曼	1.28	5.20	土库曼	0.99	4.18
6	美国	0.95	3.57	乌兹别克	0.88	3.55	土耳其	0.80	3.40
7	土库曼	0.84	3.14	土耳其	0.86	3.47	乌兹别克	0.78	3.30
8	立陶宛	0.73	2.75	印度	0.70	2.84	意大利	0.65	2.77
9	乌兹别克	0.72	2.70	乌克兰	0.64	2.60	立陶宛	0.60	2.56
10	阿联酋	0.61	2.30	立陶宛	0.63	2.56	印度	0.58	2.47

数据来源：贸易额数据来自WIND，比重按照贸易额计算而得。

俄罗斯是其最大的进口来源国（见表6-13），2000年、2010年、2015年和2016年的进口额分别为1.04亿美元、8.57亿美元、8.74亿美元和7.59亿美元，呈不断增长趋势，2016年是2000年的7.29倍，占比分别为16.16%、32.24%、35.35%和32.15%；从2015年开始，中国取代哈萨克斯坦成为其第二大进口来源国，2010年、2015年和2016年的进口额分别为2.38亿美元、3.90亿美元和3.74亿美元，占比分别为8.96%、15.77%和15.84%。前两大进口来源国占其进口的一半左右，进口来源趋于集中。2016年第三大进口来源国为哈萨克斯坦，占比为12.63%。此外，伊朗、土库曼斯坦、土耳其、乌兹别克斯坦等也是其主要进口来源国。

表6-14　　塔吉克斯坦主要贸易伙伴出口额及所占比重

排名	2010 国别	出口（亿美元）	比重（%）	2015 国别	出口（亿美元）	比重（%）	2016 国别	出口（亿美元）	比重（%）
1	中国	4.47	37.41	俄罗斯	4.10	31.65	土耳其	2.16	22.12
2	土耳其	3.77	31.55	土耳其	2.71	20.88	俄罗斯	2.08	21.35
3	俄罗斯	1.02	8.52	中国	1.89	14.54	中国	1.14	11.72
4	伊朗	0.60	4.99	瑞士	1.41	10.89	瑞士	0.76	7.77
5	阿富汗	0.52	4.37	伊朗	0.82	6.29	巴基斯坦	0.72	7.36
6	瑞士	0.29	2.44	巴基斯坦	0.71	5.51	伊朗	0.55	5.67
7	拉脱维亚	0.21	1.74	阿富汗	0.70	5.43	意大利	0.45	4.62
8	哈萨克	0.20	1.67	孟加拉国	0.28	2.17	阿富汗	0.41	4.21
9	意大利	0.18	1.50	意大利	0.28	2.15	哈萨克	0.21	2.19
10	巴基斯坦	0.15	1.30	中国台湾	0.23	1.78	孟加拉国	0.19	1.99

数据来源：贸易额数据来自WIND，比重按照贸易额计算而得。

2016年，土耳其超越俄罗斯成为塔吉克斯坦的第一大出口国，2010年、2015年和2016年的出口额分别为3.77亿美元、2.71亿美元和2.16亿美元（见表6-14），占比分别为31.55%、20.88%和22.12%；俄罗斯为第二大出口国，2000年、2010年、2015年和2016年的出口额分别为2.59亿美元、1.02亿美元、4.10亿美元和2.08亿美元，占比分别为37.38%、8.52%、31.65%和21.35%，2000年和2015年均处于塔吉克斯坦出口额第一的位置；中国为第三大出口国，2010年、2015年和2016年的出口额分别为4.47亿美元、1.89亿美元和1.14亿美元，占比分别为37.41%、14.54%和11.72%。此外，瑞士、巴基斯坦、伊朗、意大利等也是其主要出口市场。

4. 土库曼斯坦

土库曼斯坦与世界上100多个国家有贸易往来，其最大的贸易伙伴主要有俄罗斯、土耳其、中国、阿联酋、德国、意大利、阿富汗、孟加拉国等。

2010年以来，土耳其一直是土库曼斯坦最大的进口来源国（见表6-15），2000年、2010年、2015年和2016年的进口额分别为2.53亿美元、12.31亿美元、22.53亿美元和17.05亿美元，2016年是2000年的6.74倍，四个年份的占比分别为14.17%、19.35%、26.20%和22.44%；俄罗斯是其第二大进口来源国，2000年、2010年、2015年和2016年的进口额分别为2.55亿美元、8.99亿美元、11.56亿美元和9.13亿美元，占比分别为14.28%、14.13%、13.44%和12.02%；中国也是土库曼斯坦重要的进口来源国之一，2010年、2015年和2016年的进口额分别为5.56亿美元、9.77亿美元和6.35亿美元，占比分别为8.74%、11.36%和8.36%，前两年为第三大进口来源国，2016年被阿联酋超越，降为第四。此外，德国、乌克兰也是土库曼斯坦的主要进口来源国。

与进口来源国相比，出口去向国极为集中（见表6-16）。2010年以来，中国一直是土库曼斯坦第一大出口去向国，2010年、2015年和2016年的出口额分别为3.66亿美元、87.95亿美元和61.70亿美元，占比分别为13.68%、74.58%和67.79%，2016年对中国出口额为2010年的16.86倍；土耳其是其第二大出口国，2000年、2010年、2015年和2016年的出口额分别为1.86亿美元、3.45亿美元、5.69亿美元和4.79亿美元，占比分别为7.42%、12.90%、4.83%和5.26%，2016年对土耳其出口额为2000年的2.58倍。此外，阿富汗、意大利、伊朗也是土库曼斯坦主要出口市场。

表6-15　　　　土库曼斯坦主要贸易伙伴进口额及所占比重

排名	2010 国别	出口(亿美元)	比重(%)	2015 国别	出口(亿美元)	比重(%)	2016 国别	出口(亿美元)	比重(%)
1	土耳其	12.31	19.35	土耳其	22.53	26.20	土耳其	17.05	22.44
2	俄罗斯	8.99	14.13	俄罗斯	11.56	13.44	俄罗斯	9.13	12.02
3	中国	5.56	8.74	中国	9.77	11.36	阿联酋	6.81	8.96
4	德国	4.51	7.09	阿联酋	7.16	8.33	中国	6.35	8.36
5	阿联酋	4.23	6.65	德国	3.54	4.12	德国	4.19	5.51
6	乌克兰	2.94	4.62	伊朗	3.50	4.07	韩国	3.83	5.04
7	法国	2.55	4.01	乌克兰	3.40	3.95	伊朗	3.33	4.38
8	阿塞拜疆	2.34	3.68	哈萨克	2.36	2.74	日本	3.01	3.96
9	美国	2.13	3.35	乌兹别克	2.26	2.63	意大利	2.58	3.40
10	伊朗	2.07	3.25	意大利	2.20	2.56	乌兹别克	2.26	2.97

数据来源：贸易额数据来自WIND，比重按照贸易额计算而得。

表6-16　　　　土库曼斯坦主要贸易伙伴出口额及所占比重

排名	2010 国别	出口(亿美元)	比重(%)	2015 国别	出口(亿美元)	比重(%)	2016 国别	出口(亿美元)	比重(%)
1	中国	3.66	13.68	中国	87.95	74.58	中国	61.70	67.79
2	土耳其	3.45	12.90	土耳其	5.69	4.83	土耳其	4.79	5.26
3	伊朗	2.47	9.23	阿富汗	4.91	4.16	阿富汗	4.47	4.91
4	阿富汗	2.13	7.96	意大利	2.92	2.48	俄罗斯	2.96	3.25
5	阿联酋	2.11	7.89	孟加拉	2.56	2.17	意大利	2.61	2.87
6	百慕大	1.22	4.56	伊朗	2.38	2.02	伊朗	2.26	2.48
7	波兰	1.18	4.41	百慕大	2.05	1.74	百慕大	2.25	2.47
8	意大利	1.14	4.26	英国	1.24	1.05	孟加拉	1.55	1.70
9	美国	0.88	3.29	德国	1.13	0.96	塔吉克	1.23	1.35
10	英国	0.77	2.88	塔吉克	1.12	0.95	罗马尼亚	1.08	1.19

数据来源：贸易额数据来自WIND，比重按照贸易额计算而得。

5. 乌兹别克斯坦

乌兹别克斯坦至今已同世界上 70 多个国家建立了经贸关系，其最大的贸易伙伴有俄罗斯、中国、瑞士、韩国、哈萨克斯坦、土耳其、德国、意大利等国家。

2016 年，乌兹别克斯坦最大的进口来源国为中国，2010 年、2015 年和 2016 年的进口额分别为 14.15 亿美元、27.97 亿美元和 22.70 亿美元（见表 6-17），占比分别为 14.61%、22.45% 和 18.55%；第二大进口来源国为俄罗斯，2000 年、2010 年、2015 年和 2016 年的进口额分别为 1.21 亿美元、17.85 亿美元、28.81 亿美元和 21.47 亿美元，占比分别为 3.29%、18.43%、23.12% 和 17.54%；第三大进口来源国为韩国，占比为 7.77%，前三大进口来源国份额近 44%。此外，哈萨克斯坦、土耳其、德国也是其主要进口来源国。

表 6-17　　乌兹别克斯坦主要贸易伙伴进口额及所占比重

排名	2010 国别	出口（亿美元）	比重（%）	2015 国别	出口（亿美元）	比重（%）	2016 国别	出口（亿美元）	比重（%）
1	俄罗斯	17.85	18.43	俄罗斯	28.81	23.12	中国	22.70	18.55
2	韩国	14.68	15.16	中国	27.97	22.45	俄罗斯	21.47	17.54
3	中国	14.15	14.61	韩国	17.78	14.27	韩国	9.51	7.77
4	哈萨克	11.85	12.24	哈萨克	11.14	8.94	哈萨克	9.14	7.47
5	德国	5.30	5.47	德国	6.11	4.90	土耳其	5.62	4.59
6	乌克兰	3.29	3.40	土耳其	5.97	4.79	德国	5.21	4.26
7	土耳其	3.10	3.20	日本	2.98	2.39	法国	1.78	1.45
8	吉尔吉斯	2.47	2.55	乌克兰	2.48	1.99	意大利	1.75	1.43
9	意大利	1.61	1.66	美国	2.25	1.81	乌克兰	1.57	1.28
10	巴巴多斯岛	1.35	1.39	意大利	2.01	1.61	立陶宛	1.39	1.14

数据来源：贸易额数据来自 WIND，比重按照贸易额计算而得。

2016 年，瑞士是乌兹别克斯坦的第一大出口国（见表 6-18），2015 年和 2016 年的出口额分别为 19.68 亿美元和 17.31 亿美元，占比分别为

15.57%和13.59%；中国是其第二大出口国，2010年、2015年和2016年出口额分别为6.53亿美元、15.58亿美元和13.57亿美元，占比分别为4.99%、12.32%和10.65%，2016年对中国出口额是2010年出口额的2.08倍；受地缘关系影响，土耳其、俄罗斯一直是乌兹别克斯坦重要的出口市场，但近年来对瑞士和中国出口的快速增长使它们的地位有所下降，2016年占比分别为5.45%和4.86%。此外，哈萨克斯坦、孟加拉国、法国也是其重要的出口国。

表6-18 乌兹别克斯坦主要贸易伙伴出口额及所占比重

排名	2010 国别	出口(亿美元)	比重(%)	2015 国别	出口(亿美元)	比重(%)	2016 国别	出口(亿美元)	比重(%)
1	俄罗斯	10.89	8.32	瑞士	19.68	15.57	瑞士	17.31	13.59
2	中国	6.53	4.99	中国	15.58	12.32	中国	13.57	10.65
3	土耳其	6.38	4.87	哈萨克	9.11	7.21	土耳其	6.94	5.45
4	孟加拉	4.03	3.08	土耳其	6.97	5.51	俄罗斯	6.19	4.86
5	哈萨克	3.28	2.50	俄罗斯	6.29	4.98	哈萨克	5.59	4.39
6	法国	1.59	1.21	孟加拉	5.83	4.61	孟加拉	4.48	3.52
7	吉尔吉斯	1.43	1.09	土库曼	2.06	1.63	土库曼	2.05	1.61
8	土库曼	1.41	1.08	法国	1.64	1.30	塔吉克	1.39	1.09
9	伊朗	1.10	0.84	伊朗	1.08	0.85	法国	1.26	0.99
10	日本	1.08	0.82	塔吉克	1.07	0.85	伊朗	0.9	0.71

数据来源：贸易额数据来自WIND，比重按照贸易额计算而得。

三 中亚五国贸易的产品特征

（一）中亚整体贸易的产品特征

对中亚五国及各个国家的产品结构进行分析的数据是根据WIND原始资料汇总计算，其中0—9类为SITC国际分类标准，分别为：0类——食品及活动物，1类——饮料和烟草，2类——非食用原料（燃料除外），3类——矿物燃料、润滑剂和有关原料，4类——动植物油、脂和蜡，5类——未另列明的化学品和有关产品，6类——主要按原料分类的制成品，7类——机械及运输设备，8类——杂项制品，9类——未分类的其他商品和交易。

中亚五国进口主要为制成品，主要进口交通和机械设备、制成品、化工产品等，即第5类、第6类、第7类、第8类商品，2016年四类制成品占其进口总额的比重超过78%，且主要集中在第6类和第7类（见表6-19），两类占比合计的算术平均值超过50%。占比重最大的为第7类，从1995年的30.45%扩大到2016年的36.82%，2004年比例最高为40.94%，平均比例是36.28%，近年来占比一直稳定在35%左右。第6类制成品的进口比例一直也比较稳定，平均值为18.66%；化工产品占比也处于稳定状态，平均比例是9.90%；食品进口在1995年占比为14.42%，到2016年占比降至9.10%，平均为8.33%，中亚五国对于食品的自给率已明显提升。整体来看，中亚五国在进口方面以制成品为主的单一结构基本没有发生太大改变，伴随着近年来高科技领域和加工工业的衰落，其对制成品特别是高技术含量制成品进口依赖性有所提高。

表6-19　　　　　　　中亚五国进口商品结构　　　　（单位：%）

年份	0类	1类	2类	3类	4类	5类	6类	7类	8类	9类
1995	14.42	2.90	4.62	13.84	0.49	9.07	14.74	30.45	8.19	1.26
2000	8.52	1.14	2.78	10.84	0.64	11.17	17.79	36.72	8.44	1.96
2005	5.97	1.00	2.77	10.05	0.40	9.31	20.18	38.43	10.25	1.64
2010	7.22	0.76	2.25	7.52	0.68	9.55	16.82	34.04	12.95	8.21
2011	7.90	0.81	2.29	8.10	0.79	9.33	16.88	33.72	12.35	7.84
2012	7.72	1.01	2.99	9.99	0.68	9.77	19.64	35.77	10.68	1.73
2013	7.67	1.01	2.47	10.17	0.62	10.07	20.07	35.18	11.14	1.61
2014	8.19	0.96	2.78	6.67	0.69	10.51	19.02	36.79	13.05	1.34
2015	8.92	1.13	2.84	6.53	0.79	11.57	21.14	34.25	11.66	1.17
2016	9.10	1.16	3.27	5.10	0.78	12.72	18.24	36.82	10.31	2.51

数据来源：根据WIND原始资料汇总计算。

整体而言，进口商品结构呈现低级化趋势，2016年与1995年相比，初级产品进口占比从36.27%下降到19.40%，工业制成品进口占比从

63.72%上升至80.60%。

中亚五国出口主要为矿产品、初级制成品，主要出口第3类和第6类商品（见表6-20）。1995—2016年，中亚五国的对外出口商品结构中，矿物燃料、润滑剂和原料类商品所占比例最大，并且有不断扩大趋势，从1995年的27.33%增加至2016年的53.59%，其中2014年超过了70%，22年间占比算术平均数高达52.69%，出口结构单一，对油气等矿物燃料资源的出口依赖度极高。非食用原料（不包括燃料）和初级制成品（第2类、第6类）的出口比例逐渐萎缩，分别从1995年的28.62%和23.84%逐渐降至2016年的5.83%和15.22%；饮料及烟草、杂项制品和动植物油、脂和蜡等类别的比例一直处于稳定状态，机械和运输设备出口比例尽管较低，但也一直处于不断下降的过程中，从1995年的3.48%下降至2016年的1.76%，对技术水平要求较高的工业制成品出口竞争力下降。

表6-20　　　　　　　中亚五国出口商品结构　　　　　　（单位：%）

年份	0类	1类	2类	3类	4类	5类	6类	7类	8类	9类
1995	5.84	0.56	28.62	27.33	0.05	5.91	23.84	3.48	1.25	3.11
2000	5.48	0.71	14.65	45.45	0.06	1.46	21.50	3.08	0.87	6.74
2005	3.08	0.22	8.90	63.45	0.05	2.61	16.22	2.46	0.70	2.30
2010	4.29	0.20	8.96	61.12	0.06	5.94	13.85	2.28	1.01	2.29
2011	2.99	0.14	8.52	66.15	0.03	3.96	13.69	2.18	0.80	1.53
2012	3.17	0.16	7.69	65.14	0.04	4.05	13.61	2.61	1.18	2.34
2013	2.97	0.18	6.24	69.80	0.04	3.81	10.04	2.30	0.81	3.80
2014	3.11	0.21	5.74	70.45	0.05	3.68	9.74	2.85	0.86	3.32
2015	3.68	0.31	6.58	61.62	0.07	5.86	13.20	1.42	1.30	5.95
2016	4.61	0.32	5.83	53.59	0.09	5.53	15.22	1.76	1.47	11.58

数据来源：根据WIND原始资料汇总计算。

与进口商品结构相比较，出口商品结构的低级化趋势并不明显，2016年与1995年相比，初级产品出口占比略有上升，而工业制成品出口占比略有下降，变化幅度为2个百分点。

(二) 各国贸易的产品特征

1. 哈萨克斯坦

哈萨克斯坦主要进口制成品（第7类，交通和机械设备）、原材料等半制成品（第5类、第6类，包括化学品、塑料、有色金属、黑色金属等）、轻工业品（第2类、第8类，饮料、烟草、家具、服装、鞋等）和食品（第0类）。其中，交通和机械设备所占比例最大（见表6-21），从1995年的26.27%扩大到2016年的35.89%，1999年比例最高时曾达到40.80%，1995—2016年占比算术平均值为35.44%；初级制成品占比相对较为稳定，占比算术平均值为27.36%，2016年第5类、第6类占比合计为32.63%，制成品和半制成品的占比合计超过了2/3。

表6-21　　　　　　哈萨克斯坦进口商品结构　　　　（单位：%）

年份	0类	1类	2类	3类	4类	5类	6类	7类	8类	9类
1995	7.15	2.17	5.66	23.42	0.49	9.78	17.20	26.27	6.66	1.21
2000	6.75	1.17	2.37	10.79	0.73	10.46	18.25	36.91	10.53	2.05
2005	5.15	0.98	1.69	10.92	0.33	8.46	21.05	37.55	12.29	1.59
2010	5.99	0.71	0.86	5.91	0.33	9.31	15.24	33.23	15.89	12.53
2011	7.09	0.84	0.95	7.69	0.37	8.85	14.75	33.09	15.04	11.34
2012	7.12	1.00	2.19	10.86	0.34	9.50	18.57	36.30	13.12	1.00
2013	7.05	0.99	1.49	11.05	0.29	9.76	19.27	35.52	13.69	0.90
2014	8.00	1.09	2.07	5.61	0.37	10.28	17.61	37.95	16.53	0.48
2015	8.45	1.21	2.51	5.84	0.46	11.20	21.04	34.32	14.46	0.53
2016	8.87	1.40	3.28	5.72	0.58	12.63	20.00	35.89	11.01	0.61

数据来源：根据WIND原始资料汇总计算。

轻工业品即第2类、第8类占比合计最高年份也超过了20%，2016年占比为14.29%；食品进口占比在4%—9%之间，算术平均值为6.69%。另外，哈萨克斯坦对矿物燃料进口的依赖程度明显下降，1995年第3类商品进口占比高达23.42%，仅次于第7类商品，到2016年占比已下降到5.72%。

整体而言，哈萨克斯坦进口商品结构也具有较为明显的低级化倾向，2016年与1995年相比，初级产品进口占比从38.89%下降到19.85%，而工业制成品的占比从61.11%上升到80.15%，变化幅度约为19个百分点。

哈萨克斯坦主要出口初级产品和原材料等半制成品（见表6-22）。1997—2016年哈萨克斯坦出口商品中，占比最大的一直为矿物燃料，且比重有不断扩大趋势，从1997年的34.16%提高到2016年的60.73%，其中2014年最大时高达76.39%，出口结构单一且对油气矿产资源的依赖越来越明显。受矿物燃料出口占比的挤压，化学品、塑料、有色金属、黑色金属等半制成品出口占比有所下降，1995年第5类、第6类商品出口占比合计超过50%，之后逐步下降，到2014年降至不足13%，2016年两类合计为24.55%。机械和运输设备出口不仅比重较小，而且也出现了明显的下降，2016年占比仅为1.85%。

表6-22　　　　哈萨克斯坦出口商品结构　　　　（单位：%）

年份	0类	1类	2类	3类	4类	5类	6类	7类	8类	9类
1995	9.60	0.22	7.45	24.99	0.05	10.32	40.36	5.96	1.05	0.00
2000	6.68	0.23	7.54	52.79	0.01	1.15	26.95	2.16	0.53	1.98
2005	2.19	0.16	6.73	70.12	0.03	1.91	16.71	1.20	0.22	0.72
2010	3.14	0.11	5.40	71.68	0.07	4.39	12.98	0.60	0.10	1.53
2011	1.84	0.09	6.86	72.02	0.04	3.28	13.66	0.82	0.27	1.13
2012	2.90	0.13	6.16	69.88	0.06	3.83	14.00	1.39	0.68	0.97
2013	2.74	0.17	4.97	76.30	0.05	3.65	9.82	1.46	0.30	0.55
2014	2.70	0.19	4.96	76.39	0.07	3.59	9.15	2.34	0.28	0.33
2015	3.69	0.34	5.16	67.72	0.10	6.51	14.14	1.33	0.54	0.48
2016	4.63	0.42	6.25	60.73	0.14	6.29	18.26	1.85	1.34	0.09

数据来源：根据WIND原始资料汇总计算。

与进口结构相比较，出口结构的低级化倾向更为明显，2016年与1995年相比，初级产品出口占比从42.31%上升至72.17%，而工业制成品出口占比从57.69%下降至27.83%，变化幅度近30个百分点。

2. 吉尔吉斯斯坦

从进口商品结构看，1995—2016 年吉尔吉斯斯坦以原材料等半制成品、机械和运输设备、矿物燃料、食物等为主要进口对象。其中，原材料等半制成品（第 5 类、第 6 类）进口比重从 1995 年的 18.05% 增长至 2016 年的 32.05%（见表 6-23）；机械和运输设备从 1995 年的 18.40% 上升到 2016 年的 21.20%；矿物燃料进口比重从 1995 年的 35.92% 大幅下降至 2016 年的 10.45%；食物进口从 1995 年的 14.89% 缩减至 2016 年的 8.90%。

表 6-23　　　　　　吉尔吉斯斯坦进口商品结构　　　　　（单位：%）

年份	0 类	1 类	2 类	3 类	4 类	5 类	6 类	7 类	8 类	9 类
1995	14.89	2.40	4.59	35.92	1.02	6.26	11.79	18.40	4.71	0.02
2000	10.91	3.13	2.55	23.21	0.55	12.02	14.01	25.60	8.03	0.00
2005	10.37	3.78	3.28	28.88	0.83	14.21	14.60	18.02	5.85	0.19
2010	12.68	2.67	1.73	26.50	1.50	10.00	14.21	21.55	8.47	0.69
2011	12.69	2.50	1.95	22.81	1.38	10.63	15.55	22.79	9.10	0.58
2012	11.09	2.26	2.12	21.71	1.13	10.10	16.20	25.20	9.32	0.87
2013	10.61	2.29	2.26	21.43	1.14	10.37	17.37	25.05	8.82	0.67
2014	9.64	1.24	1.83	20.73	0.94	11.41	17.01	26.34	10.84	0.01
2015	10.14	2.44	1.63	19.13	1.34	11.00	21.50	19.60	10.01	3.22
2016	8.90	1.87	2.35	10.45	1.11	11.35	20.70	21.20	18.89	3.16

数据来源：根据 WIND 原始资料汇总计算。

2016 年与 1995 年相比，初级产品进口占比从 58.82% 下降到 24.68%，工业制成品进口占比从 41.18% 上升到 75.32%，变化幅度超过 34 个百分点，进口商品结构具有较为明显的低级化倾向。

从出口产品结构来看，吉尔吉斯斯坦的出口结构发生了巨大变化（见表 6-24）。建国初期，主要出口食物、烟草、矿物燃料、纺织纤维和皮革等，1997 年库姆托儿金矿开始工业化开采并成为世界十大金矿之一后，其出口结构发生变化，食品类、非食用原料、矿物燃料、原料类制成品等所占比例逐步下降，2016 年与 1995 年相比，食品及活动物（第 0

类）占比从 15.12% 下降至 8.48%，纺织纤维等非食用原料（第 2 类）占比从 22.31% 下降至 12.97%；矿物燃料占比从 12.96% 降至 6.45%；皮革等原料类制成品占比从 20.00% 降至 8.96%。与此同时，以黄金为代表的 9 类商品出口占比大幅上升，1997 年之后，除少数年份外占比均在 30% 以上，其中 2015 年占比最高达到 54.58%，2016 年比 1995 年第 9 类商品占比上升了近 40 个百分点。

表 6-24　　　　　　吉尔吉斯斯坦出口商品结构　　　　　（单位：%）

年份	0 类	1 类	2 类	3 类	4 类	5 类	6 类	7 类	8 类	9 类
1995	15.12	5.98	22.31	12.96	0.18	6.71	20.00	9.62	6.21	0.90
2000	5.50	8.29	17.96	18.42	0.07	1.82	4.37	10.51	3.38	29.68
2005	9.58	2.79	18.50	9.74	0.03	1.07	14.42	8.53	8.58	26.76
2010	16.98	2.24	11.04	11.01	0.00	15.13	6.10	10.60	13.56	13.32
2011	13.55	1.82	12.48	16.21	0.01	5.18	13.26	11.68	12.27	13.54
2012	12.11	0.97	10.24	9.96	0.00	2.69	9.59	12.45	10.62	31.35
2013	9.78	1.14	5.62	7.90	0.01	3.71	10.51	8.66	7.33	45.35
2014	12.20	1.85	9.46	6.18	0.01	4.37	7.72	7.14	11.76	39.32
2015	7.67	2.24	7.40	4.11	0.01	2.39	7.02	9.36	5.22	54.58
2016	8.48	1.76	12.97	6.45	0.02	1.82	8.96	12.82	6.04	40.67

数据来源：根据 WIND 原始资料汇总计算。

2016 年与 1995 年相比，初级产品出口占比从 56.55% 下降至 29.68%，工业制成品出口占比从 43.45% 上升至 70.32%，变化幅度近 27 个百分点。表面上看，出口结构表现出高级化倾向，但实质上，工业制成品出口主要为黄金出口，剔除第 9 类商品后，工业制成品出口占比仍有较大幅度的下降。

3. 塔吉克斯坦

塔吉克斯坦主要进口小麦等食物、石油产品等矿物燃料、化学产品、机械及运输设备和日用消费品，在 SITC 国际分类标准下，十大类商品占比相对均衡（见表 6-25），一个显著的趋势是原材料等半制成品（第 5 类、第 6 类）进口占比逐渐扩大，占比从 1995 年的 14.14% 增加到 2016

年的28.01%，几乎扩大了一倍，个别年份超过了30%；国内耕地主要以种植棉花为主，对谷物类商品的进口依赖较为明显；机械和运输设备进口占比经历了先下降后上升的变化过程，从1995年的26.30%迅速下降到2001年的7.29%，之后开始逐步上升，到2016年达到17.89%；对矿物燃料进口依赖程度有所下降，1999年该类商品进口占比曾超过40%，之后逐步下降，2016年占比为11.90%；以日用消费品为主的第8类商品进口占比一直处于上升态势，从1995年的5.65%上升至2016年的17.16%。

表6-25　　　　　　塔吉克斯坦进口商品结构　　　　（单位：%）

年份	0类	1类	2类	3类	4类	5类	6类	7类	8类	9类
1995	18.45	6.83	12.61	14.11	1.16	7.24	6.90	26.30	5.65	0.75
2000	10.94	0.21	7.73	37.01	1.57	22.41	6.54	10.40	2.63	0.59
2005	11.10	0.69	15.10	24.59	0.96	15.37	9.92	14.72	6.40	1.15
2010	15.50	0.63	8.15	16.89	1.04	9.14	16.62	14.32	16.18	1.53
2011	12.21	0.56	8.17	15.82	1.19	8.76	15.69	13.44	21.09	3.08
2012	14.46	0.64	7.21	18.62	1.20	11.59	16.56	15.00	13.84	0.88
2013	14.37	0.82	6.46	17.64	1.19	11.50	17.11	15.34	14.87	0.68
2014	13.67	0.82	6.01	15.79	1.21	10.64	17.17	15.99	16.77	1.92
2015	15.30	0.86	6.61	14.33	1.26	11.24	15.80	17.33	15.69	1.58
2016	14.95	0.88	7.73	11.90	1.34	10.84	17.17	17.89	17.16	0.15

数据来源：根据WIND原始资料汇总计算。

2016年与1995年相比，初级产品进口占比从53.16%下降至36.80%，工业制成品出口占比从46.84%上升至63.20%，变化幅度超过16.36个百分点，进口结构同样存在低级化倾向。

塔吉克斯坦出口主要集中在以纺织纤维为主的非食用原料（第2类）和以纺织品、铝锭等为主的半制成品（第6类）两类（见表6-26），两项合计大多数年份超过70%，部分年份甚至超过80%。其中，第6类出口占比最大，1995年为40.28%，最高时的2006年达到75.27%，2016年为38.92%，22年占比的算术平均值为52.13%；第2类出口占比1995

年为 37.36%，最高时的 1997 年为 44.52%，2016 年为 30.66%，22 年的算术平均值为 24.46%；这两类产品的出口占据全部出口的 3/4。

2016 年与 1995 年相比，初级产品出口占比从 50.51% 下降至 39.80%，工业制成品出口占比从 49.49% 上升至 60.20%，变化幅度约为 11 个百分点，进口结构有高级化趋势，主要得益于近年来第 8 类、第 9 类出口占比的较大幅度提高。

表 6 - 26　　　　　　　塔吉克斯坦出口商品结构　　　　　（单位：%）

年份	0 类	1 类	2 类	3 类	4 类	5 类	6 类	7 类	8 类	9 类
1995	9.26	2.89	37.36	0.93	0.07	1.90	40.28	3.08	4.17	0.07
2000	4.10	0.97	15.12	14.65	0.00	1.61	54.41	5.71	0.99	2.45
2005	3.79	0.15	12.26	6.84	0.00	2.13	66.33	3.53	3.66	1.31
2010	9.62	0.13	26.03	1.94	0.00	0.81	53.84	2.01	2.53	3.08
2011	6.03	0.10	24.55	3.50	0.00	2.07	54.46	1.65	3.69	3.95
2012	4.17	0.12	32.35	1.24	0.00	1.18	53.08	1.23	2.95	3.68
2013	5.53	0.18	31.91	1.07	0.00	0.75	51.79	1.89	3.07	3.81
2014	10.18	0.20	33.64	1.46	0.00	1.13	34.80	4.27	3.21	11.11
2015	7.38	0.25	30.78	1.37	0.00	0.72	36.12	3.65	4.84	14.89
2016	7.12	0.19	30.66	1.82	0.01	0.64	38.92	2.43	10.04	8.19

数据来源：根据 WIND 原始资料汇总计算。

4. 土库曼斯坦

土库曼斯坦进口主要集中在原材料等半制成品（第 6 类）和机械及运输设备（第 7 类）两大类。另外，化工产品、日用消费品和食物占比较大（见表 6 - 27）。机械和运输设备占比总体呈增加趋势，从 1995 年的 27.97% 增加到 2016 年的 49.18%，2004 年最高时达 59.31%，占比的算术平均值为 44.74%，占到整个进口额的将近一半；对原料类制成品（第 6 类）的进口比重除个别年份外一直维持在 20% 以上，占到进口额的 1/4 左右；对化工产品的进口比重基本维持在 10% 左右，占比的算术平均值为 8.94%；对食物的进口比重从 1995 年的 24.12% 逐步下降至 2016 年的 5.97%，进口依赖程度有所降低。

表6-27 土库曼斯坦进口商品结构 （单位：%）

年份	0类	1类	2类	3类	4类	5类	6类	7类	8类	9类
1995	24.12	3.99	1.10	1.91	0.48	9.64	20.83	27.97	8.33	1.63
2000	9.90	1.77	0.90	1.22	0.30	9.57	23.10	45.57	7.12	0.56
2005	5.68	1.04	1.01	0.77	0.28	7.85	20.44	55.52	5.88	1.52
2010	7.53	0.69	1.68	0.96	0.36	8.50	25.48	44.29	7.82	2.69
2011	6.45	0.52	1.42	1.28	0.27	8.15	25.33	43.95	7.13	5.51
2012	6.09	1.14	1.44	1.07	0.32	8.27	27.59	43.21	6.45	4.43
2013	6.44	1.24	1.49	1.11	0.32	8.64	24.38	44.49	7.40	4.40
2014	7.07	1.20	1.65	0.97	0.38	8.61	24.12	43.10	7.67	5.22
2015	7.14	1.44	1.68	0.80	0.30	9.28	25.89	43.05	8.23	2.01
2016	5.97	1.24	1.26	1.51	0.38	8.81	21.29	49.18	7.39	2.97

数据来源：根据 WIND 原始资料汇总计算。

2016 年与 1995 年相比，初级产品进口占比从 31.60% 下降至 10.36%，工业制成品进口占比从 68.40% 上升至 89.64%，变化幅度超过 20 个百分点，进口结构低级化倾向明显。

土库曼斯坦对外出口主要以天然气资源为主，依赖于国内丰富的天然气资源以及由天然气加工而成的各类半成品出口，其出口结构极为简单（见表 6-28）。1995 年，矿物燃料类初级产品占出口总额的 68.71%，到 2016 年，其比例进一步扩大到 86.35%，2014 年最高时超过 88%，22 年占比算术平均值为 81.11%；以纺织纤维为主的非食用原料出口比重从 1995 年的 22.58% 下降到 2016 年的 5.19%，占比大幅萎缩。

对油气资源出口的高度依赖使土库曼斯坦出口结构长期处于低级状态，多数年份初级产品出口占比超过 90%，工业制成品出口占比不足 10%。

5. 乌兹别克斯坦

乌兹别克斯坦主要进口机械和运输设备、原料类半制成品（第 5 类、第 6 类）和食品等。占比最大的为机械和运输设备，除个别年份外，占比一直维持在 40% 以上，占比的算术平均值为 41.53%（见表 6-29）；

按原料分类的制成品进口比重大多数年份位列第二，占比的算术平均值为 19.12%；化工产品进口比重从 1995 年的 8.88% 上升至 2016 年的 16.22%，占比的算术平均值为 10.71%；食品进口占比从 1995 年的 18.39% 下降到 2016 年的 10.01%，算术平均值为 8.94%。

表6-28　　　　　　　　土库曼斯坦出口商品结构　　　　　　（单位：%）

年份	0类	1类	2类	3类	4类	5类	6类	7类	8类	9类
1995	0.77	0.33	22.58	68.71	0.03	0.49	5.47	0.43	0.99	0.20
2000	0.18	0.01	10.36	67.17	0.09	0.80	4.85	0.77	1.37	14.39
2005	0.12	0.00	2.70	89.19	0.12	1.25	4.24	0.94	1.23	0.20
2010	0.39	0.01	10.18	76.60	0.06	2.55	5.92	0.96	2.06	1.26
2011	0.29	0.00	6.89	86.74	0.04	0.97	3.06	1.18	0.61	0.23
2012	0.04	0.00	4.00	90.21	0.01	1.28	3.02	0.52	0.80	0.12
2013	0.14	0.00	4.79	87.63	0.01	1.25	3.12	0.38	0.74	1.95
2014	0.08	0.00	5.74	88.82	0.00	1.13	2.80	0.70	0.65	0.07
2015	0.29	0.00	5.40	88.07	0.03	1.23	3.21	0.61	0.91	0.25
2016	0.06	0.00	5.19	86.35	0.01	2.24	4.33	0.88	0.91	0.02

数据来源：根据 WIND 原始资料汇总计算。

表6-29　　　　　　　　乌兹别克斯坦进口商品结构　　　　　　（单位：%）

年份	0类	1类	2类	3类	4类	5类	6类	7类	8类	9类
1995	18.39	2.31	2.58	2.25	0.21	8.88	11.19	40.99	11.66	1.55
2000	9.78	0.48	3.66	8.50	0.51	10.65	16.88	39.10	6.97	3.47
2005	7.02	0.33	4.93	2.81	0.50	10.98	21.02	43.05	6.76	2.59
2010	6.89	0.33	6.02	7.71	1.74	11.07	17.81	40.78	6.47	1.18
2011	8.62	0.30	6.15	6.20	2.32	11.56	19.37	39.19	5.02	1.28
2012	7.74	0.51	6.34	6.21	1.88	11.32	19.57	38.76	4.79	2.89
2013	7.50	0.37	5.75	6.34	1.59	11.75	21.93	37.52	4.41	2.83
2014	7.24	0.28	5.31	5.37	1.67	12.27	21.05	39.47	5.87	1.48
2015	9.07	0.35	3.86	5.57	1.56	14.43	19.56	38.15	6.00	1.43
2016	10.01	0.42	3.59	2.35	1.20	16.22	11.96	41.57	5.90	6.78

数据来源：根据 WIND 原始资料汇总计算。

2016 年与 1995 年相比，初级产品进口占比从 25.73% 下降到 17.57%；工业制成品占比从 74.27% 上升到 82.43%，变化幅度为 8.16 个百分点，进口结构表现出明显的低级化倾向。

乌兹别克斯坦主要出口以纺织纤维为代表的非食用原料、油气等矿物燃料、黄金、有色金属和黑色金属等。非食用原料占比从 1995 年的 63.16% 缩小至 2016 年的仅 1.80%，下降幅度巨大（见表 6-30），算术平均值为 29.04%；按原料分类的制成品出口占比从 1995 年的 5.91% 上升至 2016 年的 14.80%，算术平均值为 16.11%；矿物燃料出口比重除个别年份较高外，大多数年份在 10% 左右，算术平均值为 13.88%；机械和运输设备的出口比重尽管在两端变化不大，但也有不少年份超过 10%，算术平均值为 7.24%。

表 6-30　　　　　　　乌兹别克斯坦出口商品结构　　　　　（单位：%）

年份	0 类	1 类	2 类	3 类	4 类	5 类	6 类	7 类	8 类	9 类
1995	1.12	0.05	63.16	15.00	0.05	3.03	5.91	0.76	0.47	10.44
2000	6.88	1.41	39.58	17.04	0.20	2.88	13.49	5.88	0.98	11.66
2005	10.31	0.46	26.15	15.69	0.09	8.45	16.77	10.33	1.26	10.49
2010	9.68	0.44	23.70	14.23	0.03	14.53	19.71	10.00	2.84	4.84
2011	11.39	0.38	19.09	20.20	0.00	11.46	20.67	10.81	2.53	3.47
2012	8.39	0.55	22.43	5.92	0.00	10.53	22.14	14.16	4.06	11.83
2013	7.17	0.39	15.00	15.96	0.00	8.81	17.34	9.87	3.24	22.21
2014	8.58	0.41	8.32	17.01	0.00	8.25	22.69	8.85	3.26	22.63
2015	7.53	0.35	12.54	10.12	0.00	10.30	21.73	1.65	4.50	31.27
2016	8.78	0.08	1.80	2.58	0.00	7.33	14.80	0.77	1.14	62.71

数据来源：根据 WIND 原始资料汇总计算。

2016 年与 1992 年相比，初级产品出口占比从 79.38% 下降到 13.24%；工业制成品占比从 20.62% 上升到 86.76%，变化幅度为 66.14 个百分点，即使在剔除以黄金出口为主的第 9 类商品占比后，出口结构仍表现出明显的高级化趋势。

第七章

中国西北地区对外贸易的区域和产业特征

一 西北地区贸易概况

中国西北地区地处丝绸之路经济带内陆建设的重要区域,与中亚、西亚、南亚及欧洲等国家具有紧密的文化、经济和贸易往来,是中国西北地区向西开放的前沿。在"一带一路"倡议背景下,陕西提出建设丝绸之路经济带"新起点",甘肃提出打造"黄金段",宁夏、青海提出打造"战略支点",新疆提出构建"核心区",各省区在丝绸之路经济带中的定位逐渐明确。

改革开放以来,西北各省区贸易规模不断扩大,贸易结构有所优化,对外贸易都取得了巨大的发展。2016年,西北地区进出口总额达到592亿美元,与1995年相比,年均增长率高达13.93%;进口额、出口额、进出口总额在全国的占比在2002年之后持续上升,2016年分别达到1.25%、1.88%、1.61%。尽管西北地区贸易额在全国的占比较低,但长期以来,出口额一直大于进口额,为中国外汇储备做出了一定贡献。

(一)整体贸易规模及增长状况

中国西北地区外贸发展总体呈快速增长态势(见图7-1),进口额、出口额、进出口总额持续上升,2016年与1995年相比,进口额、出口额、进出口总额分别从13.08亿美元、25.19亿美元、38.27亿美元增加到198.61亿美元、393.39亿美元、592.00亿美元,年平均增长率分别为13.83%、13.98%、13.93%,其中2014年出口额曾突破480亿美元,进出口总额曾突破700亿美元。

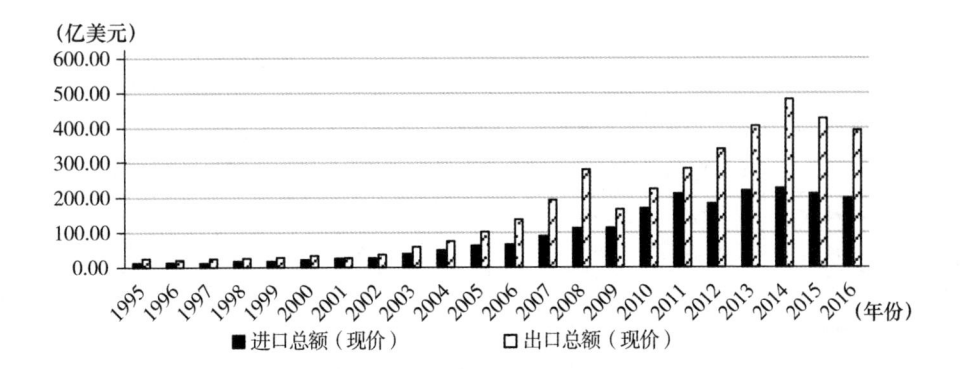

图 7-1　1995—2016 年中国西北地区进出口总额

数据来源：进出口总额数据来源于 EPS 数据库。

特别是在 2000 年之后，进出口均出现爆发式增长（见表 7-1），除 1999 年和 2001 年受亚洲金融危机和 2009 年受国际金融危机影响，进口额或出口额出现负增长外，大多数年份进口额、出口额环比增长率都在 20% 以上。这种快速增长的状况一直持续到 2014 年，出口额达到 481.71 亿美元，进口额达到 226.60 亿美元，均创历史最高水平。出口额和进口额 2015 年分别为 427.02 亿美元和 210.92 亿美元，2016 年分别为 393.39 亿美元和 198.61 亿美元，与 2014 年相比，进、出口额都有不同程度的下降。

表 7-1　1995—2016 年西北地区进出口总额及增长率

年份	进口（现价）总额（亿美元）	进口 环比增长率（%）	出口（现价）总额（亿美元）	出口 环比增长率（%）	进出口（现价）总额（亿美元）	进出口 环比增长率（%）
1995	13.08	—	25.19	—	38.27	—
1996	13.76	5.19	20.99	-16.69	34.75	-9.21
1997	12.28	-10.78	24.60	17.20	36.88	6.13
1998	17.98	46.41	25.83	4.98	43.81	18.77
1999	17.74	-1.34	28.30	9.57	46.04	5.10
2000	22.08	24.49	33.69	19.04	55.77	21.14
2001	25.96	17.59	27.54	-18.24	53.50	-4.06
2002	27.20	4.78	37.13	34.81	64.33	20.24

续表

年份	进口（现价）总额（亿美元）	进口（现价）环比增长率（%）	出口（现价）总额（亿美元）	出口（现价）环比增长率（%）	进出口（现价）总额（亿美元）	进出口（现价）环比增长率（%）
2003	39.34	44.64	59.38	59.93	98.72	53.47
2004	49.84	26.67	75.40	26.99	125.24	26.86
2005	63.10	26.62	102.17	35.51	165.27	31.97
2006	66.22	4.94	137.55	34.63	203.77	23.29
2007	90.13	36.10	193.08	40.37	283.21	38.98
2008	112.51	24.84	279.59	44.81	392.10	38.45
2009	113.55	0.92	166.53	-40.44	280.08	-28.57
2010	169.33	49.12	224.51	34.82	393.84	40.62
2011	211.24	24.75	282.81	25.97	494.05	25.45
2012	183.03	-13.36	339.41	20.02	522.44	5.75
2013	219.76	20.07	405.70	19.53	625.46	19.72
2014	226.60	3.11	481.71	18.73	708.31	13.25
2015	210.92	-6.92	427.02	-11.35	637.94	-9.93
2016	198.61	-5.84	393.39	-7.87	592.00	-7.20
1995—2016年均	13.83%	—	13.98%	—	13.93%	—

数据来源：进出口总额数据来源于 EPS 数据库，增长率以美元为单位的总额数据计算而得。

可以看出，世界经济形势变化是影响西北地区对外贸易的主要因素。受到1998年俄罗斯及亚洲金融危机和2008年国际金融危机的影响，1999年进口额环比下降1.34%，2001年出口额环比下降18.24%；2009年出口额环比下降40.44%，进口额环比增长率降至0.92%。2014年之后，受国际政治经济格局变化，特别是贸易保护主义抬头及中国经济发展进入新常态的影响，进出口额均出现较大幅度下降，2016年已低于2013年的水平。

（二）西北地区贸易在中国的地位

中国西北地区不仅经济总量在全国的占比较低，2016年GDP仅占全国的5.65%，对外贸易在全国也一直处于弱势地位。从进口额、出口额在全国的占比看，20世纪90年代中期到2016年经历了不同变化过程。从进口看，1995年到2008年西北地区在全国进口总额中的占比基本维持在1%以下（见表7-2），其中2006年最低时仅为0.84%；从2009年开始，占比一直维持在1%以上，且2013年以来逐步有所上升，到2015年达到1.26%，2016年略降至1.25%。从出口额看，1995年至2001年西北地区在全国的占比持续下降，从1.69%一直下降到1.03%；从2002年开始，占比在波动中逐步上升，2014年最高时达到2.06%，2016年为1.88%，比1995年略有上升。

表7-2　　1995—2016年西北地区占中国进出口贸易额比重

年份	进口额 全国（亿美元）	西北占比（%）	出口额 全国（亿美元）	西北占比（%）	进出口总额 全国（亿美元）	西北占比（%）
1995	1320.80	0.99	1487.80	1.69	2808.60	1.36
1996	1388.30	0.99	1510.50	1.39	2898.80	1.20
1997	1423.70	0.86	1827.90	1.35	3251.60	1.13
1998	1402.40	1.28	1837.10	1.41	3239.50	1.35
1999	1657.00	1.07	1949.30	1.45	3606.30	1.28
2000	2250.90	0.98	2492.00	1.35	4742.90	1.18
2001	2435.50	1.07	2661.00	1.03	5096.50	1.05
2002	2951.70	0.92	3256.00	1.14	6207.70	1.04
2003	4127.60	0.95	4382.28	1.35	8509.88	1.16
2004	5612.30	0.89	5933.30	1.27	11545.60	1.08
2005	6599.50	0.96	7619.50	1.34	14219.00	1.16
2006	7914.60	0.84	9689.80	1.42	17604.40	1.16
2007	9561.16	0.94	12204.60	1.58	21765.76	1.30
2008	11325.67	0.99	14306.90	1.95	25632.57	1.53
2009	10059.23	1.13	12016.10	1.39	22075.33	1.27
2010	13962.44	1.21	15777.54	1.42	29739.98	1.32
2011	17434.84	1.21	18983.81	1.49	36418.65	1.36
2012	18184.05	1.01	20487.14	1.66	38671.19	1.35
2013	19499.89	1.13	22090.04	1.84	41589.93	1.50
2014	19592.35	1.16	23422.93	2.06	43015.28	1.65
2015	16795.64	1.26	22734.68	1.88	39530.32	1.61
2016	15879.26	1.25	20976.31	1.88	36855.57	1.61

数据来源：西北地区进出口总额数据来源于EPS数据库，全国进出口总额数据来源于WIND数据库。

产业结构不合理、工业发展层次低是制约西北地区经济发展水平的主要因素，同时也在很大程度上制约着其对外贸易的发展。反过来，地区开放度低、对外贸易发展滞后也是其经济发展水平提升的重要制约因素。

（三）西北地区对外贸易的内部构成

1. 进出口总额构成

陕西省在西北地区经济实力中处于相对优势地位，且其经济发展动力足，势头迅猛。1996年陕西省进出口额在西北地区进出口总额中占50.21%，超过1/2，之后有所下降，受经济危机的影响在2008年最低降至21.24%（见表7-3）。从2009年开始，进口占比有所回升，在2016年达到50.59%，占比恢复1/2的水平并略高于1996年，1995—2016年占比的算术平均值为35.81%。

表7-3　　　　　西北各省区在进出口总额中的占比　　　　（单位：%）

年份	陕西省	甘肃省	宁夏区	青海省	新疆区
1995	43.97	15.66	5.74	4.02	30.61
1996	50.21	13.63	5.46	3.68	27.01
1997	46.94	12.97	6.13	3.49	30.47
1998	46.82	10.23	5.46	2.69	34.81
1999	43.57	8.83	6.91	2.34	38.35
2000	38.38	10.21	7.94	2.86	40.60
2001	38.54	14.56	9.96	3.83	33.11
2002	34.57	13.64	6.89	3.06	41.84
2003	28.19	13.44	6.62	3.44	48.32
2004	29.08	14.08	7.25	4.60	44.99
2005	27.69	15.91	5.85	2.50	48.04
2006	26.31	18.77	7.05	3.20	44.67
2007	24.32	19.50	5.58	2.16	48.43
2008	21.24	15.55	4.79	1.76	56.66
2009	30.01	13.80	4.29	2.10	49.80
2010	30.73	18.80	4.98	2.00	43.50

续表

年份	陕西省	甘肃省	宁夏区	青海省	新疆区
2011	29.65	17.67	4.63	1.87	46.19
2012	28.33	17.04	4.24	2.22	48.18
2013	32.18	16.37	5.14	2.24	44.07
2014	38.63	12.20	7.67	2.43	39.07
2015	47.81	12.47	5.86	3.03	30.83
2016	50.59	11.54	5.49	2.58	29.79
1995—2016年平均	35.81	14.40	6.09	2.82	40.88

数据来源：贸易额数据来源于 EPS 数据库，占比按贸易额计算而得。

新疆维吾尔自治区在西北地区的贸易发展中处于举足轻重的地位，1995 年新疆进出口额在西北地区进出口总额中占 30.61%，接近 1/3，之后有所提高，2008 年时达到最高 56.66%。从 2009 年开始进出口占比逐步下降，2016 年占比为 29.79%，比 1995 年下降了 0.82 个百分点，1995—2016 年占比的算术平均值为 40.88%。

甘肃省在西北五省的经济实力中处于相对靠前位置，1995—2007 年甘肃省进出口占比呈现波动式上升趋势，从 15.66% 上升到 19.50%，之后出现下降趋势，近年来稳定在 12% 左右，1995—2016 年占比的算术平均值为 14.40%。

宁夏回族自治区和青海省在西北五省的经济实力中处于相对靠后的位置，其进出口额在西北地区进出口贸易总额中的比例在 1995—2016 年间波动幅度均较小，两省区分别于 2001 年和 2004 年占比达到最大值 9.96% 和 4.60%。宁夏回族自治区 1995 年 5.74% 的占比和 2016 年 5.49% 的占比相差无几，1995—2016 年占比的算术平均值为 6.09%；青海省 1995 年占比为 4.02%，2016 年占比降为 2.58%，1995—2016 年占比的算术平均值也仅有 2.82%。

2. 进口总额构成

陕西省 1996 年进口额在西北地区进口总额中占 47.93%，将近占到 1/2，之后有所下降，2005 年最低降至 23.77%（见表 7-4）。从 2006 年开始，占比又一路回升，在2015年时达到最高的74.48%，是1995年的两倍多。1995—2016年，占比的算术平均值为39.48%，居于西北各省区首位。

表7-4　　　　　　　西北各省区在进口额中的占比　　　　（单位：%）

年份	陕西省	甘肃省	宁夏区	青海省	新疆区
1995	31.68	18.29	3.91	1.83	44.29
1996	47.93	14.56	2.55	1.06	33.91
1997	40.97	9.70	3.25	0.98	45.11
1998	48.67	5.74	1.59	0.76	43.24
1999	48.21	5.03	3.97	1.18	41.61
2000	37.60	7.00	5.23	2.16	48.01
2001	36.74	11.65	6.97	2.15	42.49
2002	31.18	12.08	4.22	1.68	50.85
2003	26.65	11.44	3.59	1.66	56.66
2004	25.00	15.39	5.26	2.42	51.94
2005	23.77	24.39	4.42	1.43	45.98
2006	26.14	34.96	7.47	1.77	29.66
2007	24.54	42.88	5.50	2.51	24.56
2008	26.20	39.94	5.52	2.40	25.94
2009	38.90	27.57	4.05	2.95	26.54
2010	34.80	34.05	4.67	1.91	24.58
2011	36.04	31.10	3.25	1.24	28.37
2012	33.58	29.11	3.14	2.34	31.82
2013	45.06	25.29	3.03	2.53	24.09
2014	59.29	14.61	5.00	2.60	18.50
2015	74.48	10.15	3.68	1.39	10.30
2016	71.04	13.95	3.86	0.80	10.35
1995—2016年平均	39.48	19.95	4.28	1.81	34.49

数据来源：贸易额数据来源于EPS数据库，占比按贸易额计算而得。

新疆维吾尔自治区1995年进口额在西北地区进口总额中占44.29%，超过 1/3，之后有所上升，2003 年最高增长至 56.66%。从 2004 年开始，进口占比一路下降，2016 年占比仅为 10.35%，比 1995 年下降了 33.94 个百分点，1995—2016 年占比的算术平均值为 34.49%，在西北各省区中位居第二。

甘肃省进口额占比在 20 世纪 90 年代后期出现明显下降，到 1999 年已降至 5.03%，比 1995 年下降了 13 个多百分点；从 2000 年开始，占比又一路回升，2007 年达到 42.88% 的峰值，之后又逐渐回落，2016 年为 13.95%。总体而言，甘肃省的进口额在西北地区进口贸易总额中的比重波动幅度较大，1995—2016 年占比的算术平均值为 19.95%，在西北各省区中位居第三。

宁夏回族自治区和青海省进口额在西北地区进口总额中占比一直较低，波动幅度也相对较小，分别于 2006 年和 2009 年占比达到最大值 7.47% 和 2.95%，1998 年均达到最小值，分别为 1.59% 和 0.76%。宁夏回族自治区 1995 年占比为 3.91%，2016 年占比为 3.86%，两者相差无几，1995—2016 年占比的算术平均值为 4.28%，在西北各省区中位居第四；青海省 1995 年占比为 1.83%，2016 年占比为 0.80%，下降约一个百分点，1995—2016 年占比的算术平均值为 1.81%，在西北各省区中排在最后。

3. 出口总额构成

从出口占比来看，新疆维吾尔自治区 1995 年占比为 23.50%（见表 7-5），之后占比快速上升，到 2008 年最高达到 69.03%，2009 年之后逐步下降，2016 年降至近年来最低的 39.61%，比 1995 年增加了 16.11 个百分点。整体而言，占比的算术平均值为 43.95%，在西北各省区中位居第一，同时，也是西北五省区中唯一占比上升的区域。

表 7-5　　　　　　西北各省区在出口额中的占比　　　　（单位：%）

年份	陕西省	甘肃省	宁夏区	青海省	新疆区
1995	50.35	14.30	6.69	5.16	23.50
1996	51.71	13.02	7.37	5.41	22.49
1997	49.92	14.61	7.57	4.74	23.16
1998	45.53	13.35	8.15	4.03	28.95
1999	40.67	11.20	8.75	3.07	36.31
2000	38.89	12.32	9.72	3.32	35.75

续表

年份	陕西省	甘肃省	宁夏区	青海省	新疆区
2001	40.24	17.30	12.78	5.42	24.27
2002	37.06	14.78	8.84	4.07	35.24
2003	29.21	14.77	8.62	4.61	42.79
2004	31.78	13.21	8.57	6.03	40.40
2005	30.11	10.68	6.73	3.16	49.32
2006	26.39	10.97	6.85	3.88	51.90
2007	24.21	8.59	5.62	2.00	59.57
2008	19.25	5.73	4.50	1.50	69.03
2009	23.95	4.42	4.46	1.51	65.66
2010	27.65	7.29	5.21	2.08	57.76
2011	24.88	7.63	5.66	2.34	59.50
2012	25.49	10.53	4.84	2.15	57.00
2013	25.20	11.53	6.29	2.09	54.89
2014	28.92	11.06	8.93	2.34	48.74
2015	34.63	13.61	6.94	3.85	40.97
2016	40.26	10.33	6.32	3.48	39.61
1995—2016 平均	33.92	11.42	7.25	3.47	43.95

数据来源：贸易额数据来源于 EPS 数据库，占比按贸易额计算而得。

陕西省 1995 年出口额在西北地区出口总额中占 50.35%，超过 1/2，1996 年之后持续下降，2008 年最低降至 19.25%。从 2009 年开始，占比又逐步回升，2016 年达到 40.26%，比 1995 年仍低约十个百分点。1995—2016 年占比的算术平均值为 33.92%，在西北各省区中位居第二。

甘肃省出口占比与进口占比一样，在 20 世纪 90 年代经历了明显的下降，1995 年出口额占比为 14.30%，1999 年降至 11.20%；2000 年后又快速回升，2001 年甚至超过 1995 年，达到最高值 17.30%；之后又逐步回落，2009 年降至 4.42%，甚至略低于宁夏；到 2016 年，占比回升至 10.33%，比 1995 年下降约四个百分点。1995—2016 年占比的算术平均值为 11.42%，位居第三，排在新疆和陕西之后。

宁夏回族自治区出口额占比维持在 7% 左右，1995 年至 2016 年的算术平均值为 7.25%，2016 年为 6.32%，比 1995 年下降了 0.37 个百分点；

青海省1995年出口占比为5.16%，之后一直呈现小幅度波动，大多数年份维持在3%左右，2007—2014年占比均低于3%，个别年份只有1%稍多，2016年为3.48%，比1995年下降了1.68个百分点，位居倒数第一，其间算术平均值为3.47%。

（四）西北各省区贸易规模及增长状况

1. 陕西省

1995—2016年，陕西省对外贸易呈现增长趋势，贸易规模不断扩大，2010年进出口贸易总额首次突破100亿美元（见表7-6），而2003年以来，除2009年受金融危机影响外，其余年份都延续着进出口贸易总额20%以上的增长率。至2015年，陕西省进出口总额达到304.99亿美元，其中进口额157.10亿美元，创历史新高；出口额147.89亿美元，仅次于2016年，进、出口额分别是1995年的37.95倍、11.66倍。除个别年份外，陕西省对外贸易一直为顺差。

表7-6　　　　　　1995—2016年陕西省进出口总额及增长率

年份	进口（现价）总额（亿美元）	进口（现价）环比增长率（%）	出口（现价）总额（亿美元）	出口（现价）环比增长率（%）	进出口（现价）总额（亿美元）	进出口（现价）环比增长率（%）
1995	4.14	—	12.68	—	16.83	—
2000	8.30	-2.91	13.10	13.83	21.40	6.70
2005	15.00	20.40	30.77	28.39	45.77	25.66
2010	58.93	33.42	62.08	55.67	121.02	43.98
2011	76.12	29.16	70.35	13.32	146.47	21.04
2012	61.47	-19.25	86.52	22.99	147.99	1.04
2013	99.02	61.10	102.26	18.18	201.28	36.01
2014	134.35	35.67	139.30	36.22	273.64	35.95
2015	157.10	16.93	147.89	6.17	304.99	11.45
2016	141.10	-10.19	158.38	7.09	299.47	-1.81
1995—2016年均	18.30%	—	12.77%	—	14.69%	—

数据来源：进出口总额数据来源于EPS数据库，增长率以美元为单位的总额数据计算而得。

从增长率看,1995—2016 年进口额、出口额、进出口总额年平均增长率分别为 18.30%、12.77%、14.69%（见表 7-6），其间大体可分为两个时间段：1995—2002 年，进出口总额缓慢增长，出口额出现较大波动，进口额、出口额、进出口总额年平均增长率分别为 10.79%、1.17%、4.06%，增长速度差异明显；从 2003 年开始，贸易出现快速增长，2016 年与 2002 年相比，进口额、出口额、进出口总额年平均增长率分别高达 22.24%、19.07%、20.41%，尽管 2009 年出口额和 2012 年进口额曾出现短暂下降，但均很快得以恢复。

2. 甘肃省

1995—2016 年，甘肃省对外贸易在波动中呈现增长趋势。1995—2004 年，尽管贸易总量较小（见表 7-7），但出口额一直大于进口额；2005 年进口额超过出口额之后，进入贸易逆差阶段，并一直持续到 2013 年；2014 年之后，出口出现大幅下降，贸易呈现顺差状态。

表 7-7　　　　　1995—2016 年甘肃省进出口总额及增长率

年份	进口（现价）总额（亿美元）	环比增长率（%）	出口（现价）总额（亿美元）	环比增长率（%）	进出口（现价）总额（亿美元）	环比增长率（%）
1995	2.39	—	3.60	—	5.99	—
2000	1.55	73.22	4.15	30.89	5.70	40.19
2005	15.39	100.75	10.91	9.50	26.30	49.18
2010	57.65	84.19	16.38	122.67	74.03	91.51
2011	65.70	13.96	21.59	31.81	87.29	17.91
2012	53.27	-18.91	35.74	65.54	89.01	1.97
2013	55.59	4.35	46.77	30.89	102.36	15.00
2014	33.11	-40.43	53.29	13.94	86.40	-15.59
2015	21.40	-35.36	58.12	9.05	79.52	-7.97
2016	27.70	29.45	40.63	-30.10	68.33	-14.07
1995—2016 年均	12.37%	—	12.23%	—	12.29%	—

数据来源：进出口总额数据来源于 EPS 数据库，增长率以美元为单位的总额数据计算而得。

从增长率看，至 2016 年，甘肃省进出口总额为 68.33 亿美元，其中进口额 27.70 亿美元，出口额 40.63 亿美元，进、出口额分别是 1995 年的 11.59 倍、11.29 倍，1995—2016 年进口额、出口额、进出口总额年平均增长率分别为 12.37%、12.23%、12.29%。分阶段看，1995—1999 年，贸易额基本呈下降状态；从 2000 年开始，贸易出现快速增长，到 2005 年，进口额、出口额超过 10 亿美元，至 2013 年，进出口总额超过 100 亿美元，达到峰值；2014—2016 年，贸易总额又出现较大幅度下降。

3. 宁夏回族自治区

1995—2016 年，宁夏回族自治区贸易总量一直较小，2011 年进出口贸易总额首次突破 20 亿美元（见表 7-8），2014 年峰值达到 54.35 亿美元。2016 年，进出口总额为 32.53 亿美元，其中进口额 7.66 亿美元，出口额 24.87 亿美元，进、出口额分别是 1995 年的 15.02 倍、14.80 倍，进口额、出口额、进出口总额年平均增长率分别为 13.75%、13.68%、13.69%，在整个时间段内，所有年份均表现为顺差。

表 7-8　　　1995—2016 年宁夏回族自治区进出口总额及增长率

年份	进口（现价）总额（亿美元）	进口环比增长率（%）	出口（现价）总额（亿美元）	出口环比增长率（%）	进出口（现价）总额（亿美元）	进出口环比增长率（%）
1995	0.51	—	1.68	—	2.20	—
2000	1.16	64.27	3.27	32.19	4.43	39.29
2005	2.79	6.57	6.87	6.37	9.67	6.43
2010	7.90	71.90	11.70	57.48	19.60	63.00
2011	6.86	-13.12	15.99	36.70	22.86	16.62
2012	5.76	-16.13	16.41	2.61	22.17	-3.02
2013	6.66	15.63	25.52	55.51	32.18	45.16
2014	11.32	70.14	43.03	68.60	54.35	68.92
2015	7.76	-31.46	29.63	-31.14	37.39	-31.20
2016	7.66	-1.34	24.87	-16.08	32.53	-13.02
1995—2016 年均	13.75%	—	13.68%	—	13.69%	—

数据来源：进出口总额数据来源于 EPS 数据库，增长率以美元为单位的总额数据计算而得。

分阶段看,1995—1998年,贸易总额增长缓慢,进口额出现明显下降,出口额有所增长;1999—2014年,贸易呈爆发式增长,除2002年、2009年、2012年贸易总额出现短暂下降外,多数年份增长率超过10%,至2014年,进口额、出口额和进出口总额均创历史新高,分别达到11.32亿美元、43.03亿美元和54.35亿美元,与1998年相比,年平均增长率分别高达25.74%、20.77%、21.56%;从2015年开始贸易额出现大幅下降,2016年与2014年相比,进口额、出口额和进出口总额年平均增长率分别为-17.74%、-23.98%、-22.65%。

4. 青海省

青海省进出口贸易总量在西北五省区最低,进出口总额2015年达到峰值的19.34亿美元(见表7-9),但仍未突破20亿美元。2016年与1995相比,进口额、出口额和进出口总额分别从0.24亿美元、1.30亿美元和1.54亿美元增加到1.59亿美元、13.70亿美元和15.29亿美元,年平均增长率分别为9.43%、11.87%和11.55%。除2009年外,均表现为顺差状态。

表7-9　　　　　1995—2016年青海省进出口总额及增长率

年份	进口(现价) 总额(亿美元)	进口(现价) 环比增长率(%)	出口(现价) 总额(亿美元)	出口(现价) 环比增长率(%)	进出口(现价) 总额(亿美元)	进出口(现价) 环比增长率(%)
1995	0.24	—	1.30	—	1.54	—
2000	0.48	127.39	1.12	28.94	1.60	48.10
2005	0.90	-25.38	3.23	-28.93	4.13	-28.18
2010	3.23	-3.63	4.66	85.09	7.89	34.45
2011	2.62	-18.83	6.62	41.96	9.24	17.09
2012	4.29	63.63	7.29	10.11	11.58	25.29
2013	5.55	29.57	8.47	16.26	14.02	21.19
2014	5.90	6.21	11.28	33.12	17.18	22.47
2015	2.93	-50.42	16.42	45.58	19.35	12.61
2016	1.59	-45.59	13.70	-16.56	15.29	-20.95
1995—2016年均	9.43%	—	11.87%	—	11.55%	—

数据来源:进出口总额数据来源于EPS数据库,增长率以美元为单位的总额数据计算而得。

分阶段看，1995—1999 年，进口额、出口额、进出口总额均出现不同程度的下降；2000—2015 年，贸易出现爆发式增长，与 1999 年相比，进口额和出口额及进出口总额年平均增长率分别高达 17.91%、20.15%、19.76%，2014 年进口额达到 5.90 亿美元的峰值，2015 年出口额、进出口总额分别的达到 16.42 亿美元和 19.34 亿美元的峰值；2016 年，进口额、出口额及进出口总额均比 2015 年出现较大幅度下滑。

5. 新疆维吾尔自治区

新疆维吾尔自治区对外贸易在西北五省中仅次于陕西省。1995—2016 年，进口额、出口额、进出口总额年平均增长率分别为 6.22%、16.85%、13.78%（见表 7 - 10），出口增速超过进口增速 10 个多百分点。2007 年进出口贸易总额首次突破 100 亿美元，2014 年出口额达到 234.81 亿美元，进出口总额 276.72 亿美元，创历史新高。2003 年以来，出口额一直大于进口额，贸易顺差持续扩大，2014 年顺差超过 190 亿美元。

表 7 - 10　　1995—2016 年新疆维吾尔自治区进出口总额及增长率

年份	进口（现价）总额（亿美元）	环比增长率（%）	出口（现价）总额（亿美元）	环比增长率（%）	进出口（现价）总额（亿美元）	环比增长率（%）
1995	5.79	—	5.92	—	11.71	—
2000	10.60	43.62	12.04	17.21	22.64	28.25
2005	29.02	12.11	50.39	65.41	79.40	40.93
2010	41.61	38.10	129.69	18.60	171.30	22.82
2011	59.94	44.03	168.26	29.74	228.20	33.21
2012	58.24	-2.83	193.46	14.98	251.70	10.30
2013	52.94	-9.11	222.68	15.10	275.62	9.50
2014	41.92	-20.82	234.81	5.45	276.73	0.40
2015	21.73	-48.15	174.96	-25.49	196.69	-28.92
2016	20.56	-5.42	155.82	-10.94	176.38	-10.33
1995—2016 年均	6.22%	—	16.85%	—	13.78%	—

数据来源：进出口总额数据来源于 EPS 数据库，增长率以美元为单位的总额数据计算而得。

分阶段看，1996年进口额、出口额和进出口总额比1995年出现较大幅度下降；从1997年开始，除个别年份外，三项指标均呈现快速增长态势，并一直维持到2014年、2015年和2016年，三项指标均出现了明显的下滑。

二 西北地区贸易的区域特征

（一）西北地区主要贸易伙伴

西北各省区与世界上许多国家和地区有贸易往来，其主要贸易伙伴包括澳大利亚、美国、日本、哈萨克斯坦和中国台湾地区等，主要分布在亚洲地区。

表7-11　　　　西北地区对主要贸易伙伴进口额及所占比重

排名	2010 国家（地区）	进口（亿美元）	比重（%）	2015 国家（地区）	进口（亿美元）	比重（%）	2016 国家（地区）	进口（亿美元）	比重（%）
1	澳大利亚	19.16	11.32	中国台湾	51.33	24.34	中国台湾	58.38	29.39
2	美国	17.16	10.13	美国	34.07	16.15	韩国	20.92	10.53
3	哈萨克斯坦	13.47	7.95	韩国	20.27	9.61	美国	18.05	9.09
4	德国	11.22	6.63	日本	14.89	7.06	日本	13.82	6.96
5	智利	10.93	6.45	澳大利亚	8.67	4.11	澳大利亚	6.71	3.38
6	新加坡	8.30	4.90	德国	7.87	3.73	德国	6.13	3.09
7	日本	7.62	4.50	新加坡	4.24	2.01	哈萨克斯坦	4.86	2.45
8	中国台湾	5.36	3.17	荷兰	3.53	1.67	俄罗斯	3.12	1.57
9	刚果（金）	4.86	2.87	蒙古	3.41	1.62	南非	3.10	1.56
10	蒙古	2.62	1.55	南非	2.52	1.19	巴西	2.58	1.30

数据来源：贸易额来自EPS数据库，占比按贸易额计算而得。

西北地区最大的进口来源地为中国台湾（见表7-11），进口额从2010年的5.36亿美元增长到2016年的58.38亿美元，2010年、2015年和2016年分别占进口总额的3.17%、24.34%和29.39%，比例增长幅度较大，2015 年和 2016 年所占比例均居于第一位。美国与西北地区的贸易往来自 2010 年以来同样呈现稳步上涨的趋势，2010 年、2015 年和 2016 年分别占进口总额的 10.13%、16.15% 和 9.09%，近年来所占比例相对比较稳定，2016 年的进口额 18.05 亿美元是 2009 年的进口额 12.07 亿美元的约 1.50 倍，成为与西北地区进口贸易的重要来源国。此外，韩国、日本、澳大利亚、智利、德国等国家也与西北地区建立了稳定的贸易合作关系。

西北地区出口贸易伙伴包括美国、日本、中国香港、德国等（见表 7 - 12），主要分布在亚洲、中欧和北美洲地区。

表 7 - 12　　　　西北地区对主要贸易伙伴出口额及所占比重

排名	2010 国家（地区）	出口（亿美元）	比重（%）	2015 国家（地区）	出口（亿美元）	比重（%）	2016 国家（地区）	出口（亿美元）	比重（%）
1	美国	13.62	6.07	中国香港	34.52	8.08	中国香港	41.25	10.49
2	日本	12.58	5.60	美国	32.19	7.54	韩国	37.26	9.47
3	韩国	7.86	3.50	韩国	28.83	6.75	美国	33.07	8.41
4	中国香港	5.54	2.47	中国台湾	9.42	2.21	日本	10.3	2.62
5	德国	3.97	1.77	日本	8.66	2.03	中国台湾	6.97	1.77
6	荷兰	2.98	1.33	新加坡	7.71	1.81	新加坡	4.51	1.15
7	新加坡	2.61	1.16	伊朗	4.23	0.99	荷兰	4.40	1.12
8	蒙古	2.42	1.08	荷兰	4.07	0.95	法国	3.67	0.93
9	越南	1.95	0.87	法国	3.77	0.88	阿联酋	3.41	0.87
10	印度	1.93	0.86	印度	3.58	0.84	印度	2.59	0.66

数据来源：贸易额来自 EPS 数据库，占比按贸易额计算而得。

美国曾是中国西北地区对外出口的第一大国，自 2010 年以来西北地区对美国的出口额呈不断上升趋势，2010 年、2015 年和 2016 年分别占其出口总额的 6.07%、7.54% 和 8.41%。2015 年出口额已超过 30 亿美元，2016 年达到 33.07 亿美元，是 2010 年出口额的 2.43 倍。2010 年西北地区对中国香港的出口额仅 5.54 亿美元，2016 年增长至 41.25 亿美元，2010 年、2015 年和 2016 年分别占其出口总额的 2.47%、8.08% 和

10.49%，并在 2015 年和 2016 年都保持西北地区出口贸易额第一的位置。日本也是西北地区进行出口贸易的稳定合作伙伴，2010 年、2015 年和 2016 年分别占其出口总额的 5.60%、2.03% 和 2.62%，但近年来比例有逐渐下降趋势。此外韩国、中国台湾、德国等也是西北地区出口贸易的主要去向国。与进口贸易相比，西北地区的出口集中程度相对更大。

（二）西北各省区主要贸易伙伴

1. 陕西省

陕西省与世界上很多个国家有贸易往来，最大的贸易伙伴有美国、韩国、中国台湾、日本等（见表 7-13），主要分布在亚洲、欧洲地区。

表 7-13　　　　陕西省主要贸易伙伴进口额及所占比重

排名	2010 国家（地区）	进口（亿美元）	比重（%）	2015 国家（地区）	进口（亿美元）	比重（%）	2016 国家（地区）	进口（亿美元）	比重（%）
1	美国	14.03	23.81	中国台湾	51.33	32.67	中国台湾	56.95	40.36
2	新加坡	8.13	13.80	美国	31.56	20.09	韩国	20.69	14.66
3	德国	7.16	12.15	韩国	19.30	12.29	美国	13.91	9.86
4	中国台湾	5.36	9.10	日本	13.10	8.34	日本	12.17	8.63
5	日本	4.50	7.64	德国	5.09	3.24	德国	4.01	2.84
6	澳大利亚	3.44	5.84	新加坡	4.09	2.60	澳大利亚	4.01	2.84
7	英国	1.65	2.80	澳大利亚	3.71	2.36	南非	2.72	1.93
8	比利时	1.62	2.75	荷兰	3.53	2.25	巴西	2.30	1.63
9	瑞士	1.47	2.49	南非	2.23	1.42	比利时	1.77	1.25
10	巴西	1.27	2.16	巴西	1.81	1.15	新加坡	1.73	1.23

数据来源：贸易额来自 EPS 数据库，占比按贸易额计算而得。

陕西省最大的进口来源地区是中国台湾，2010 年、2015 年和 2016 年进口额分别为 5.36 亿美元、51.33 亿美元和 56.95 亿美元，分别占进口总额的 9.10%、32.67% 和 40.36%，2015 年、2016 年占比增长幅度较大，进口额呈现持续增长趋势；第二大进口来源国是美国，2010 年、2015 年和 2016 年进口额分别为 14.03 亿美元、31.56 亿美元和 13.91 亿美元，分别占进口总额的 23.81%、20.09% 和 9.86%，占比有所下降的阶段，排名从 2010 年的第一位降至第三位。此外德国、韩国、日本、新加坡等也是陕西省进口贸易的主要来源国。

陕西省出口的主要国家与进口相比变动不大，主要以亚洲国家为主。美国是陕西省的第一大出口国（见表 7-14），2010 年、2015 年和 2016 年的出口额分别为 8.98 亿美元、27.49 亿美元和 29.42 亿美元，分别占其出口总额的 14.47%、18.59% 和 18.58%，2015 年、2016 年分别处于第二和第三的位置；中国香港曾是陕西省的第二大出口地区，2010 年、2015 年和 2016 年的出口额分别为 4.04 亿美元、29.29 亿美元和 34.77 亿美元，分别占其出口总额的 6.51%、19.81% 和 21.95%，在 2015 年、2016 年均处于陕西省出口额第一的位置，增长幅度较大。此外，韩国、日本、德国、新加坡等也是陕西省出口的主要国家。

表 7-14　　　　　陕西省主要贸易伙伴出口额及所占比重

排名	2010 国家（地区）	出口（亿美元）	比重（%）	2015 国家（地区）	出口（亿美元）	比重（%）	2016 国家（地区）	出口（亿美元）	比重（%）
1	美国	8.98	14.47	中国香港	29.29	19.81	中国香港	34.77	21.95
2	日本	6.15	9.91	美国	27.49	18.59	韩国	30.10	19.00
3	韩国	4.24	6.83	韩国	19.42	13.13	美国	29.42	18.58
4	中国香港	4.04	6.51	中国台湾	7.84	5.30	日本	6.71	4.24
5	德国	2.96	4.77	新加坡	6.99	4.73	中国台湾	5.84	3.69
6	新加坡	2.61	4.20	日本	5.32	3.60	新加坡	4.38	2.77
7	荷兰	1.93	3.11	法国	3.77	2.55	法国	3.67	2.32
8	阿尔及利亚	1.63	2.63	英国	3.47	2.35	阿联酋	3.41	2.15
9	英国	1.54	2.48	荷兰	3.06	2.07	荷兰	2.89	1.82
10	越南	1.53	2.46	马来西亚	2.35	1.59	英国	2.40	1.52

数据来源：贸易额来自 EPS 数据库，占比按贸易额计算而得。

2. 甘肃省

甘肃省最大的贸易伙伴有澳大利亚、哈萨克斯坦、智利、蒙古等国家（见表 7-15），地区分布较为分散，在亚洲、中欧和美洲地区均有涉及。

表7-15　　　　　甘肃省主要贸易伙伴进口额及所占比重

排名	2010 国家(地区)	进口(亿美元)	比重(%)	2015 国家(地区)	进口(亿美元)	比重(%)	2016 国家(地区)	进口(亿美元)	比重(%)
1	哈萨克斯坦	13.47	23.37	澳大利亚	4.86	22.71	哈萨克斯坦	4.86	17.55
2	澳大利亚	11.92	20.68	蒙古	2.77	12.94	美国	3.28	11.84
3	智利	10.93	18.96	哈萨克斯坦	2.20	10.28	澳大利亚	2.60	9.39
4	刚果(金)	4.86	8.43	俄罗斯	1.98	9.25	蒙古	2.03	7.33
5	蒙古	2.39	4.15	刚果(金)	1.61	7.52	俄罗斯	1.45	5.23
6	美国	1.99	3.45	美国	1.01	4.72	中国台湾	1.39	5.02
7	德国	1.26	2.19	越南	0.93	4.35	刚果(金)	1.11	4.01
8	西班牙	1.15	1.99	墨西哥	0.92	4.30	智利	0.82	2.96
9	毛里塔尼亚	1.03	1.79	中国台湾	0.87	4.07	中国香港	0.77	2.78
10	俄罗斯	0.86	1.49	菲律宾	0.83	3.88	德国	0.73	2.64

数据来源：贸易额来自EPS数据库，占比按贸易额计算而得。

甘肃省最大的进口来源国是哈萨克斯坦，2010年、2015年和2016年的进口额分别为13.47亿美元、2.20亿美元和4.86亿美元，分别占其进口总额的23.37%、10.28%和17.55%，在2010年和2016年两个时间节点均处于甘肃省第一大进口来源国地位，2015年甘肃省自哈萨克斯坦的进口额较2009年虽然有所下降，但在2016年又呈现回升状态；甘肃省的第二大进口来源国是澳大利亚，2010年、2015年和2016年的进口额分别为11.92亿美元、4.86亿美元和2.60亿美元，分别占其进口总额的20.68%、22.71%和9.39%，2010年以来进口额出现较大幅度下降，2016年成为甘肃省第三大进口来源国；甘肃省第三大进口来源国是蒙古，2010年、2015年和2016年的进口额分别为2.39亿美元、2.77亿美元和2.03亿美元，分别占其进口总额的4.15%、12.94%和7.33%。此外，美国、智利、德国等也是甘肃省进口贸易的主要来源国。

甘肃省出口的主要国家与进口相比有显著的差别，以亚洲国家为主。韩国是甘肃省的第一大出口国（见表7-16），2010年、2015年和2016年的出口额分别为2.01亿美元、4.86美元和3.25亿美元，分别占其进口总额的12.27%、8.36%和8.00%，2015年跃居甘肃省对外出口额第一的位置；中国香港是甘肃省的第二大出口地区，2010年、2015年和2016年的出口额分别为0.69亿美元、1.92亿美元和4.77亿美元，分别占其出口总额的4.21%、3.30%和11.74%，在2016年跃居甘肃省对外出口额第一的位置，2016年出口额是2010年的6.91倍，增长幅度较大。此外，美国、哈萨克斯坦、日本等也是甘肃省出口贸易的主要去向国，近年来增长速度相对较快。

表7-16　　　　甘肃省主要贸易伙伴出口额及所占比重

排名	2010 国家（地区）	出口（亿美元）	比重（%）	2015 国家（地区）	出口（亿美元）	比重（%）	2016 国家（地区）	出口（亿美元）	比重（%）
1	美国	2.36	14.41	韩国	4.86	8.36	中国香港	4.77	11.74
2	韩国	2.01	12.27	美国	1.94	3.34	韩国	3.25	8.00
3	日本	1.17	7.14	中国香港	1.92	3.30	美国	1.36	3.35
4	中国香港	0.69	4.21	哈萨克斯坦	1.11	1.91	葡萄牙	0.64	1.58
5	德国	0.49	2.99	中国台湾	0.83	1.43	哈萨克斯坦	0.63	1.55
6	印度	0.44	2.69	马来西亚	0.68	1.17	俄罗斯	0.54	1.33
7	荷兰	0.42	2.56	泰国	0.66	1.14	日本	0.52	1.28
8	越南	0.41	2.50	俄罗斯	0.64	1.10	中国台湾	0.48	1.18
9	中国台湾	0.34	2.08	德国	0.64	1.10	荷兰	0.45	1.11
10	泰国	0.32	1.95	印度	0.6	1.03	印度	0.45	1.11

数据来源：贸易额来自EPS数据库，占比按贸易额计算而得。

3. 宁夏回族自治区

宁夏回族自治区最大的进口贸易伙伴有韩国、德国、美国、日本等（见表7-17），地区分布较为分散，在亚洲、欧洲地区均有涉及。

表7-17　宁夏回族自治区主要贸易伙伴进口额及所占比重

排名	2010 国家（地区）	进口（亿美元）	比重（%）	2015 国家（地区）	进口（亿美元）	比重（%）	2016 国家（地区）	进口（亿美元）	比重（%）
1	澳大利亚	2.70	26.60	德国	2.43	22.92	韩国	2.20	20.93
2	日本	1.89	18.62	中国香港	1.65	15.57	俄罗斯	1.67	15.89
3	德国	1.66	16.35	美国	1.20	11.32	德国	1.29	12.27
4	美国	0.73	7.19	韩国	0.86	8.11	日本	0.95	9.04
5	波兰	0.63	6.21	意大利	0.70	6.60	美国	0.54	5.14
6	瑞典	0.47	4.63	日本	0.67	6.32	中国香港	0.45	4.28
7	马来西亚	0.46	4.53	马来西亚	0.44	4.15	马来西亚	0.45	4.28
8	韩国	0.19	1.87	法国	0.29	2.74	南非	0.38	3.62
9	印度尼西亚	0.17	1.67	南非	0.23	2.17	巴西	0.29	2.76
10	意大利	0.16	1.58	中国	0.23	2.17	意大利	0.21	2.00

数据来源：贸易额来自EPS数据库，占比按贸易额计算而得。

2010年、2015年和2016年宁夏回族自治区自德国的进口额分别为1.66亿美元、2.43亿美元和1.29亿美元，分别占其进口总额的16.35%、22.92%和12.27%，其中2015年上升到宁夏回族自治区进口额第一的位置；宁夏回族自治区的第二大进口来源国是韩国，并呈现持续增长的发展趋势，2010年、2015年和2016年的进口额分别为0.19亿美元、0.86亿美元和2.20亿美元，分别占其进口总额的1.87%、8.11%和20.93%，处于快速增长阶段，2016年跃居宁夏回族自治区进口额第一的位置。此外，美国、俄罗斯、日本等国与宁夏回族自治区也建立了长期持续的进口贸易关系。

宁夏回族自治区的出口贸易伙伴主要有日本、印度、美国、中国香港等（见表7-18），以亚洲为主。

表7-18　　　宁夏回族自治区主要贸易伙伴出口额及所占比重

排名	2010 国家（地区）	出口（亿美元）	比重（％）	2015 国家（地区）	出口（亿美元）	比重（％）	2016 国家（地区）	出口（亿美元）	比重（％）
1	日本	3.16	20.36	韩国	3.39	14.24	日本	2.20	10.72
2	美国	2.10	13.53	中国香港	3.12	13.10	美国	2.03	9.89
3	印度	1.28	8.25	美国	2.47	10.37	中国香港	1.64	7.99
4	韩国	1.18	7.60	日本	2.30	9.66	印度	1.61	7.85
5	意大利	0.80	5.15	印度	1.52	6.38	韩国	1.60	7.80
6	荷兰	0.62	3.99	荷兰	1.01	4.24	荷兰	1.05	5.12
7	中国台湾	0.47	3.03	俄罗斯	0.70	2.94	越南	0.66	3.22
8	德国	0.47	3.03	德国	0.65	2.73	中国台湾	0.64	3.12
9	泰国	0.45	2.90	中国台湾	0.62	2.60	俄罗斯联邦	0.60	2.92
10	中国香港	0.32	2.06	意大利	0.46	1.93	泰国	0.56	2.73

数据来源：贸易额来自EPS数据库，占比按贸易额计算而得。

日本是宁夏回族自治区的第一大出口国，2010年、2015年和2016年的出口额分别为3.16亿美元、2.30亿美元和2.20亿美元，分别占其出口总额的20.36%、9.66%和10.72%，尤其在2010年及2016年均处于宁夏回族自治区出口额第一的位置；美国是宁夏回族自治区的第二大出口国，2010年、2015年和2016年的出口额分别为2.10亿美元、2.47亿美元和2.03亿美元，分别占其出口总额的13.53%、10.37%和9.89%，处于稳定合作的阶段；印度也是宁夏回族自治区的主要出口国，2010年、2015年和2016年的出口额分别为1.28亿美元、1.52亿美元和1.61亿美元。此外，中国香港、韩国等也是宁夏回族自治区出口贸易的主要去向地区。

4. 青海省

青海省较稳定的主要进口贸易伙伴有澳大利亚、德国、美国、日本等（见表7-19），亚洲、欧洲和大洋洲均有涉及。

表 7-19　　　　青海省主要贸易伙伴进口额及所占比重

排名	2010 国家（地区）	进口（亿美元）	比重（%）	2015 国家（地区）	进口（亿美元）	比重（%）	2016 国家（地区）	进口（亿美元）	比重（%）
1	德国	1.13	22.60	日本	0.39	17.41	以色列	0.33	20.37
2	澳大利亚	1.09	21.80	德国	0.35	15.63	美国	0.32	19.75
3	美国	0.41	8.20	美国	0.30	13.39	印度尼西亚	0.17	10.49
4	南非	0.34	6.80	挪威	0.30	13.39	韩国	0.16	9.88
5	日本	0.30	6.00	印度尼西亚	0.27	12.05	澳大利亚	0.10	6.17
6	瑞士	0.27	5.40	瑞士	0.14	6.25	德国	0.10	6.17
7	印度	0.18	3.60	澳大利亚	0.10	4.46	日本	0.09	5.56
8	加拿大	0.18	3.60	蒙古	0.09	4.02	法国	0.05	3.09
9	韩国	0.13	2.60	南非	0.06	2.68	中国台湾	0.05	3.09
10	比利时	0.12	2.40	越南	0.05	2.23	芬兰	0.03	1.85

数据来源：贸易额来自EPS数据库，占比按贸易额计算而得。

青海省2010年、2015年和2016年自澳大利亚的进口额分别为1.09亿美元、0.10亿美元和0.10亿美元，分别占其进口总额的21.80%、4.46%和6.17%，2010年处于青海省进口额第二的位置，自2015年以来自澳大利亚的进口额有所下降；青海省2010年、2015年和2016年自德国的进口额分别为1.13亿美元、0.35亿美元和0.10亿美元，分别占其进口总额的22.60%、15.63%和6.17%，进口额在2010年处于第一的位置；美国也是青海省重要的进口来源国之一，2010年、2015年和2016年的进口额分别为0.41亿美元、0.30亿美元和0.32亿美元，分别占其进口总额的8.20%、13.39%和19.75%。此外，印度、印度尼西亚与青海省也维持着长期贸易合作关系。

相对于进口来源国，青海省出口的主要国家有所变动，主要分布在亚洲地区（见表7-20）。日本是青海省的第一大出口国，2010年、2015年和2016年的出口额分别为1.44亿美元、0.27亿美元和0.21亿美元，分别占其出口总额的 45.28%、7.26% 和 5.85%，在 2010 年处于青海省对外出口额第一的位置，而后缩小幅度较为明显；韩国是青海省的第二大出口国，2010 年、2015 年和 2016 年的出口额分别为 0.25 亿美元、0.45 亿美元和 1.31 亿美元，分别占其出口总额的 7.86%、12.10% 和 36.49%，其中 2015 年和 2016 年均处于青海省超过出口额第一的位置，其中 2016 年占比超过 1/3。此外，美国、中国澳门、中国香港等也是青海省出口贸易的主要去向地区，份额也比较稳定。与进口贸易相比，青海省的出口集中程度大于进口贸易。

表 7-20　　　　　　青海省主要贸易伙伴出口额及所占比重

排名	2010 国家（地区）	出口（亿美元）	比重（%）	2015 国家（地区）	出口（亿美元）	比重（%）	2016 国家（地区）	出口（亿美元）	比重（%）
1	日本	1.44	45.28	韩国	0.45	12.10	韩国	1.31	36.49
2	中国香港	0.27	8.49	美国	0.29	7.80	美国	0.27	7.52
3	韩国	0.25	7.86	日本	0.27	7.26	日本	0.21	5.85
4	美国	0.18	5.66	中国澳门	0.21	5.65	俄罗斯	0.15	4.18
5	俄罗斯	0.13	4.09	沙特阿拉伯	0.21	5.65	沙特阿拉伯	0.15	4.18
6	沙特阿拉伯	0.10	3.14	中国香港	0.19	5.11	新加坡	0.12	3.34
7	孟加拉国	0.09	2.83	加拿大	0.17	4.57	澳大利亚	0.10	2.79
8	中国台湾	0.06	1.89	新加坡	0.14	3.76	中国澳门	0.10	2.79
9	意大利	0.06	1.89	中国台湾	0.13	3.49	中国香港	0.07	1.95
10	德国	0.05	1.57	巴林	0.11	2.96	尼日利亚	0.07	1.95

数据来源：贸易额来自 EPS 数据库，占比按贸易额计算而得。

5. 新疆维吾尔自治区

新疆维吾尔自治区最大的进口贸易伙伴有日本、蒙古、印度、韩国等国家（见表 7-21），以亚洲为主。

表7-21　　新疆维吾尔自治区主要贸易伙伴进口额及所占比重

排名	2010 国家（地区）	进口（亿美元）	比重（%）	2015 国家（地区）	进口（亿美元）	比重（%）	2016 国家（地区）	进口（亿美元）	比重（%）
1	日本	0.93	2.24	日本	0.73	3.36	日本	0.62	3.02
2	韩国	0.28	0.67	蒙古	0.55	2.53	蒙古	0.48	2.33
3	蒙古	0.23	0.55	巴基斯坦	0.41	1.89	巴基斯坦	0.30	1.46
4	新加坡	0.17	0.41	伊朗	0.19	0.87	以色列	0.26	1.26
5	中国香港	0.08	0.19	印度	0.19	0.87	印度尼西亚	0.19	0.92
6	土耳其	0.07	0.17	新加坡	0.16	0.74	印度	0.15	0.73
7	马来西亚	0.04	0.10	韩国	0.11	0.51	新加坡	0.11	0.54
8	以色列	0.03	0.07	马来西亚	0.10	0.46	中国香港	0.08	0.39
9	叙利亚	0.02	0.05	阿富汗	0.04	0.18	沙特阿拉伯	0.07	0.34
10	伊朗	0.02	0.05	泰国	0.03	0.14	韩国	0.06	0.29

数据来源：贸易额来自 EPS 数据库，占比按贸易额计算而得。

新疆维吾尔自治区最大的进口来源国是日本，2010年、2015年和2016年的进口额分别为0.93亿美元、0.73亿美元和0.62亿美元，分别占其进口总额的2.24%、3.36%和3.02%，呈现相对稳定的发展趋势，三年均在进口来源国中居第一位，且近年来变动幅度较小；第二大进口来源国是蒙古，其中2010年、2015年和2016年的进口额分别为0.23亿美元、0.55亿美元和0.48亿美元，分别占其进口总额的0.55%、2.53%和2.33%，进口额近年来呈现增长态势，2016年自蒙古的进口额是2009年进口额的2.09倍，并且于2015年和2016年跃居第二位。此外，印度、巴基斯坦、伊朗等国家也是新疆维吾尔自治区的主要进口来源国。

新疆维吾尔自治区出口也主要分布在亚洲地区。巴基斯坦是新疆维吾尔自治区的第一大出口国（见表7-22），2010年、2015年和2016年的出口额分别为1.16亿美元、1.59亿美元和2.43亿美元，分别占其出口总额的0.89%、0.91%和1.56%，且于2016年上升至第一的位置；蒙古是新疆维吾尔自治区的第二大出口国，2010年的出口额为2.42亿美元，占其出口总额的1.87%，曾位居第一；日本也是新疆维吾尔自治区主要出口去向国,2010年、2015年和2016年的出口额分别为0.66亿美元、0.77亿美元和0.66亿美元,2010年占比为0.51%,但近年来贸易往来有所弱化,2015年和2016年分别占其出口总额的0.44%和0.42%。由此可见,新疆维吾尔自治区主要的出口去向国范围较为分散,中国香港、韩国、马来西亚等也是新疆维吾尔自治区出口贸易的主要去向地区,与进口贸易相比,新疆维吾尔自治区的出口国别分布更为分散。

表7-22　新疆维吾尔自治区主要贸易伙伴出口额及所占比重

排名	2010 国家（地区）	出口（亿美元）	比重（%）	2015 国家（地区）	出口（亿美元）	比重（%）	2016 国家（地区）	出口（亿美元）	比重（%）
1	蒙古	2.42	1.87	伊朗	4.23	2.42	巴基斯坦	2.43	1.56
2	巴基斯坦	1.16	0.89	巴基斯坦	1.59	0.91	印度	2.14	1.37
3	日本	0.66	0.51	印度	1.46	0.83	韩国	1.01	0.65
4	马来西亚	0.51	0.39	日本	0.77	0.44	沙特阿拉伯	0.83	0.53
5	中国香港	0.23	0.18	泰国	0.74	0.42	日本	0.66	0.42
6	泰国	0.21	0.16	韩国	0.71	0.41	泰国	0.5	0.32
7	印度	0.21	0.16	阿富汗	0.63	0.36	伊朗	0.5	0.32
8	沙特阿拉伯	0.21	0.16	新加坡	0.57	0.33	印度尼西亚	0.41	0.26
9	印度尼西亚	0.2	0.15	马来西亚	0.44	0.25	菲律宾	0.29	0.19
10	韩国	0.18	0.14	沙特阿拉伯	0.42	0.24	马来西亚	0.28	0.18

数据来源：贸易额来自EPS数据库,占比按贸易额计算而得。

三　西北地区贸易的产业特征

（一）整体贸易的产业特征

西北地区进口行业主要集中在石油与天然气开采,计算机、通信和其他电子设备制造以及金属矿采选等（见表7-23）。

表7-23　　　　　西北地区对外贸易分行业进口额

行业	2017 金额（万美元）	占比（%）	2016	2015	2012
石油和天然气开采业	269753.82	34.78	271489.17	392853.09	372428.60
计算机、通信和其他电子设备制造业	210865.98	27.19	204653.19	174813.85	47374.54
有色金属矿采选业	50929.97	6.57	23498.70	38391.85	52579.45
专用设备制造业	39099.80	5.04	55446.78	79926.55	23201.84
通用设备制造业	33354.23	4.30	25726.80	37681.46	30881.70
化学原料和化学制品制造业	27070.43	3.49	21875.92	16272.20	11057.60
有色金属冶炼和压延加工业	21789.48	2.81	14909.56	17870.44	70614.90
仪器仪表制造业	19937.38	2.57	17509.04	25666.47	15393.08
黑色金属矿采选业	18181.25	2.34	8085.81	12867.26	50056.22
农业	15686.39	2.02	7758.49	7212.40	8227.96
合计	706668.73	91.11	650953.46	803555.57	681815.89

数据来源：贸易额来自EPS数据库，占比按贸易额计算而得。

石油和天然气开采业进口额一直排在第一位，从2012年的372428.60万美元到2014年的480949.20万美元，进口数额不断增加，到2017年下降至269753.82万美元，但占比仍高达34.78%，排在第一位；计算机、通信和其他电子设备制造业进口近年来快速增长，2016年突破20亿美元，2017年超过21亿美元，占比上升至第二位；有色金属矿采选行业进口额2017年为50929.97万美元，占比为6.57%，排在第三位；专用设备制造业、通用设备制造业、化学原料和化学制品制造业2017年占比分别为5.04%、4.30%和3.49%，排在第四至第六位；其余行业占比均在3%以下。

整体而言，西北地区进口的行业分布相当集中，2017年排名前十位的行业占比合计达到91.11%。但从制成品和初级产品的分布看，2017年两者大体相当，制成品进口占45.40%，初级产品进口（农业和采掘业）占45.71%。

西北地区出口主要集中在计算机、通信和其他电子设备制造业，皮革、毛皮、羽毛及其制品和制鞋业以及纺织服装、服饰业等（见表7-24）。计算机、通信和其他电子设备制造业从2014年跃居第一后一直保持到 2017 年，出口额也从 2012 年的 46474.58 万美元迅速增长到 2017 年的 355984.93 万美元，占比上升到 41.00%；皮革、毛皮、羽毛及其制品和制鞋业出口额从 2012 年的 36529.04 万美元增长到 2017 年的 97209.82 万美元，2017 年占比为 11.19%，位居第二；纺织服装、服饰业 2017 年出口额也创历史新高，达到 77248.68 万美元，占比为 8.90%，位居第三；化学原料和化学制品制造业、电气机械和器材制造业、纺织业、非金属矿物制品业占比分别为 4.45%、3.72%、3.69%、3.01%，位列第四至第七位；其余行业占比均低于 3%。

表 7-24　　　　　　　西北地区对外贸易分行业出口额

行业	2017 金额（万美元）	2017 占比（%）	2016	2015	2012
计算机、通信和其他电子设备制造业	355984.93	41.00	250367.44	210361.84	46474.58
皮革、毛皮、羽毛及其制品和制鞋业	97209.82	11.19	61058.70	66840.46	36529.04
纺织服装、服饰业	77248.68	8.90	65373.40	54046.21	62142.47
化学原料和化学制品制造业	38652.38	4.45	32790.23	32838.51	25051.97
电气机械和器材制造业	32307.23	3.72	22759.66	24215.73	17631.00
纺织业	32016.31	3.69	30968.25	28735.69	43234.59
非金属矿物制品业	26158.93	3.01	20697.23	26874.65	14673.40
金属制品业	18619.73	2.14	14054.38	22313.76	14017.41
通用设备制造业	18412.61	2.12	20114.03	17527.85	15465.64
汽车制造业	17853.08	2.06	14339.94	2267.71	19398.19
合计	714463.70	82.28	532523.26	486022.42	294618.29

数据来源：贸易额来自 EPS 数据库，占比按贸易额计算而得。

整体而言，西北地区前十位出口行业占比为 82.28%，与进口相比较，出口的行业结构较为分散，但高级化倾向较为明显，排名前十位的行业全部为制成品行业，特别是得益于陕西省计算机、通信和其他电子设备制造业出口占比的快速提升，使西北地区出口结构有了明显改善。

（二）各省区贸易的产品特征

1. 陕西省

陕西省进口主要集中在计算机、通信和其他电子设备制造业，专用设备制造业和通用设备制造业等行业（见表7-25）。计算机、通信和其他电子设备制造业的进口额一直位于陕西省进口额第一位，进口额从2012年的45985.17万美元增长到2017年205645.37万美元，年均增长率高达34.93%，2017年占比达到60.28%；专用设备制造业进口额2015年以来一直位于第二位，2017年进口额为24942.71万美元，比前两年有所下降，占比为7.31%；通用设备制造业2017年进口额23286.77万美元，占比为6.83%，位居第三。此外，黑色金属矿采选业和仪器仪表制造业2017年占比分别为3.63%和3.13%，排在第四位和第五位；其余五个行业占比均低于3%。值得一提的是，近年来，陕西省农业进口额上升较快，2017年进口额达到8123.68万美元，是2012年的10.19倍，占比上升至2.38%。

表7-25　　　　　　　　陕西省对外贸易分行业进口额

行业	2017 金额（万美元）	占比（%）	2016	2015	2012
计算机、通信和其他电子设备制造业	205645.37	60.28	197640.67	171122.67	45985.17
专用设备制造业	24942.71	7.31	38999.96	66251.99	11175.69
通用设备制造业	23286.77	6.83	13204.26	17092.05	19356.53
黑色金属矿采选业	12369.48	3.63	7614.37	7572.83	17274.49
仪器仪表制造业	10677.50	3.13	14544.59	21590.48	11481.96
化学原料和化学制品制造业	10089.22	2.96	10883.41	12412.60	5515.68
电气机械和器材制造业	8175.74	2.40	7036.55	7245.84	5904.32
农业	8123.68	2.38	3822.38	4437.43	796.91
医药制造业	7543.76	2.21	4855.30	5239.47	3741.95
有色金属矿采选业	6055.12	1.77	2839.46	3661.99	6133.23
合计	316909.35	92.90	301440.97	316627.35	127365.93

数据来源：贸易额来自EPS数据库，占比按贸易额计算而得。

整体而言，陕西省进口额行业集中度较高，排在前十位的行业占比达到 92.90%，其中计算机、通信和其他电子设备制造业进口的贡献超过了 60%。前十位行业中农业、采掘业等初级产品进口占比为 7.78%，其余均为制成品进口。

陕西省出口主要集中在计算机、通信和其他电子设备制造业（见表 7-26）。2012—2017 年，计算机、通信和其他电子设备制造业连续六年都位于分行业出口额排名第一的位置，出口在西北地区优势极为明显，约占西北地区该行业出口额的近 97%；出口额也不断扩大，从 2012 年的 41837.47 万美元增加至 2017 年的 344830.77 万美元，年均增长率高达 52.48%；占比从 2012 年的不足 40% 上升到 2017 年的 74.99%。在出口前十位的行业中，其余九个行业占比均低于 3%，其中排在第十位的金属制品业出口额占比不足 1%。

表 7-26　　　　　　　　陕西省对外贸易分行业出口额

行业	2017 金额（万美元）	2017 占比（%）	2016	2015	2012
计算机、通信和其他电子设备制造业	344830.77	74.99	237995.78	203940.22	41837.47
专用设备制造业	13428.99	2.92	30931.53	16465.94	8985.34
电气机械和器材制造业	12736.56	2.77	10397.91	10015.38	7636.54
非金属矿物制品业	11894.88	2.59	9850.37	10705.81	878.33
铁路、船舶、航空航天和其他运输设备制造业	10010.71	2.18	8556.77	9582.59	9104.07
汽车制造业	9737.30	2.12	7734.97	1648.54	11905.21
有色金属冶炼和压延加工业	8385.56	1.82	6456.06	7239.11	11040.36
化学原料和化学制品制造业	7217.37	1.57	5597.30	7702.22	8284.99
通用设备制造业	5837.96	1.27	5691.58	7581.51	6005.48
金属制品业	4364.14	0.95	3086.61	10782.77	2874.61
合计	428444.24	93.18	326298.88	285664.09	108552.40

数据来源：贸易额来自 EPS 数据库，占比按贸易额计算而得。

整体而言，陕西省进出口行业结构集中度极高，前十位行业出口额占比达到93.18%，其中3/4的出口来自计算机、通信和其他电子设备制造业；出口行业结构高级化特征明显，前十位行业均为制成品行业。同时，从进出口行业结构对比看，进出口行业间表现出一定的良性互动，高进口行业或高进口行业的相邻下游行业也贡献了较高的出口。

2. 甘肃省

甘肃省进口主要集中在有色金属矿采选业、有色金属冶炼和压延加工业及计算机、通信和其他电子设备制造业等行业（见表7-27）。有色金属矿采选业进口额2015年以来一直排在第一位，2017年进口额为38347.24万美元，占比高达57.64%，排名从2012年的第二位上升至第一位；仪器仪表制造业2017年比前两年大幅增长，进口额达到5946.96万美元，占比为8.94%，排在第二位；有色金属冶炼和压延加工业2017年进口额5478.79万美元，占比为8.24%，从2012年的第一位降至第三位；计算机、通信和其他电子设备制造业近年来进口增长较快，从2012年的1043.24万美元增至2017年的4653.56万美元，排名升至第四位；专用设备制造业、黑色金属冶炼和压延加工业2017年占比分别为4.66%和4.49%，排在第五位和第六位；其余四个行业占比均低于3%，其中，黑色金属矿采选业受供给侧改革的影响，进口额从2012年排名第三降至2017年的第十，占比降至0.65%。

表7-27　　　　　　　　甘肃省对外贸易分行业进口额

行业	2017 金额（万美元）	2017 占比（%）	2016	2015	2012
有色金属矿采选业	38347.24	57.64	20413.86	33145.19	42791.06
仪器仪表制造业	5946.96	8.94	934.52	834.50	1146.91
有色金属冶炼和压延加工业	5478.79	8.24	5475.08	10496.81	66504.15
计算机、通信和其他电子设备制造业	4653.56	7.00	4565.09	2733.53	1043.24
专用设备制造业	3099.98	4.66	2285.26	2210.80	3201.19
黑色金属冶炼和压延加工业	2984.86	4.49	1232.91	601.81	1823.93

续表

行业	2017 金额（万美元）	占比（%）	2016	2015	2012
文教、工美、体育和娱乐用品制造业	1553.15	2.33	0.07	11.44	—
化学原料和化学制品制造业	1326.19	1.99	321.07	594.77	422.31
通用设备制造业	959.57	1.44	4761.67	704.83	3238.97
黑色金属矿采选业	430.29	0.65	163.75	2471.37	18171.90
合计	64780.59	97.38	40153.28	53805.05	138343.66

数据来源：贸易额来自 EPS 数据库，占比按贸易额计算而得。

整体而言，甘肃省进口行业结构极为集中，2017 年前十位行业进口额占比高达 97.38%，其中有色金属矿采选业贡献了近 60%；进口中采掘工业和原材料工业占比超过 60%，表面上看，进口的行业结构具有一定的高级化特征，但实际上，一方面在大规模进口有色金属和黑色金属矿产品，另一方面又在大量进口其相邻的下游压延加工产品，进口结构很不合理。

甘肃省出口行业主要为计算机、通信和其他电子设备制造业，农业，化学原料和化学制品制造业（见表 7-28）。计算机、通信和其他电子设备制造业出口额一直表现出明显的增长势头，从 2012 年的 1866.48 万美元增长到 2017 年的 7184.50 万美元，年均增长率达到 30.94%，排名从第七位上升至第一位，占比上升至 23.24%；仪器仪表制造业与 2017 年的高进口相对应，出口额高达 5306.57 万美元，占比达 17.16%，排在第二位；农业出口稳定增长，2017 年出口额为 3394.82 万美元，占比为 10.98%，排在第三位；在 2017 年有色金属矿采选业、有色金属冶炼和压延加工业大规模进口的同时，有色金属冶炼和压延加工业出口额仅 1733.82 万美元，占比为 5.61%，排在第八位。

相对而言，甘肃省出口行业结构较为分散，2017 年前十位行业出口额占比合计为 88.20%，占比最高的行业不足 1/4，最低的行业也超过了 3%；出口结构整体水平较低，农业和原材料工业出口占比近 23%；进口与出口之间缺乏良性互动，高进口行业或高进口相邻下游行业对出口的贡献较小。

表7-28　　　　　　　甘肃省对外贸易分行业出口额

行业	2017 金额（万美元）	2017 占比（%）	2016	2015	2012
计算机、通信和其他电子设备制造业	7184.50	23.24	6620.62	4283.45	1866.48
仪器仪表制造业	5306.57	17.16	330.68	913.07	121.59
农业	3394.82	10.98	2185.24	2448.77	2147.99
化学原料和化学制品制造业	1959.22	6.34	2333.36	3510.42	2671.66
黑色金属冶炼和压延加工业	1900.96	6.15	1457.13	2164.04	1348.75
文教、工美、体育和娱乐用品制造业	1792.32	5.80	368.31	609.53	49.92
电气机械和器材制造业	1789.66	5.79	3659.17	5419.88	2913.94
有色金属冶炼和压延加工业	1733.82	5.61	3013.71	6957.75	2068.50
通用设备制造业	1236.43	4.00	3549.90	1765.03	2215.32
酒、饮料和精制茶制造业	968.41	3.13	659.76	730.63	7227.16
合计	27266.71	88.20	24177.88	28802.57	22631.31

数据来源：贸易额来自 EPS 数据库，占比按贸易额计算而得。

3. 宁夏回族自治区

宁夏回族自治区进口主要分布在化学原料和化学制品制造业、石油和天然气开采业、通用设备制造业等行业（见表7-29）。

表7-29　　　　　　宁夏回族自治区对外贸易分行业进口额

行业	2017 金额（万美元）	2017 占比（%）	2016	2015	2012
化学原料和化学制品制造业	12673.76	35.13	7261.87	627.00	2545.14
石油和天然气开采业	6551.70	18.16	1213.26	—	—
通用设备制造业	4319.98	11.98	3992.93	9345.72	5109.55
有色金属冶炼和压延加工业	3161.65	8.76	44.33	1.02	0.05
黑色金属矿采选业	2861.00	7.93	—	904.68	2210.46

续表

行业	2017 金额（万美元）	占比（%）	2016	2015	2012
专用设备制造业	2664.18	7.39	4704.41	8406.42	1829.31
仪器仪表制造业	1117.94	3.10	400.83	642.83	947.11
有色金属矿采选业	594.17	1.65	170.70	655.79	927.77
造纸和纸制品业	419.88	1.16	458.67	299.12	490.09
金属制品业	319.81	0.89	583.14	154.57	127.57
合计	34684.07	96.15	18830.14	21037.15	14187.05

数据来源：贸易额来自EPS数据库，占比按贸易额计算而得。

通用设备制造业在2012年和2015年都处于宁夏回族自治区进口额第一的位置，2016年后进口额和占比均有所下降，2017年占比为11.98%，排在第三位；化学原料和化学制品制造业的进口额从2012年的2545.14万美元逐步增长到2017年的12673.76万美元，于2016年开始跃居宁夏回族自治区进口额排名第一的位置，2017年占比超过总额的1/3；石油和天然气开采业、有色金属冶炼和压延加工业2017年进口大幅增长，占比分别为18.16%和8.76%，排位上升至第二位和第四位；黑色金属矿采选业、专用设备制造业、仪器仪表制造业2017年占比分别为7.93%、7.39%、3.10%，其余三个行业占比均低于3%。

整体而言，宁夏进口的行业结构也极为集中，2017年排名前十的行业占比高达96.15%，其中前五位行业占比近82%；进口结构较为合理，采掘工业和原材料工业占比近40%。

宁夏回族自治区出口行业主要集中在医药制造业、化学原料和化学制品制造业、有色金属冶炼和压延加工业等行业（见表7-30）。医药制造业的出口额从2012年的4053.13万美元增加至2017年的6052.78万美元，2016年跃居宁夏出口额第一位，2017年占比为15.76%；化学原料和化学制品制造业出口额稳定增长，2017年达到5829.18万美元，占比为15.18%，排位从2012年的第六位上升至第二位；有色金属冶炼和压延加工业2017年比2012年有明显增长，排位从第五上升至第三；非金属矿物制品业出口有所下降，从2012年的第二位降至2017年的第四位；纺织业出口额2015年曾排在第一位，近两年有所下降，2017年降至第五位；黑色金属冶炼和压延加工业2012年出口额排在第一位，2017年已降至第六位，占比下降到6.42%；食品制造业、橡胶和塑料制品业以及纺织服装、服饰业出口额与2012年相比，均有较大幅度增长，2017年占比位列第七至第九。

表7-30　　　　宁夏回族自治区对外贸易分行业出口额

行业	2017 金额（万美元）	占比（%）	2016	2015	2012
医药制造业	6052.78	15.76	6517.68	5063.13	4053.13
化学原料和化学制品制造业	5829.18	15.18	5185.05	5374.76	2800.15
有色金属冶炼和压延加工业	4634.06	12.06	6342.67	3944.86	3465.47
非金属矿物制品业	4180.19	10.88	3548.78	5851.87	4475.32
纺织业	3339.28	8.69	4711.72	6108.32	3902.55
黑色金属冶炼和压延加工业	2465.98	6.42	1819.84	4883.92	5044.21
食品制造业	1728.62	4.50	601.58	445.13	763.82
橡胶和塑料制品业	1700.12	4.43	1245.07	346.90	29.30
纺织服装、服饰业	1560.68	4.06	1156.40	2171.25	545.37
金属制品业	1243.11	3.24	798.87	2688.31	1268.71
合计	32734.00	85.22	31927.66	36878.45	26348.03

数据来源：贸易额来自EPS数据库，占比按贸易额计算而得。

纺织业的出口额从2012年的3902.55万美元下降到2017年的3339.28万美元，其间2015年达到峰值6108.32万美元，2017年占比仅8.69%。近年来宁夏回族自治区分行业出口额的波动幅度小，各行业间差距较为均衡，出口行业结构比较合理。

相比较而言，宁夏出口的行业结构较为分散，排名前十的行业中，最高不足20%，最低的也超过了3%；初级产品出口占比较低，制成品占比逐步上升，出口行业结构具有明显的高级化倾向。

4. 青海省

青海省进口主要分布在专用设备制造业、通用设备制造业、化学原料和化学制品制造业、黑色金属矿采选业等行业（见表7-31）。专用设备制造业的进口额从2012年的1369.38万美元增加到2017年的1675.50万美元，占比超过进口总额的1/2，从之前的第二位上升到第一位；黑色金属矿采选业2017年占比8.59%，排在第二位，比之前的排位有所上升；通用设备制造业2017年占比6.11%，从2015年的第一位降至第四位；计算机、通信和其他电子设备制造业进口额上升较快，2017年排名上升至第五位；有色金属矿采选业进口额从2012年的1866.45万美元迅速下降到2017年的95.07万美元，占比仅为2.90%，从2012年的第一位降至第八位。

表7-31　　　　　　青海省对外贸易分行业进口额

行业	2017 金额（万美元）	2017 占比（%）	2016	2015	2012
专用设备制造业	1675.50	51.19	496.89	455.38	1369.38
黑色金属矿采选业	281.30	8.59	—	238.61	483.13
仪器仪表制造业	223.59	6.83	229.43	169.71	135.30
通用设备制造业	200.00	6.11	188.24	1351.00	212.61
计算机、通信和其他电子设备制造业	162.56	4.97	2.21	50.51	48.78
农业	153.94	4.70	21.53	—	—
非金属矿物制品业	115.98	3.54	4.51	0.39	112.61
有色金属矿采选业	95.07	2.90	0.07	323.35	1866.45
化学原料和化学制品制造业	80.27	2.45	1209.35	122.42	841.66
畜牧业	65.61	2.00	—	334.49	132.56
合计	3053.82	93.28	2152.23	3045.86	5202.48

数据来源：贸易额来自EPS数据库，占比按贸易额计算而得。

整体而言，青海省进口行业较为集中，2017年排名前十的行业占比93.28%，其中专用设备制造业占比高达51.19%；农业、畜牧业、采掘业进口占比较高,接近20%。

青海省出口行业主要以有色金属冶炼和压延加工业,黑色金属冶炼和压延加工业,纺织服装、服饰业,化学原料和化学制品制造业为主(见表7-32)。有色金属冶炼和压延加工业的出口额从2012年的861.03万美元上升到2017年的1414.95万美元,并从2014年开始一直处于出口额行业排名第一的位置,2017年占比为21.53%;黑色金属冶炼和压延加工业的出口额从2012年的3071.69万美元下降到2017年的1362.62万美元,占比为20.74%,排名从2012年的第一位降至第二位;纺织服装、服饰业出口增长较快,2017年占比为17.77%,从2012年的第四位上升到第三位;纺织业出口比2012年翻番,占比从第六位上升至第四位。

表7-32　　　　　　　青海省对外贸易分行业出口额

行业	2017 金额(万美元)	2017 占比(%)	2016	2015	2012
有色金属冶炼和压延加工业	1414.95	21.53	984.51	1637.70	861.03
黑色金属冶炼和压延加工业	1362.62	20.74	429.52	1184.64	3071.69
纺织服装、服饰业	1167.43	17.77	129.59	1363.73	509.53
纺织业	660.75	10.06	134.62	297.08	306.54
化学原料和化学制品制造业	424.43	6.46	982.08	563.04	924.90
文教、工美、体育和娱乐用品制造业	356.38	5.42	420.51	442.85	362.75
皮革、毛皮、羽毛及其制品和制鞋业	193.89	2.95	—	296.73	0.36
农业	186.82	2.84	320.77	907.86	256.01
橡胶和塑料制品业	147.96	2.25	4.74	155.29	1.39
电气机械和器材制造业	115.46	1.76	6.87	286.63	166.66
合计	6030.69	91.78	3413.21	7135.55	6460.86

数据来源:贸易额来自EPS数据库,占比按贸易额计算而得。

整体而言,青海省出口行业分布较为分散,尽管2017年前十位行业占比合计超过90%，但占比最高的有色金属冶炼和压延加工业仅占21.53%；排名前十的行业中除农业占比2.84%外，其余行业均为制成品行业。

5. 新疆维吾尔自治区

新疆维吾尔自治区进口行业主要为石油和天然气开采业（见表7-33）。石油和天然气开采业进口额在2012—2017年稳定保持在第一名的位置，尽管进口额从2012年的372428.60万美元下降到2017年的263202.11万美元，但2017年占比仍超过4/5；造纸和纸制品业、有色金属冶炼和压延加工业进口近年来快速增长，2017年均超过1亿美元，占比分别为3.08%和3.07%，排在第二位和第三位；农业和专用设备制造业2017年占比分别为2.09%和2.04%，排在第四位和第五位，其余行业占比均低于2%。

表7-33　　　新疆维吾尔自治区对外贸易分行业进口额

行业	2017 金额（万美元）	占比（%）	2016	2015	2012
石油和天然气开采业	263202.11	80.12	269337.02	389901.88	372428.60
造纸和纸制品业	10126.49	3.08	3745.42	1848.31	—
有色金属冶炼和压延加工业	10091.60	3.07	5207.39	3803.73	581.97
农业	6876.25	2.09	3471.36	2382.20	6459.29
专用设备制造业	6717.43	2.04	8960.25	2601.95	5626.28
有色金属矿采选业	5838.38	1.78	74.61	605.52	860.94
通用设备制造业	4587.91	1.40	3579.70	9187.87	2964.04
化学原料和化学制品制造业	2900.99	0.88	2200.22	2515.40	1732.81
黑色金属矿采选业	2239.18	0.68	307.70	1679.76	11916.23
仪器仪表制造业	1971.39	0.60	1399.67	2428.95	1681.81
合计	314551.73	95.74	298283.34	416955.57	404251.97

数据来源：贸易额来自EPS数据库，占比按贸易额计算而得。

整体而言，新疆进口的行业分布极为集中，2017年排名前十位的行业占比合计为95.74%，占比最高的行业超过80%，有三个行业占比不足

1%；进口主要为初级产品，采掘业、农业占比接近 85%，进口结构较为合理。

新疆维吾尔自治区出口行业主要为皮革、毛皮、羽毛及其制品和制鞋业，纺织服装、服饰业，纺织业等（见表 7 - 34）。皮革、毛皮、羽毛及其制品和制鞋业近年来出口快速增长，2015 年占比上升到首位后，一直保持第一的位置，2017 年占比为 28.26%；纺织服装、服饰业出口额从 2012 年的 58027.91 万美元增加到 2017 年的 71680.29 万美元，占比为 21.55%，从 2012 年的第一位降至第二位；纺织业出口额 2017 年与 2012 年相比虽有所下降，但占比一直稳定在第三位；化学原料和化学制品制造业、电气机械和器材制造业出口额稳定增长，2017 年占比分别为 6.98% 和 5.24%，排在第四位和第五位，其余行业占比均低于 5%。

表 7 - 34   新疆维吾尔自治区对外贸易分行业出口额

行业	2017 金额（万美元）	2017 占比（%）	2016	2015	2012
皮革、毛皮、羽毛及其制品和制鞋业	93977.27	28.26	58240.89	62698.27	35692.90
纺织服装、服饰业	71680.29	21.55	56844.85	41160.30	58027.91
纺织业	24523.97	7.37	19941.01	16027.07	34089.89
化学原料和化学制品制造业	23222.17	6.98	18692.44	15688.08	10370.28
电气机械和器材制造业	17427.78	5.24	8167.14	7376.95	6255.67
金属制品业	12728.88	3.83	9277.68	7496.03	9749.21
通用设备制造业	10163.22	3.06	9062.20	6450.90	5401.85
文教、工美、体育和娱乐用品制造业	10160.93	3.05	1529.12	1143.50	1985.51
非金属矿物制品业	9522.70	2.86	5827.63	7160.89	7580.06
橡胶和塑料制品业	8939.36	2.69	4733.54	5162.95	5715.06
合计	282346.57	84.89	192316.5	170364.94	174868.34

数据来源：贸易额来自 EPS 数据库，占比按贸易额计算而得。

与进口的行业分布相比,新疆维吾尔自治区出口的行业结构较为分散,2017年排名前十的行业出口占比合计为84.89%,占比最高的行业不足30%,最低的行业也超过2%;排名前十的出口行业分布较为稳定,且全部为制成品行业,出口的行业结构较为合理。

第八章

中国西北地区对中亚贸易的区域和产业特征

一 中国西北地区对中亚五国贸易概况

从中国对全球贸易角度看,中亚五国并不是中国的主要贸易伙伴,在中国贸易总额中的占比2013年最高时为1.25%,2016年仅占0.80%。相反,中国是中亚五国的主要贸易伙伴,2016年,中国与中亚贸易额占中亚对全球贸易总额的23.95%,中国已成为哈萨克斯坦、土库曼斯坦的第一大贸易伙伴,乌兹别克斯坦、吉尔吉斯斯坦的第二大贸易伙伴,塔吉克斯坦的第三大贸易伙伴。丝绸之路经济带建设背景下,随着中国和中亚贸易便利化合作的进一步深化,中国和中亚五国贸易合作潜力巨大。

中国西北地区与中亚地理位置毗邻、语言文化相近,具有与中亚开展贸易合作的天然优势,在中国与中亚贸易中一直占据主导地位。2016年,中国与中亚贸易总额为300.71亿美元,其中西北地区进出口总额为193.24亿美元,占中国与中亚贸易总额的64.26%,2011年最高时达到69.37%,西北地区在中国与中亚贸易中表现出明显的优势。

(一) 整体贸易规模及增长状况

2009—2017年,西北地区和中亚五国的贸易总体呈现先快速增长,而后下降并平稳运行态势(见图8-1),其中2009—2010年处于贸易顺差阶段,2011年至2015年贸易状态发生转变,出现贸易逆差,2016年开始又出现小额贸易顺差。2017年与2009年相比,进口额、出口额、进出口总额分别从 39.55 亿美元、94.93 亿美元、134.48 亿美元增加到 103.69 亿美元、130.32 亿美元、234.01 亿美元，年平均增长率分别为 12.80%、4.04%、7.17%。

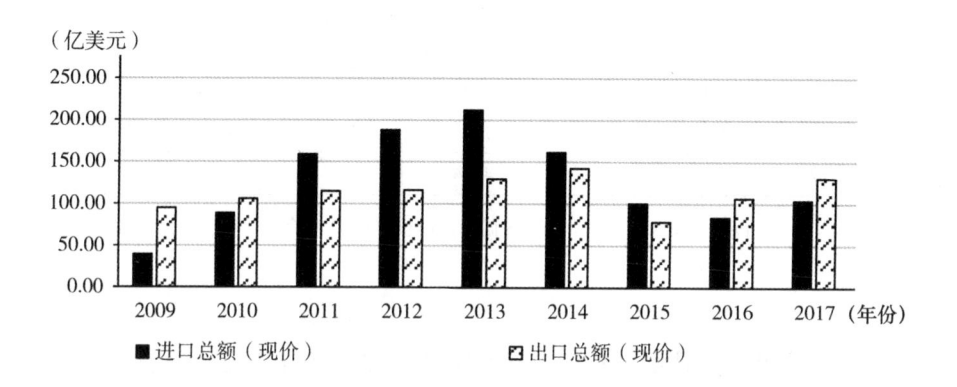

图 8-1　2009—2017 年西北地区对中亚五国进、出口额

数据来源：EPS 数据库。

2010 年以后，进口额曾出现爆发式增长（见表 8-1），出口额也在稳步提升，到 2017 年进口额、出口额和进出口总额增长率都恢复到 23% 左右，其中 2013 年进口额曾突破 210 亿美元，进出口总额突破 340 亿美元，均创历史最高水平；2016 年进口额为 83.69 亿美元，出口额为 106.44 亿美元，2017 年进口额为 103.69 亿美元，出口额为 130.32 亿美元，与 2013 年相比，进、出口额都有不同程度的下降。

表 8-1　2009—2017 年西北地区对中亚五国进出口总额及增长率

年份	进口（现价）总额（亿美元）	进口环比增长率（%）	出口（现价）总额（亿美元）	出口环比增长率（%）	进出口（现价）总额（亿美元）	进出口环比增长率（%）
2009	39.55	—	94.93	—	134.48	—
2010	88.98	124.99	105.88	11.54	194.86	44.91
2011	158.69	78.34	114.96	8.57	273.65	40.43
2012	188.09	18.52	116.15	1.04	304.24	11.18
2013	212.08	12.76	129.38	11.39	341.46	12.23
2014	161.50	-23.85	142.15	9.87	303.65	-11.07
2015	100.33	-37.88	78.38	-44.86	178.71	-41.15

续表

年份	进口（现价） 总额（亿美元）	进口（现价） 环比增长率（%）	出口（现价） 总额（亿美元）	出口（现价） 环比增长率（%）	进出口（现价） 总额（亿美元）	进出口（现价） 环比增长率（%）
2016	83.69	-16.59	106.44	35.80	190.13	6.39
2017	103.69	23.90	130.32	22.44	234.01	23.08
2009—2017年均	12.80%	—	4.04%	—	7.17%	—

数据来源：进出口总额数据来源于EPS数据库，增长率以"美元"为单位的总额数据计算而得。

可以看出，世界政治经济变化是影响西北地区与中亚地区贸易的主要因素，2014年之后受国际政治经济格局变化特别是贸易保护主义抬头、中亚经济衰退以及国内经济发展进入新常态等因素的影响，进口额、出口额均出现连续较大幅度的下降，2015年进口额环比下降37.88%，出口额环比下降44.86%，进出口总额环比下降41.15%；2017年贸易总额已低于2011年的水平。

（二）西北地区对中亚贸易的内部构成

1. 进出口总额

陕西省的经济发展水平在西北五省区中处于较高地位，但由于地理位置等外部因素的影响，与中亚五国的贸易往来并不频繁，近年来对中亚地区的进出口贸易额并不大，增长趋势不明显。陕西省对中亚进出口贸易总额在西北地区对中亚进出口贸易总额中的比例相对较低（见表8-2）。2009年陕西省进出口额在西北地区进出口总额中仅占1.33%，之后有所下降，2016年最低降至0.38%，2017年略有回升，为0.48%。

新疆维吾尔自治区在西北地区对中亚五国贸易发展中处于绝对优势地位，2009年新疆维吾尔自治区对中亚五国进出口额在西北地区对中亚进出口总额中占93.78%，之后还有所上涨，2012年和2013年时达到最高96.82%。从2009年开始进出口占比一直在90%以上，2017年占比为95.03%，比2009年上升了1.25个百分点，2009—2017年占比的算术平均值为95.43%。

表8-2 2009—2017年西北各省区在西北地区对中亚五国进出口中的占比

(单位：%)

年份	陕西省	甘肃省	宁夏区	青海省	新疆区
2009	1.33	4.71	0.05	0.13	93.78
2010	0.45	7.02	0.01	0.10	91.95
2011	0.41	3.95	0.00	0.31	95.41
2012	0.58	2.65	0.01	0.15	96.82
2013	0.58	2.41	0.05	0.19	96.82
2014	0.86	2.78	0.02	0.02	96.51
2015	0.68	1.95	0.04	0.01	96.54
2016	0.38	3.18	0.05	0.09	96.03
2017	0.48	4.55	0.05	0.05	95.03
2009—2017平均	0.64	3.69	0.03	0.12	95.43

数据来源：进、出口额数据来源于EPS数据库。

2009—2017年甘肃省对中亚五国进出口在西北地区的占比呈现先上升后下降的波动趋势，从2009年的4.71%快速上涨到2010年的7.02%，之后出现下降趋势，2015年达到最低占比1.95%，2017年回升至4.55%，2009—2017年占比的算术平均值为3.69%。

宁夏回族自治区和青海省对中亚五国进出口额在西北地区的占比波动幅度较小，其间分别于2013年达到最大值0.05%和0.19%。宁夏回族自治区2009年占比和2017年相差无几，2009—2017年占比的算术平均值为0.03%；青海省占比2009年为0.13%，2017年降为0.05%，2009—2017年占比的算术平均值也仅有0.12%。

2. 进口额

2009年陕西省自中亚五国进口额在西北地区自中亚进口总额中占0.12%，之后有所下降，2002—2005年占比几乎为0（见表8-3）。从2016年开始，进口占比有所回升，2017年达到0.16%，略高于2009年水平，2009—2017年占比的算术平均值仅为0.04%。

2009—2017年甘肃省进口占比整体呈现下降趋势，从15.45%下降到9.54%，其间2015年达到最低的2.16%。2009—2017年占比的算术平均值为7.47%。

表8-3 2009—2017年西北各省区在西北地区对中亚五国进口中的占比

(单位：%)

年份	陕西省	甘肃省	宁夏区	青海省	新疆区
2009	0.12	15.45	0.01	0.34	84.09
2010	0.04	15.14	0.02	0.20	84.59
2011	0.01	6.68	0.00	0.53	92.76
2012	0.00	4.16	0.00	0.20	95.63
2013	0.00	3.65	0.01	0.30	96.04
2014	0.00	4.64	0.01	0.03	95.32
2015	0.00	2.16	0.03	0.00	97.80
2016	0.04	5.82	0.05	0.01	94.12
2017	0.16	9.54	0.05	0.03	90.33
2009—2017平均	0.04	7.47	0.02	0.18	92.30

数据来源：进、出口额数据来源于EPS数据库。

2009—2017年宁夏回族自治区和青海省自中亚五国的进口额在西北地区自中亚进口贸易总额中的占比均较小，其间分别于2016年和2011年达到最大值0.05%和0.53%。宁夏回族自治区2009年0.01%的占比和2017年0.05%的占比相比有小幅上升，2009—2017年占比的算术平均值仅为0.02%；青海省2009年占比为0.34%，2017年降为0.03%，2009—2017年占比的算术平均值仅为0.18%。

2009年新疆维吾尔自治区自中亚五国进口额在西北地区自中亚进口总额中占比为84.09%，超过4/5，之后继续呈上升趋势，2015年最高增长至97.80%，到2017年占比下降到90.33%，但比2009年仍增加了6.24个百分点，2009—2017年占比的算术平均值高达92.30%。

3. 出口额

从出口占比来看（见表8-4），新疆维吾尔自治区对中亚五国出口额在西北地区对中亚出口中的占比一直位居第一，2009年占比高达97.81%，之后不断上升，2011年最高为99.07%，其间一直保持在97%以上，具有绝对优势。2017年比2009年增加了0.96个百分点，其间占比的算术平均值为97.88%。

表 8-4 2009—2017 年西北各省区在西北地区对中亚五国出口中的占比

(单位%)

年份	陕西省	甘肃省	宁夏区	青海省	新疆区
2009	1.83	0.23	0.07	0.05	97.81
2010	0.79	0.20	0.01	0.01	98.13
2011	0.96	0.17	0.01	0.01	99.07
2012	1.52	0.21	0.02	0.07	98.74
2013	1.54	0.38	0.12	0.02	98.11
2014	1.83	0.68	0.03	0.01	97.88
2015	1.56	1.69	0.04	0.03	94.91
2016	0.65	1.11	0.06	0.15	97.52
2017	0.73	0.58	0.05	0.07	98.77
2009—2017 年均	1.27	0.58	0.04	0.05	97.88

数据来源：进、出口额数据来源于 EPS 数据库。

2009 年陕西省对中亚出口额在西北地区对中亚出口总额中占 1.83%，之后有所下降，2014 年又恢复到 2009 年水平，其间内占比最低为 2016 年的 0.65%，2017 年回升到 0.73%，依旧低于 2009 年，2009—2017 年占比的算术平均值为 1.27%。甘肃省对中亚五国出口额在西北地区的占比多数年份位居第三，排在新疆维吾尔自治区和陕西省之后，2009 年占比为 0.23%，2017 年上升至 0.58%，其间仅有 2015 年和 2016 年占比高于 1%，算术平均值为 0.58%。

宁夏回族自治区对中亚五国的出口占比在大多数年份维持在 0.05% 左右，2009 年至 2017 年的算术平均值仅 0.04%，2017 年为 0.05%，比 2009 年下降了 0.02 个百分点；青海省 2009 年出口占比为 0.05%，之后一直呈现小幅度波动，出口占比大多数年份维持在 0.05% 左右，个别年份只有 0.01%，至 2017 年也仅为 0.07%，比 2009 年上涨了 0.02 个百分点，其间算术平均值为 0.05%。

(三) 西北地区对中亚贸易的国别分布

从进口看，西北地区自中亚五国进口额排名变动较小，最大的贸易伙伴为哈萨克斯坦和土库曼斯坦（见表8-5）。哈萨克斯坦2010年为西北地区自中亚进口额排名第一的国家，进口额74.82亿美元，占84.00%，远高于其他国家，2015年和2016年分别下降到23.74%和23.79%，进口额从2010年的74.82亿美元下降到2016年的20.02亿美元。2010年以来，西北地区自土库曼斯坦进口额快速上升，并成为西北地区在中亚的第一大进口来源国，2010年、2015年和2016年进口占比分别为11.35%、71.14%和65.17%。自乌兹别克斯坦的进口额占比也有所上升，2016年已超过10%。相比之下，自吉尔吉斯斯坦和塔吉克斯坦的进口一直较少，占比排在最后两位。

表8-5　　　　　　　　西北地区对中亚各国进口额及占比

排名	2010 国别	进口（亿美元）	比重（%）	2015 国别	进口（亿美元）	比重（%）	2016 国别	进口（亿美元）	比重（%）
1	哈萨克	74.82	84.00	土库曼	76.90	71.14	土库曼	54.85	65.17
2	土库曼	10.11	11.35	哈萨克	25.66	23.74	哈萨克	20.02	23.79
3	乌兹别克	3.25	3.65	乌兹别克	5.02	4.64	乌兹别克	8.61	10.23
4	吉尔吉斯	0.69	0.77	吉尔吉斯	0.36	0.33	吉尔吉斯	0.62	0.73
5	塔吉克	0.20	0.23	塔吉克	0.16	0.15	塔吉克	0.05	0.07

数据来源：EPS数据库。

从出口看，西北地区对中亚的主要出口国一直为哈萨克斯坦，但有向其他国家扩散的趋势。2010年、2015年和2016年西北地区向哈萨克斯坦的出口额分别占向中亚出口额的63.08%、53.34%和36.56%（见表8-6），尽管占比有所下降，但一直排在第一位；对塔吉克斯坦的出口额逐年上升，从2010年的10.22亿美元增加到2016年的55.66亿美元，排名取代吉尔吉斯斯坦，从第三位上升到第二位；第三大出口去向国为吉尔吉斯斯坦，2010年、2015年和2016年分别占西北地区向中亚出口总额的23.60%、29.26%和25.55%；对乌兹别克斯坦和土库曼斯坦的出口一直较小。

表8-6　　　　　　　西北地区对中亚各国出口额及所占比重

排名	2010 国别	出口（亿美元）	比重（%）	2015 国别	出口（亿美元）	比重（%）	2016 国别	出口（亿美元）	比重（%）
1	哈萨克	66.93	63.08	哈萨克	50.55	53.34	哈萨克	55.70	36.56
2	吉尔吉斯	25.04	23.60	吉尔吉斯	27.73	29.26	塔吉克	55.66	36.54
3	塔吉克	10.22	9.64	塔吉克	12.99	13.71	吉尔吉斯	38.93	25.55
4	乌兹别克	2.78	2.62	乌兹别克	2.22	2.35	乌兹别克	1.74	1.15
5	土库曼	1.13	1.07	土库曼	1.27	1.34	土库曼	0.31	0.20

数据来源：EPS数据库。

二　中国西北地区对中亚贸易的区域特征

（一）陕西省

2009—2017年，陕西省对中亚五国的进出口贸易前期呈现增长趋势，规模也在不断扩大，2014年进出口贸易总额达到26067万美元，而从2015年开始迅速下降，2017年贸易规模仍低于2009年（见表8-7）。

表8-7　　　　　　　陕西省对中亚五国进出口总额及增长率

年份	进口（现价）总额（百万美元）	环比增长率（%）	出口（现价）总额（百万美元）	环比增长率（%）	进出口（现价）总额（百万美元）	环比增长率（%）
2009	4.72		174.16		177.88	
2010	3.19	-32.34	83.78	-51.89	86.97	-51.38
2011	1.02	-68.15	110.72	32.16	111.74	28.48
2012	0.21	-79.35	176.89	59.75	177.10	58.49
2013	0.00	-100.00	199.25	12.64	199.25	12.51
2014	0.00	—	260.67	30.83	260.67	30.83
2015	0.00	—	122.37	-53.05	122.37	-53.05
2016	3.61	—	69.00	-43.62	72.61	-40.67
2017	16.80	365.27	95.23	38.02	112.03	54.30
2009—2017年均	17.21%	—	-7.27%	—	-5.68%	—

数据来源：进、出口额数据来源于EPS数据库。

整体来看，陕西省对中亚五国进口额和出口贸易额均较小，但增长率波动幅度较大。从进口看，2009年陕西省对中亚五国进口总额为472万美元，之后几年大幅下降，2013—2015年连续三年为0，2017年又出现大幅增长并创历史新高，达到1680万美元。从出口看，2009年陕西省对中亚五国出口总额为17416万美元，2014年首次突破2亿美元，达到26067万美元，之后两年又出现较大幅度下降，2017年达到9523万美元，虽比2016年有较大幅度增长，但仍大大低于2009年进口额，仅相当于2009年的54.68%。

从增长率看（见表8-7），2009—2017年进口额、出口额、进出口总额年平均增长率分别为17.21%、-7.27%、-5.68%，进口额年平均增长率为正主要得益于2017年的快速增长；在整个时间段内，进口额、出口额、进出口总额均出现巨幅波动，不少年份增长率超过±50%。

分国别来看，陕西省与中亚贸易主要表现为与哈萨克斯坦的贸易（见表8-8），2009—2017年，进口额、出口额、进出口总额均有所增长，分别从472万美元、4997万美元和5469万美元增加到1653万美元、5239万美元和6892万美元，平均增长率分别为16.96%、0.59%、2.93%，其中2014年出口和进出口总额达到12789万美元。2017年，进口额、出口额、进出口总额分别占陕西省对中亚贸易的98.39%、55.01%、61.51%。

表8-8　2009—2017陕西省对哈萨克斯坦进出口总额及增长率

年份	进口（现价）总额（百万美元）	环比增长率（%）	出口（现价）总额（百万美元）	环比增长率（%）	进出口（现价）总额（百万美元）	环比增长率（%）
2009	4.72		49.97		54.69	
2010	2.98	-36.90	43.52	-12.92	46.50	-14.99
2011	1.02	-65.85	73.36	68.59	74.38	59.98
2012	0.21	-79.35	109.98	49.91	110.19	48.14
2013	0.00	-100.00	104.02	-5.42	104.02	-5.60
2014	0.00	—	127.89	22.94	127.89	22.94
2015	0.00	—	9.88	-92.27	9.88	-92.27

续表

年份	进口（现价） 总额（百万美元）	进口（现价） 环比增长率（%）	出口（现价） 总额（百万美元）	出口（现价） 环比增长率（%）	进出口（现价） 总额（百万美元）	进出口（现价） 环比增长率（%）
2016	3.61	—	36.22	266.52	39.83	303.04
2017	16.53	357.82	52.39	44.63	68.92	73.01
2009—2017年均	16.96%	—	0.59%	—	2.93%	—

数据来源：进、出口额数据来源于EPS数据库，增长率以"美元"为单位的总额数据计算而得。

与中亚其他四个国家的贸易主要表现为陕西省的出口，除2010年分别从吉尔吉斯斯坦和土库曼斯坦进口约1.5万美元和20万美元外，其余年份对四个国家的进口额均为0。2009年至2017年，对吉尔吉斯斯坦的出口额从303万美元增加到1525万美元，年平均增长率高达22.37%；对塔吉克斯坦的出口额从420万美元增加到1032万美元，年平均增长11.89%，其间，2014年出口额曾达到5784万美元；对土库曼斯坦的出口额从3781万美元下降到183万美元，其间波动幅度巨大，最高的2015年曾达到7689万美元，最低的2011年和2016年仅140万美元左右；对乌兹别克斯坦的出口额从7915万美元下降到1545万美元，平均增长率为-18.47%，最低的2016年为925万美元。

（二）甘肃省

2009—2017年，甘肃省对中亚五国贸易主要表现为甘肃进口，进口额和出口额波动幅度均较大，2009—2010年呈现增长趋势，规模扩大较为迅速，2010年进出口贸易总额增长率达到116.25%（见表8-9），而2011年、2012年、2015年出现较大幅度下降，从2016年开始又有所回升，2017年进出口总额为10.66亿美元。2015年甘肃省对中亚五国出口额首次突破1亿美元，相对于进口，出口相对较小，但总体呈增长状态；进口额从2011年开始一直呈下降状态，近两年又出现快速增长，2017年达到9.90亿美元。

表8-9　2009—2017年甘肃省对中亚五国进出口总额及增长率

年份	进口（现价）总额（亿美元）	环比增长率（%）	出口（现价）总额（亿美元）	环比增长率（%）	进出口（现价）总额（亿美元）	环比增长率（%）
2009	6.11		0.22		6.33	
2010	13.47	120.54	0.22	-2.45	13.69	116.25
2011	10.61	-21.28	0.20	-8.08	10.81	-21.07
2012	7.83	-26.20	0.24	22.59	8.07	-25.30
2013	7.75	-1.01	0.49	101.91	8.24	2.08
2014	7.49	-3.35	0.97	97.40	8.46	2.65
2015	2.17	-71.02	1.32	36.54	3.49	-58.71
2016	4.87	124.43	1.19	-10.26	6.06	73.45
2017	9.90	103.22	0.76	-35.76	10.66	76.00
2009—2017年均	6.22%	—	16.74%	—	6.73%	—

数据来源：进、出口额数据来源于EPS数据库，增长率以"美元"为单位的总额数据计算而得。

整体而言，甘肃省对中亚贸易呈增长状态，2017年与2009年相比，进口额、出口额、进出口总额年平均增长率分别为6.22%、16.74%、6.73%，进出口总额2010年达到峰值13.69亿美元，而2015年谷值仅为3.49亿美元。从贸易差额看，甘肃省对哈萨克斯坦贸易一直表现为巨大贸易逆差。2012年之后，甘肃省对哈萨克斯坦之外的其他四国出口出现明显增长，且呈现小幅贸易顺差状况。

分国别看，甘肃省对中亚贸易主要来自哈萨克斯坦，2009—2017年，进出口总额在波动中有所增长，从2009年的6.18亿美元增加到2017年的10.12亿美元（见表8-10），年均增长率为6.36%，其中进口在进出口总额中的占比最高时将近99%（2012年），最低时也超过70%（2015年）；出口占比一直较小，但2013年以来增长较快，2017年与2009年相比，出口额年平均增长率为17.98%。与吉尔吉斯斯坦贸易主要表现为甘肃省出口，进口微乎其微，2013年进口额峰值为748万美元，进出口总额在2016年达到近年来峰值0.42亿美元，2017年有所减少，总体来看贸易发展处于较低水平。与塔吉克斯坦、土库曼斯坦、乌兹别克斯坦贸易中，进口额在绝大多数年份均不足百万美元，但出口额基本在百万美元以上，且近年来增长较快，2017年与2009年相比，对塔、土年平均增长率分别高达22.22%、25.54%，对乌出口受2017年大幅下降影响，年均增长率为-3.64%。

表8-10　2009—2017年甘肃省对哈萨克斯坦进出口总额及增长率

年份	进口（现价）总额（亿美元）	进口（现价）环比增长率（%）	出口（现价）总额（亿美元）	出口（现价）环比增长率（%）	进出口（现价）总额（亿美元）	进出口（现价）环比增长率（%）
2009	6.11		0.07		6.18	
2010	13.47	120.56	0.13	81.97	13.60	120.12
2011	10.57	-21.56	0.13	-1.99	10.70	-21.37
2012	7.77	-26.43	0.07	-41.12	7.84	-26.60
2013	7.67	-1.30	0.22	197.69	7.89	0.60
2014	7.49	-2.41	0.22	-0.84	7.71	-2.37
2015	2.16	-71.13	0.78	252.97	2.94	-61.84
2016	4.81	122.30	0.51	-34.67	5.32	80.69
2017	9.85	104.91	0.27	-47.49	10.12	90.31
2009—2017年均	6.16%	—	17.98%	—	6.36%	—

数据来源：进、出口额数据来源于EPS数据库，增长率以"美元"为单位的总额数据计算而得。

（三）宁夏回族自治区

宁夏回族自治区对中亚贸易总体发展水平较低，进、出口额均相对较小，且基本呈顺差状态。2009—2017年，进出口总额超过千万美元的年份仅有2013年、2017年（见表8-11），其间年平均增长率为6.95%。其中，出口额除2010年和2011年外均在百万美元以上，2013年曾出现大幅增长，并突破千万美元，之后又有所回落，2017年出口额约为613万美元，与2009年大体相当；进口额除2009年、2011年、2012年不足百万美元外，其他年份在百万美元以上，且2013年以来增长较快，2017年约为542万美元，受初值较小影响，年平均增长率高达43.07%。

表8-11　2009—2017年宁夏回族自治区对中亚五国进出口总额及增长率

年份	进口（现价）总额（亿美元）	环比增长率（%）	出口（现价）总额（亿美元）	环比增长率（%）	进出口（现价）总额（亿美元）	环比增长率（%）
2009	0.31		6.44		6.74	
2010	1.57	408.15	0.97	-84.90	2.54	-62.34
2011	0.10	-93.82	0.92	-5.36	1.02	-59.97
2012	0.26	172.25	2.63	186.17	2.90	184.84
2013	1.37	417.82	15.38	484.25	16.75	478.21
2014	2.08	51.99	4.35	-71.70	6.43	-61.61
2015	3.46	66.61	3.35	-23.02	6.81	5.92
2016	3.88	12.22	5.88	75.52	9.76	43.38
2017	5.42	39.61	6.13	4.14	11.54	18.24
2009—2017年均	43.07%	—	-0.61%	—	6.95%	—

数据来源：进、出口额数据来源于EPS数据库，增长率以"美元"为单位的总额数据计算而得。

相对于其他四个国家而言，宁夏与哈萨克斯坦贸易金额最大，进出口总额在2009—2013年逐步增长，从2009年的465万美元增加到2013年的1440万美元，2013年环比增长率高达701.48%。2014年后下降到500万美元左右，2017年达到706万美元。2009—2017年进口额、出口额、进出口总额年平均增长率分别为43.07%、-11.42%、5.36%。自其他四国基本没有进口，2017年对塔、乌出口大体在200万美元左右。

（四）青海省

青海省对中亚五国贸易在西北地区中略高于宁夏。进口额在2009—2011年出现较大幅度增长（见表8-12），2011年达到峰值的8459万美元，从2014年开始出现大幅下滑，并降到千万美元以下，其中2015年进口额为0，2017年仅为363万美元，与2009年相比，年均增长率为-15.05%。

表 8-12　　2009—2017 年青海省对中亚五国进出口总额及增长率

年份	进口（现价）总额（亿美元）	进口（现价）环比增长率（%）	出口（现价）总额（亿美元）	出口（现价）环比增长率（%）	进出口（现价）总额（亿美元）	进出口（现价）环比增长率（%）
2009	13.38		4.43		17.81	
2010	17.56	31.26	1.26	-71.57	18.82	5.67
2011	84.59	381.83	1.51	19.70	86.10	357.58
2012	37.06	-56.18	8.21	444.57	45.27	-47.41
2013	63.98	72.62	2.30	-72.04	66.28	46.38
2014	5.42	-91.52	1.49	-35.29	6.91	-89.57
2015	0.00	-100.00	2.46	65.34	2.46	-64.44
2016	1.09	—	16.40	567.72	17.49	612.02
2017	3.63	233.29	8.80	-46.37	12.43	-28.97
2009—2017 年均	-15.05%	—	8.95%	—	-4.40%	—

数据来源：进、出口额数据来源于 EPS 数据库，增长率以"美元"为单位的总额数据计算而得。

出口额除 2016 年外，一直不到千万美元，且多数年份在 500 万美元以下。2016 年曾达到 1640 万美元。创历史新高，2017 年有所下降，为 880 万美元。与 2009 年相比，年均增长率为 8.95%。

进出口总额在 2009—2011 年受进口大幅增长影响，曾出现快速增长，2011 年达到 8610 多万美元的峰值，之后有所下降。特别是 2014 年以来受进口巨幅下跌影响出现快速萎缩，2014 年、2015 年曾降至千万美元以下，2016 年和 2017 年略有回升，2017 年为 1243 万美元，低于 2009 年水平，年均增长率为 -4.40%。

整体而言，青海省与中亚各国进出口贸易数量小且波动幅度巨大，2009—2014 年一直为贸易逆差，2014 年之后，在进口额大幅下降的影响下，出现小幅贸易顺差。

分国家看，2009—2011 年哈萨克斯坦是青海省在中亚的主要贸易伙伴，进出口总额占青海省对中亚贸易总额的一半以上，从 2012 年开始，贸易逐步向其他四个国家扩散，哈萨克斯坦占比明显下降。2017 年与 2009 年相比，进口额、出口额、进出口总额均出现明显下降，年平均增长率分别为-19.06%、-37.10%、-22.42%（见表8-13）。青海省在2009—2011年自吉尔吉斯斯坦有少量进口，2016年和2017年分别为624万美元和827万美元，其他年份基本没有贸易。对塔吉克斯坦在2011—2013年的进口额分别为2722万美元、2039万美元、5291万美元，其他年份贸易额均很小。对土库曼斯坦和乌兹别克斯坦在个别年份仅有百万美元左右的贸易额。

表8-13　2009—2017年青海省对哈萨克斯坦进出口总额及增长率

年份	进口（现价）总额（亿美元）	环比增长率（%）	出口（现价）总额（亿美元）	环比增长率（%）	进出口（现价）总额（亿美元）	环比增长率（%）
2009	8.56		4.24		12.80	
2010	5.12	-40.19	0.91	-78.51	6.03	-52.89
2011	43.27	745.09	0.27	-70.06	43.54	621.81
2012	16.23	-62.48	0.24	-11.07	16.47	-62.16
2013	10.49	-35.38	0.83	243.02	11.32	-31.27
2014	5.33	-49.23	0.21	-74.79	5.54	-51.11
2015	0.00	-100.00	1.47	601.12	1.47	-73.39
2016	0.84	—	6.34	330.37	7.18	387.64
2017	1.58	86.85	0.10	-98.36	1.68	-76.61
2009—2017年均	-19.06%	—	-37.10%	—	-22.42%	—

数据来源：进、出口额数据来源于EPS数据库，增长率以"美元"为单位的总额数据计算而得。

（五）新疆维吾尔自治区

2009—2017年，新疆维吾尔自治区对中亚五国的进出口贸易前期呈现增长趋势，2013年进出口贸易总额达到330.62亿美元，而从2014年开始下降，2017年回升至222.39亿美元（见表8-14）。新疆维吾尔自治区一直是中国西北地区乃至全国对中亚五国贸易规模最大的区域，进出口贸易额波动幅度相对较小，2017年与2009年相比，进出口总额年均增长率为7.35%。

表 8-14 2009—2017 年新疆维吾尔自治区对中亚五国进出口总额及增长率

年份	进口（现价）总额（亿美元）	进口 环比增长率（%）	出口（现价）总额（亿美元）	出口 环比增长率（%）	进出口（现价）总额（亿美元）	进出口 环比增长率（%）
2009	33.26		92.85		126.11	
2010	75.27	126.33	103.90	11.90	179.17	42.08
2011	147.21	95.57	113.90	9.62	261.11	45.73
2012	179.88	22.19	114.69	0.70	294.57	12.82
2013	203.68	13.23	126.94	10.68	330.62	12.24
2014	153.94	-24.42	139.13	9.60	293.07	-11.36
2015	98.12	-36.26	74.39	-46.53	172.51	-41.14
2016	78.77	-19.73	103.80	39.54	182.57	5.83
2017	93.67	18.92	128.72	24.00	222.39	21.81
2009—2017 年均	13.82%	—	4.17%	—	7.35%	—

数据来源：进、出口额数据来源于 EPS 数据库，增长率以"美元"为单位总额数据计算而得。

对中亚进口额在 2013 年之前快速增长，并于当年达到 203.68 亿美元的峰值，之后出现一定幅度下滑，2017 年为 93.67 亿美元，与 2009 年相比，年均增长率为 13.82%。对中亚出口额在 2009—2014 年一直保持稳定增长状态，2010 年突破 100 亿美元，2014 年达到 139.13 亿美元的峰值，2015 年出现较大幅度下降，2016 年和 2017 年有所恢复，分别达到 103.80 亿美元和 128.72 亿美元，2009—2017 年年平均增长率为 4.17%。整体而言，新疆对中亚贸易在 2009 年和 2010 年为顺差，之后出现连续 5 年的贸易逆差，2016 年和 2017 年又出现较大幅度的顺差。

分国别看，新疆与哈萨克斯坦贸易规模最大，进口额在 2009—2013 年逐步增长，从 2009 年的 32.08 亿美元增长到 2013 年的 103.95 亿美元（见表 8-15），2014 年以后出现较大幅度下降，2017 年进口额仅为 19.98 亿美元，与 2009 年相比，年均增长率为 -5.75%；出口方面，2009—2017 年逐步上升，其间波动幅度较小，2017 年达到 78.27 亿美元，与 2009 年相比，年均增长率为 5.22%；2009—2017 年进出口总额年平均增长率仅为 1.95%。

与吉尔吉斯斯坦贸易主要表现为新疆出口,一直呈贸易顺差状态,进口额一直在 1 亿美元以下,2011 年达到峰值的 0.72 亿美元(见表 8 - 16);出口额一直保持在 20 亿美元以上,从 2009 年的 29.45 亿美元逐步增长至 2017 年的 38.76 亿美元,并创历史新高;2009—2017 年进口额、出口额、进出口总额年平均增长率分别为 4.62%、3.50%、3.51%。

表 8 - 15 2009—2017 年新疆维吾尔自治区对哈萨克斯坦进出口总额及增长率

年份	进口(现价)总额(亿美元)	环比增长率(%)	出口(现价)总额(亿美元)	环比增长率(%)	进出口(现价)总额(亿美元)	环比增长率(%)
2009	32.08		52.09		84.17	
2010	61.16	90.65	65.72	26.17	126.88	50.74
2011	96.08	57.10	61.67	-6.16	157.75	24.32
2012	90.91	-5.38	64.18	4.07	155.09	-1.69
2013	103.95	14.35	75.47	17.59	179.42	15.69
2014	49.43	-52.45	81.93	8.56	131.36	-26.78
2015	21.45	-56.61	41.36	-49.52	62.81	-52.19
2016	14.98	-30.16	52.75	27.54	67.73	7.83
2017	19.98	33.38	78.27	48.38	98.25	45.06
2009—2017 年均	-5.75%	—	5.22%	—	1.95%	—

数据来源:进、出口额数据来源于 EPS 数据库,增长率以"美元"为单位的总额数据计算而得。

与塔吉克斯坦进口贸易在多数年份不足千万美元,出口额 2009 年为 8.51 亿美元,之后到 2016 年一直在 10 亿美元以上,2014 年曾达到约 18 亿美元,2017 年降至 9.53 亿美元;2009—2017 年进口额、出口额、进出口总额年平均增长率分别为 0.45%、1.42%、1.42%。

与土库曼斯坦贸易主要表现为新疆进口,一直维持较大数额的贸易逆差。进口额 2009 年仅为 0.11 亿美元,2010 年突破 10 亿美元,2014 年达到峰值 94.43 亿美元,之后有所下降,2017 年为 65.36 亿美元;出口额仅 2013 年超过 1 亿美元,2017 年仅 0.20 亿美元;2009—2017 年进口额、出口额、进出口总额年平均增长率分别为

122.39%、-11.41%、78.06%。

表8-16 2009—2017年新疆维吾尔自治区与中亚其他四国进、出口总额

(单位：亿美元)

年份	吉尔吉斯斯坦		塔吉克斯坦		土库曼斯坦		乌兹别克斯坦	
	进口额	出口额	进口额	出口额	进口额	出口额	进口额	出口额
2009	0.40	29.45	0.04	8.51	0.11	0.54	0.63	2.26
2010	0.61	24.65	0.15	10.14	10.11	0.93	3.24	2.45
2011	0.72	34.09	0.10	15.89	46.60	0.61	3.71	1.63
2012	0.40	35.66	0.20	12.21	85.15	0.82	3.23	1.83
2013	0.35	33.77	0.08	14.18	87.95	1.08	11.35	2.44
2014	0.37	35.60	0.09	17.99	94.43	0.96	9.62	2.65
2015	0.32	21.01	0.10	10.19	71.82	0.37	4.43	1.47
2016	0.60	37.63	0.05	11.65	54.85	0.28	8.29	1.48
2017	0.57	38.76	0.04	9.53	65.36	0.20	7.72	1.95
2009—2017年均（%）	4.62	3.50	0.45	1.42	122.39	-11.41	36.86	-1.85

数据来源：进、出口额数据来源于EPS数据库，增长率以"美元"为单位的总额数据计算而得。

与乌兹别克斯坦贸易总量相对较小，仅2013年和2014年超过10亿美元，除2009年外，其他年份均为贸易逆差；2009—2017年进口额、出口额、进出口总额年平均增长率分别为36.86%、-1.85%、16.30%。

三 中国西北地区对中亚贸易的行业特征

（一）整体贸易的行业结构

西北地区与中亚贸易的进口行业主要集中在石油和天然气开采、金属矿采选、金属冶炼和压延加工等几个重化工业行业（见表8-17），其中石油和天然气开采业进口额一直位于西北地区自中亚进口行业排名第一，2010年进口额超过63亿美元，2015年甚至高达92亿多美元，2017年占比为79.64%，超过总额的2/3；有色金属矿采选业和黑色金属矿采

选业在西北地区自中亚进口中也一直占据重要位置，2010 年黑色和有色金属矿采选业进口额分别位居第二和第三，近年来有色金属矿采选业进口份额明显上升，而黑色金属矿采选业进口份额则大幅下降，2017 年两者占比分别为 10.69% 和 0.78%，分别排在第二位和第六位；有色和黑色金属冶炼和压延加工业也是西北地区自中亚的主要进口行业，2010 年进口额分别排在第六位和第七位，2017 年分别排在第三位和第五位，占比为 3.83% 和 1.25%；农业进口额 2010 年排在第五位，2017 年尽管进口额有所下降，但排名上升到第四位，占比为 1.84%。

表 8-17　　　　西北地区自中亚五国进口额排名前十位行业

行业	2017 金额（万美元）	2017 占比（%）	2016	2015	2010
石油和天然气开采业	825763.89	79.64	712815.96	925879.84	630784.26
有色金属矿采选业	110849.17	10.69	42926.73	22696.77	57189.53
有色金属冶炼和压延加工业	39663.62	3.83	23354.23	13966.38	30802.58
农业	19077.08	1.84	12463.66	11846.39	32391.02
黑色金属冶炼和压延加工业	12963.01	1.25	18177.46	6886.94	22078.22
黑色金属矿采选业	8105.55	0.78	6215.79	2497.47	87066.60
皮革、毛皮、羽毛及其制品和制鞋业	4800.69	0.46	5218.54	4717.76	39486.55
农副食品加工业	4712.49	0.45	2498.97	1565.66	1469.04
石油、炼焦及核燃料加工业	3934.12	0.38	1459.29	705.68	11065.60
牧业	2714.18	0.26	1777.14	2201.11	1371.19
合计	1032583.79	99.58	826907.76	992963.98	913704.59

数据来源：EPS 数据库。

整体而言，西北地区自中亚进口的行业集中度极高，排名前十位行业占比合计接近 100%，其中排名前五位行业占比合计超过 97%，除农业外全部为能源、金属矿产品和原材料等重工业产品；2017 年能源进口份额接近 4/5，金属矿产品份额超过 11%，原材料进口份额超过 5%。这种进口结构既与西北地区以石油加工和金属冶炼为主的工业结构有关，也更好地发挥

第八章 中国西北地区对中亚贸易的区域和产业特征

了中亚的资源禀赋，同时也说明中亚工业整体处于低水平发展状态。

西北地区对中亚主要出口行业为服装、服饰和制鞋、纺织等轻工业行业（见表8－18）。在2010—2017年西北地区对中亚五国分行业出口额排名中，纺织服装、服饰业出口额在多数年份都排在第一的位置，但数额呈现小幅下降趋势，从2010年的375835.84万美元迅速下降到2015年的139934.42万美元，2017年有所恢复，增长到334401.68万美元，占比为25.66%；皮革、毛皮、羽毛及其制品和制鞋业出口快速发展，出口额从2010年的158926.51万美元迅速增长到2017年的318193.55万美元，短时间内出口额几乎翻倍，排名从第三位上升至第二位，2017年占比为24.42%，与占比第一的行业份额相差无几；纺织业2010年出口额曾位居第二，2015年有较大幅度下降，2017年基本恢复到2010年水平，占比为12.45%，排在第三位；电气机械和器材制造业出口额稳定增长，2017年增长至近8亿美元，占比6.13%，排位从第七位上升至第四位；文教、工美、体育和娱乐用品制造业近年来出口快速增长，2017年为2010年的5倍多，占比5.17%，排名上升至第五位；其余五个行业占比均低于5%，但最低的也接近2%。

表8－18　　　　西北地区对中亚五国出口额排名前十位行业

行业	2017 金额（万美元）	2017 占比（%）	2016	2015	2010
纺织服装、服饰业	334401.68	25.66	305097.44	139934.42	375835.84
皮革、毛皮、羽毛及其制品和制鞋业	318193.55	24.42	249819.22	216585.74	158926.51
纺织业	162286.23	12.45	130455.74	79654.30	162454.89
电气机械和器材制造业	79880.19	6.13	59919.24	43292.63	30507.04
文教、工美、体育和娱乐用品制造业	67353.10	5.17	21865.32	8635.92	12380.22
通用设备制造业	50600.15	3.88	51579.41	27327.20	16954.79
交通运输设备制造业	44526.36	3.42	39287.02	36572.79	41633.25

续表

行业	2017 金额（万美元）	占比（%）	2016	2015	2010
金属制品业	43296.20	3.32	42057.45	44280.43	43240.17
非金属矿物制品业	27437.46	2.11	29233.44	33636.55	53066.70
橡胶制品业	25407.10	1.95	15573.31	13772.93	3383.41
合计	1153382.03	88.50	944887.60	643692.91	898382.82

数据来源：EPS 数据库。

整体而言，西北地区对中亚五国出口行业的分布较为分散，2017年排名前十位行业占比合计为88.50%，其中前五位占比合计73.83%，排名第一行业占比刚超过1/4；排名前五位行业除电气机械和器材制造业外，其余四个行业均为轻工业，服装、制鞋、纺织等占比超过3/5。这种结构与中亚轻工业发展不足的产业结构及西北地区在纺织、服装等轻工业产品上的比较优势有关。

（二）各省区对中亚五国贸易的行业特征

1. 陕西省

陕西省自中亚五国进口总体较小，行业主要集中在有色金属冶炼和压延加工业、农副食品加工业等行业，行业分布较为集中（见表8-19）。有色金属冶炼和压延加工业进口额在2010年和2017年位居第一，进口额从2010年的297.60万美元增长到2017年的1104.30万美元，其间2015年和2016年该行业无进口，2017年占比达到65.72%；农副食品加工业进口额从2016年的359.52万美元增长到2017年的436.50万美元，占比达25.98%，从2016年的第一位降至第二位；农业进口额从2010年的20.02万美元增长到2017年的111.78万美元，占比为6.65%，排在第三位；化学原料和化学制品制造业2017年进口额为23.13万美元，占1.38%；纺织业进口额为4.48万美元，占0.27%；其他行业进口额均不足1万美元。

表8-19　　　　　陕西省自中亚五国进口额排名前几位行业

行业	2017 金额（万美元）	2017 占比（%）	2016	2015	2010
有色金属冶炼和压延加工业	1104.30	65.72	0.00	0.00	297.60
农副食品加工业	436.50	25.98	359.52	0.00	0.00
农业	111.78	6.65	0.00	0.00	20.02
化学原料和化学制品制造业	23.13	1.38	0.00	0.00	0.00
纺织业	4.48	0.27	0.00	0.00	0.00
非金属矿采选业	0.14	0.01	0.18	0.00	0.00
合计	1680.34	100	359.71	0.00	317.62

数据来源：EPS数据库。

总体而言，陕西省自中亚五国进口金额较小，有些年份甚至没有进口；行业分布极为集中，2017年仅有6个行业存在进口，主要进口金属材料和农副加工食品，两者进口额占比合计超过90%，2016年除农副食品加工业进口359.52万美元外，其他行业基本没有进口。

与进口相比，陕西省对中亚五国出口行业较为广泛，份额较大的行业主要为交通运输设备制造业、通用及专用设备制造业、金属制品业、电气机械和器材制造业等行业（见表8-20）。2017年陕西省对中亚五国出口占比最大行业为交通运输设备制造业，出口额4308.67万美元，表8-20中所列年份除2015年外出口额一直排在第一的位置，且出口额增长较快，2017年是2010年的2.4倍，占比为45.25%；通用设备制造业出口额2016年突破千万美元，达到1689.31万美元，是2010年的3.88倍，排名上升至第二位，2017年出口额略有下降，但仍占据第二的位置，占比为14.11%；专用设备制造业2015年出口额曾达到7800多万美元，排在当年第一的位置，2016年、2017年出口额下降较大，但占比仍超过10%，排在第三；金属制品业出口额近年来有较大幅度增长，2017年占比为6.00%，位居第四；电气机械和器材制造业2010年出口额曾位居第三，近年来下降明显，2017年占比为5.52%，排在第五位。2017年其他5个行业占比均在5%以下，但前十位中占比最小的行业也超过1%。

表 8-20　　　　陕西省对中亚五国出口额排名前十位行业

行业	2017 金额（万美元）	2017 占比（%）	2016	2015	2010
交通运输设备制造业	4308.67	45.25	2075.74	1461.08	1793.40
通用设备制造业	1343.23	14.11	1689.31	355.25	435.69
专用设备制造业	962.57	10.11	629.55	7833.30	1360.75
金属制品业	571.36	6.00	242.72	547.72	188.98
电气机械和器材制造业	525.63	5.52	480.10	613.29	1154.05
化学原料和化学制品制造业	447.82	4.70	177.96	109.26	111.84
非金属矿物制品业	242.27	2.54	383.17	149.02	93.08
黑色金属冶炼和压延加工业	154.20	1.62	346.95	391.76	290.54
纺织业	126.57	1.33	218.87	79.96	127.88
有色金属冶炼和压延加工业	109.72	1.15	38.42	18.80	16.50
合计	8792.03	92.33	6282.80	11559.44	5572.71

数据来源：EPS 数据库。

整体而言，陕西省对中亚五国出口行业分布较为分散，排名前五和前十的行业份额合计分别为 80.99% 和 92.33%；装备制造业产品份额超过 2/3，出口行业结构较为合理。

2. 甘肃省

甘肃省自中亚五国进口行业主要有色金属矿采选业、黑色金属冶炼和压延加工业、农业、有色金属冶炼和压延加工业以及黑色金属矿采选业（见表 8-21）。有色金属矿采选业进口额一直位居第一，2010 年进口额高达 52921.73 万美元，2015 年、2016 年有所减少，2017 年又猛增至 83676.67 万美元，占比高达 84.55%；黑色金属冶炼和压延加工业进口额增长幅度惊人，从 2010 年仅 76.21 万美元快速增长到 2017 年的 9947.45 万美元，占比为 10.05%，排名从 2010 年的第六位、2015 年的第四位上升到 2017 年的第二位；农业进口额波动较大，2017 年占比为 1.82%，排在第三位；有色金属冶炼和压延加工业进口额 2010 年曾排在第三位，近年来进口明显减少，2017 年进口额仅为 1445.61 万美元，占比降至 1.46%，位居第四；黑色金属矿采选业 2010 年进口额接近 5 亿美元，排在第二位,近年来进口快速减少,2017年进口额仅为1414.97万美元,占1.43%,排名降至第五位。其他行业占比均低于1%。

总体而言,甘肃省自中亚五国主要进口有色和黑色金属矿产、有色和黑色金属材料等初级产品和半成品,进口结构与甘肃省既有工业结构密切相关,具有一定的合理性;进口行业分布的集中程度较高,前八个行业进口份额合计接近100%;另外,矿产品与其下游的压延加工业产品同时大幅增长,表现出甘肃工业对冶金行业的过分依赖,是工业刚性结构的重要体现。

表8-21　　　　　甘肃省自中亚五国进口额排名前几位行业

行业	2017 金额（万美元）	2017 占比（%）	2016	2015	2010
有色金属矿采选业	83676.67	84.55	38922.40	17699.52	52921.73
黑色金属冶炼和压延加工业	9947.45	10.05	8870.59	668.03	76.21
农业	1800.47	1.82	59.28	1865.79	872.17
有色金属冶炼和压延加工业	1445.61	1.46	0.00	0.00	27658.07
黑色金属矿采选业	1414.97	1.43	130.91	1386.05	48958.75
医药制造业	520.24	0.53	714.16	74.33	0.00
石油、炼焦及核燃料加工业	126.20	0.13	0.00	0.00	4230.40
金属制品业	0.02	0.00	0.00	0.00	0.00
合计	98931.63	99.97	48697.33	21698.64	134717.34

数据来源：EPS数据库。

从出口分行业结构来看,甘肃省对中亚五国出口行业为专用设备制造业、化学原料和化学制品制造业、通用设备制造业、电气机械和器材制造业等(见表8-22)。其中专用设备制造业的出口额波动幅度较大,2010年出口额不足百万美元,2015年达到1516.23万美元,上升至第一位,2017年增至4009.58万美元,占比为52.64%,超过1/2;化学原料和化学制品制造业出口额稳定增长,2017年占比达到9.36%,位居第二;通用设备制造业2010年出口额仅14.28万美元,排在第八位,近年来快速增长,2015年、2016年上升至第三位,2017年尽管出口额有所减少,但仍排在第三位，占比9.29%；电气机械和器材制造业的出口额在2015年和2016年曾出现大幅增长，排名上升至第二位，2017年降至486.04万美元，占比6.38%，排在第四位；黑色金属冶炼和压延加工业出口额曾达到792.17万美元，2017年有所下降，占比为5.09%，位居第五。排名前十位的其他5个行业占比均低于5%，但最低的也在1%以上。

表8-22　　　　甘肃省对中亚五国出口额排名前十位行业

行业	2017 金额（万美元）	占比（%）	2016	2015	2010
专用设备制造业	4009.58	52.64	319.03	1516.23	98.99
化学原料和化学制品制造业	712.93	9.36	644.45	503.29	275.93
通用设备制造业	707.48	9.29	1012.86	1095.67	14.28
电气机械和器材制造业	486.04	6.38	1246.56	1198.68	356.27
黑色金属冶炼和压延加工业	388.06	5.09	792.17	481.10	48.44
皮革、毛皮、羽毛及其制品和制鞋业	262.53	3.45	3128.79	1016.30	38.27
金属制品业	154.20	2.02	352.71	569.64	20.75
文教、工美、体育和娱乐用品制造业	139.33	1.83	141.75	211.80	0.00
纺织业	121.26	1.59	787.33	615.15	32.83
橡胶制品业	113.86	1.49	440.63	701.58	1.17
合计	7095.26	93.15	8866.28	7909.43	886.92

数据来源：EPS数据库。

与进口的行业分布相比较，甘肃省对中亚五国出口的行业分布较为分散，排名前五位和前十位行业出口份额合计分别为82.76%和93.15%，出口额最大行业份额刚过半；出口主要为装备制造业产品，且出口额与2010年相比，都出现较大幅度增长，同时，皮革、毛皮、羽毛及其制品和制鞋业、纺织业等轻工业行业出口额也出现较快增长，出口结构具有一定的合理化趋势。

整体而言，甘肃省进口和出口行业都以传统行业为主，工业发展的低水平成为制约甘肃进出口结构改善的根本制约因素。同时，巨大的贸易逆差也将在很大程度上影响甘肃与中亚贸易的进一步发展。

3. 宁夏回族自治区

宁夏回族自治区对中亚五国分行业进口贸易主要进口集中在农业、农副食品加工业和黑色金属矿采选业（见表8-23）。2015年和2017年农业进口额位于宁夏分行业进口第一名，从2010年的无进口额快速增加到2017年的435.26万美元，2017年占比为80.35%，超过2/3自治区；农副食品加工业进口额从2010年的29.93万美元逐步增长到2017年的83.04万美元，进口额逐年增长，其中2010年是宁夏回族自治区自中亚进口的唯一行业，2017年占比15.33%；黑色金属冶炼和压延加工业2017年进口23.39万美元，占4.32%。

表8-23　宁夏回族自治区自中亚五国进口额排名前几位行业

行业	2017 金额（万美元）	占比（%）	2016	2015	2010
农业	435.26	80.35	70.75	310.25	0.00
农副食品加工业	83.04	15.33	52.32	35.51	29.93
黑色金属冶炼和压延加工业	23.39	4.32	0.00	0.00	0.00
黑色金属矿采选业	0.00	0.00	264.94	0.00	0.00
合计	541.69	100.00	388.01	345.76	29.93

数据来源：EPS数据库。

宁夏回族自治区对中亚五国出口行业分布较为均衡，主要集中在化学原料和化学制品制造业、塑料制品业、非金属矿物制品业等制造业行业（见表8-24）。其中化学原料和化学制品制造业的出口额波动较大，总体看来呈上升趋势，从2010年的79.27万美元增长至2017年的193.36万美元，跃居第一位，占31.56%；塑料制品业出口额从2010年的1.23万美元大幅增长到2017年的112.14万美元，占18.31%，位居第二；非金属矿物制品业在宁夏对中亚出口中占据重要位置，2015年和2016年位居第一，也是2016年对中亚五国出口唯一过百万美元的行业，2017年出口 52.54 万美元, 占 8.58%; 有色金属冶炼和压延加工业近年来出口增长较快, 2017 年占比达到 6.05%, 位居第四; 其他行业出口占比均不足 5%。

表 8-24　宁夏回族自治区对中亚五国出口额排名前十位行业

行业	2017 金额（万美元）	占比（%）	2016	2015	2010
化学原料和化学制品制造业	193.36	31.56	53.56	31.38	79.27
塑料制品业	112.14	18.31	27.45	1.27	1.23
非金属矿物制品业	52.54	8.58	107.55	44.73	0.00
有色金属冶炼和压延加工业	37.08	6.05	0.69	3.20	0.00
医药制造业	28.87	4.71	20.05	17.28	0.00
电气机械和器材制造业	28.22	4.61	27.86	4.76	0.00
黑色金属冶炼和压延加工业	22.39	3.66	0.45	0.00	0.00
家具制造业	20.83	3.40	0.00	0.00	0.00
通用设备制造业	16.87	2.75	66.13	0.88	4.92
农业	15.80	2.58	2.34	4.68	0.00
合计	528.10	86.21	306.08	108.18	85.41

数据来源：EPS 数据库。

整体而言，宁夏回族自治区与中亚贸易额较小，自中亚进口行业分布集中度较高，且主要为初级产品；对中亚出口行业分布较为分散，2017 年占比最大行业不足 1/3，前十位行业份额合计为 86.21%，出口产品主要为制成品和半制成品。

4. 青海省

青海省对中亚进口主要集中在农业、医药制造业、有色金属矿采选业（见表 8-25）。其中农业进口额从 2015 年无进口额迅速增加到 2017 年的 222.40 万美元，占比高达 61.31%；医药制造业 2010—2016 年均无进口，2017 年进口 95.19 万美元，占 26.24%，位居第二；有色金属矿采选业进口额从 2010 年的 522.82 万美元大幅下降至 2017 年的 45.16 万美元，占 12.45%。

表 8-25 青海省自中亚五国进口额排名前几位行业

行业	2017 金额（万美元）	占比（%）	2016	2015	2010
农业	222.40	61.31	21.71	0.00	0.00
医药制造业	95.19	26.24	0.00	0.00	0.00
有色金属矿采选业	45.16	12.45	84.35	0.00	522.82
合计	362.75	100.00	106.06	0.00	522.82

数据来源：EPS 数据库。

青海省对中亚五国出口主要集中在皮革、毛皮、羽毛及其制品和制鞋业，纺织服装、服饰业以及农业等行业（见表 8-26）。其中皮革、毛皮、羽毛及其制品和制鞋业出口额近年来快速增长，2017 年达到 587.01 万美元，占 66.73%，2016 年和 2017 年出口额排名第一；纺织服装、服饰业出口额从 2015 年仅 10.73 万美元增至 2017 年的 197.21 万美元，占 22.42%，排在第二位；农业出口额也有较大幅度增长，2017 年出口 37.22 万美元，占 4.23%；化学原料和化学制品制造业出口额有所下降，2017 年占 2.38%，其他行业占比均不足 2%。

表 8-26 青海省对中亚五国出口额排名前十位行业

行业	2017 金额（万美元）	占比（%）	2016	2015	2010
皮革、毛皮、羽毛及其制品和制鞋业	587.01	66.73	304.67	0.11	0.00
纺织服装、服饰业	197.21	22.42	165.93	10.73	0.00
农业	37.22	4.23	45.36	9.09	0.00
化学原料和化学制品制造业	20.92	2.38	53.54	33.10	81.33
纺织业	11.83	1.34	279.60	0.10	0.00
通用设备制造业	9.07	1.03	108.34	1.33	0.00
文教、工美、体育和娱乐用品制造业	7.54	0.86	55.30	0.19	0.00

续表

行业	2017 金额（万美元）	2017 占比（%）	2016	2015	2010
橡胶制品业	2.48	0.28	46.12	6.70	0.00
专用设备制造业	2.26	0.26	33.15	20.60	0.00
非金属矿物制品业	1.53	0.17	65.74	39.10	6.00
合计	877.07	99.70	1157.75	121.05	87.33

数据来源：EPS 数据库。

整体而言，青海省自中亚进口行业集中度极高，进口产品以初级产品为主，农产品和矿产品占比合计超过2/3；对中亚出口行业集中度也较高，出口产品以轻纺产品为主，占比接近90%。

5. 新疆维吾尔自治区

新疆维吾尔自治区自中亚进口行业主要集中在石油和天然气开采业、有色金属冶炼和压延加工业、有色金属矿采选业等（见表8-27）。其中石油和天然气开采业的进口额在2010—2017年稳定保持在第一名的位置，进口额从2010年的630782.50万美元增加到2017年的825763.89万美元，2017年占比高达88.16%；有色金属冶炼和压延加工业进口额也呈快速增长趋势，从2010年的2416.06万美元增加到2017年的37113.71万美元，2017年占比为3.96%，排名从2010年的第八位上升至2015年以来的第二位；有色金属矿采选业2017年出现大幅增长，占比为2.90%，排名从2010年的第六、2016年的第七上升至第三；农业进口额与2010年相比有所下降，2017年占比为1.76%，排名从之前的第三位降至第四位。其他行业占比均低于1%，其中黑色金属矿采选业、黑色金属冶炼和压延加工业近年来进口额大幅下降，排名分别从2010年的第二位和第四位降至2017年的第五位和第九位；农副食品加工业进口额近年来增长较快，2017年约为2010年的20倍。

新疆维吾尔自治区进口行业分布较为集中，产品主要为石油、天然气等初级产品，占比将近九成。同时，与2010年相比，对有色金属矿和有色金属材料的进口大幅增加，对黑色金属矿和黑色金属材料的进口大幅减少，进口结构出现较大变化。

表 8-27　新疆维吾尔自治区自中亚五国进口额排名前十位行业

行业	2017 金额（万美元）	2017 占比（%）	2016	2015	2010
石油和天然气开采业	825763.89	88.16	712815.96	925879.84	630782.50
有色金属冶炼和压延加工业	37113.71	3.96	23354.23	13966.38	2416.06
有色金属矿采选业	27127.34	2.90	3919.98	4997.25	3753.08
农业	16507.16	1.76	12311.92	9670.35	31089.25
黑色金属矿采选业	6690.58	0.71	5819.95	1111.42	38107.85
皮革、毛皮、羽毛及其制品和制鞋业	4800.69	0.51	5218.54	4717.76	2019.87
农副食品加工业	4192.94	0.45	2087.12	1530.14	207.46
石油、炼焦及核燃料加工业	3807.92	0.41	1459.29	705.68	7329.53
黑色金属冶炼和压延加工业	2992.17	0.32	9306.87	6218.90	18020.34
牧业	2714.18	0.29	1774.37	2196.20	2532.49
合计	931710.58	99.47	778068.22	970993.92	736258.41

数据来源：EPS 数据库。

新疆维吾尔自治区对中亚出口行业主要集中在纺织服装、服饰业和皮革、毛皮、羽毛及其制品和制鞋业以及纺织业等行业（见表 8-28）。其中纺织服装、服饰业出口额从 2010 年的 375835.76 万美元小幅下降到 2017 年的 334117.01 万美元，其间在 2015 年进口额仅 139069.54 万美元，出口额排名维持在前两位，2017 年占 25.96%，排在第一；皮革、毛皮、羽毛及其制品和制鞋业的出口额从 2010 年的 158888.11 万美元快速上涨到 2017 年的 317256.01 万美元，2015 年出口额曾排名第一，2017 年占比为 24.65%，排在第二；纺织业出口额与 2010 年相比基本维持稳定，属于出口排名前三位行业，2017 年占比为 12.59%，排在第三；电气机械和器材制造业出口稳定增长，2017 年是 2010 年的 2.72 倍，占比为 6.13%，从 2010 年的第七位上升到第四位；文教、工美、体育和娱乐用品制造业 2016 年、2017 年大幅增长，2017 年占比为 5.22%，排名从 2010 年的第九位上升至第五位；其他行业占比均在 5% 以下。与 2010 年相比，通用设备制造业出口额增长较大，金属制品业、交通运输设备制造业出口额基本稳定。

表 8-28　　新疆维吾尔自治区对中亚五国出口额排名前十位行业

行业	2017 金额（万美元）	占比（%）	2016	2015	2010
纺织服装、服饰业	334117.01	25.96	303389.36	139069.54	375835.76
皮革、毛皮、羽毛及其制品和制鞋业	317256.01	24.65	246339.59	215186.16	158888.11
纺织业	162025.80	12.59	129134.01	78958.99	162294.18
电气机械和器材制造业	78840.21	6.13	58052.17	41474.77	28996.72
文教、工美、体育和娱乐用品制造业	67137.18	5.22	21652.50	8403.20	12380.22
通用设备制造业	48523.50	3.77	48702.78	25874.08	16499.91
金属制品业	42560.28	3.31	41351.61	43162.19	43021.61
交通运输设备制造业	40101.30	3.12	36954.80	34642.44	39559.97
非金属矿物制品业	27053.38	2.10	28190.59	32919.44	52563.57
橡胶制品业	25192.92	1.96	14980.42	12996.07	3381.59
合计	1142807.59	88.78	928747.82	632686.89	893421.65

数据来源：EPS 数据库。

总体而言，新疆维吾尔自治区出口行业分布相对较为分散，出口产品主要为轻纺工业产品，占比合计超过 2/3，同时，在交通运输设备出口保持稳定的前提下，电气机械和器材、通用设备等装备制造业产品出口增长较快，出口行业结构有明显优化趋势。

新疆维吾尔自治区出口产品中制成品占据主导地位，在表 8-28 中排名前十的行业中 2017 年出口制成品行业占比达 86.68%，半制成品行业占比为 2.10%。

四 产业间贸易与产业内贸易

格鲁贝尔和劳埃德把国际贸易分为产业间贸易和产业内贸易两种类型，并用来分析各个国家之间贸易的特点。其中，产业间贸易是指参与国际贸易的双方交换不同产业部门的产品，体现贸易双方交换各自使用其相对丰裕的生产要素从事生产并进行国际交换的图景，贸易的基础为各国资源禀赋的差异；产业内贸易是指参与国际贸易的双方交换同一产业部门的产品，贸易的基础是生产过程中的规模报酬递增或不同国家之间需求的重叠等。

产业内贸易的测算通常使用产业内贸易指数，即格鲁贝尔—劳埃德指数，简称为 G-L 指数，具体的计算公式如下：

$$G_i = \frac{(X_i + M_i) - |X_i - M_i|}{X_i + M_i}$$

(8-1)

该式可化简为：

$$G_i = 1 - \frac{|X_i - M_i|}{X_i + M_i}$$

(8-2)

其中，G_i 为 i 产业的 G-L 指数；X_i 与 M_i 分别表示第 i 类产品的出口值与进口值。显然，$0 \leq G_i \leq 1$，且 G_i 值越接近于 0，说明 i 产业的进口和出口之间的差额越大，即 i 产业的贸易更多体现为产业间贸易；$G_i = 0$ 表示该产业贸易全部为产业间贸易；$G_i = 0.5$ 表示 i 产业的贸易正好被产业间和产业内贸易平分；$G_i = 1$ 表示 i 产业的贸易全部为产业内贸易。

表 8-29 为按照 (8-2) 式计算的西北地区与中亚产业内贸易指数，从中可以发现西北地区与中亚之间的贸易具有两个显著特征。

表 8-29　　　　　　　西北地区与中亚贸易的 G-L 指数

行业类别	2009	2010	2011	2012	2013	2014	2015	2016	2017	均值
农业	0.84	0.10	0.10	0.06	0.09	0.18	0.47	0.29	0.27	0.27
林业	0.18	0.00	0.00	0.00	0.00	0.00	0.00	0.15	0.10	0.05
畜牧业	0.01	0.03	0.03	0.00	0.00	0.00	0.00	0.00	0.00	0.01
渔业	0.00	0.00	0.00	0.00	0.00	0.00	0.00	0.78	0.04	0.09
农、林、牧、渔服务业	0.00	0.00	0.00	0.00	0.00	0.00	0.55	0.00	0.00	0.06
煤炭开采和洗选业	0.00	0.00	0.00	0.00	0.00	0.00	0.04	0.01	0.00	0.01
石油和天然气开采业	0.00	0.00	0.00	0.00	0.00	0.00	0.00	0.00	0.00	0.00
黑色金属矿采选业	0.00	0.00	0.00	0.00	0.00	0.00	0.00	0.00	0.01	0.00
有色金属矿采选业	0.00	0.00	0.00	0.00	0.00	0.00	0.00	0.00	0.00	0.00
非金属矿采选业	0.14	0.04	0.01	0.06	0.04	0.06	0.07	0.11	0.23	0.08
农副食品加工业	0.15	0.26	0.09	0.12	0.47	0.96	0.88	0.65	0.31	0.43
食品制造业	0.03	0.04	0.04	0.06	0.11	0.12	0.03	0.11	0.08	0.07
酒、饮料和精制茶制造业	0.07	0.27	0.01	0.02	0.08	0.26	0.63	0.16	0.17	0.19
烟草制品业	—	—	—	—	—	—	0.00	—	—	—
纺织业	0.00	0.01	0.01	0.01	0.02	0.03	0.13	0.09	0.02	0.04
纺织服装、服饰业	0.00	0.00	0.00	0.00	0.00	0.00	0.00	0.00	0.00	0.00
皮革、毛皮、羽毛及其制品和制鞋业	0.02	0.03	0.02	0.03	0.05	0.02	0.04	0.04	0.03	0.03
木材加工和木、竹、藤、棕、草制品业	0.00	0.00	0.00	0.00	0.00	0.00	0.00	0.03	0.11	0.02
家具制造业	0.01	0.00	0.00	0.00	0.00	0.00	0.00	0.00	0.00	0.00
造纸和纸制品业	0.00	0.00	0.00	0.00	0.00	0.00	0.01	0.00	0.00	0.00
印刷和记录媒介的复制	0.00	0.00	0.00	0.00	0.00	0.00	0.00	0.00	0.00	0.00
文教、工美、体育和娱乐用品制造业	0.00	0.00	0.00	0.00	0.00	0.00	0.00	0.00	0.00	0.00
石油、炼焦及核燃料加工业	0.41	0.68	0.29	0.46	0.85	0.85	0.12	0.81	0.94	0.60
化学原料和化学制品制造业	0.29	0.39	0.25	0.20	0.10	0.05	0.03	0.04	0.09	0.16
医药制造业	0.00	0.00	0.00	0.07	0.23	0.83	0.79	0.28	0.51	0.30
化学纤维制造业	0.00	0.00	0.00	0.00	0.00	0.00	0.00	0.00	0.29	0.03
橡胶和塑料制品业	0.00	0.00	0.00	0.00	0.00	0.00	0.00	0.00	0.00	0.00
非金属矿物制品业	0.00	0.00	0.00	0.00	0.00	0.00	0.00	0.00	0.00	0.00

续表

行业类别	2009	2010	2011	2012	2013	2014	2015	2016	2017	均值
黑色金属冶炼和压延加工业	0.85	0.96	0.96	0.94	0.96	0.57	0.65	0.92	0.98	0.87
有色金属冶炼和压延加工业	0.63	0.18	0.24	0.54	0.59	0.51	0.19	0.10	0.05	0.34
金属制品业	0.00	0.01	0.00	0.00	0.00	0.00	0.00	0.00	0.00	0.00
通用设备制造业	0.00	0.00	0.00	0.00	0.00	0.00	0.00	0.00	0.00	0.00
专用设备制造业	0.00	0.00	0.00	0.00	0.00	0.00	0.00	0.00	0.00	0.00
交通运输设备制造业	0.00	0.00	0.00	0.00	0.00	0.00	0.00	0.00	0.01	0.00
电气机械和器材制造业	0.00	0.00	0.00	0.00	0.00	0.00	0.00	0.00	0.00	0.00
计算机、通信和其他电子设备制造业	0.00	0.00	0.00	0.00	0.00	0.00	0.00	0.00	0.00	0.00
仪器仪表制造业	0.01	0.00	0.00	0.00	0.00	0.00	0.00	0.00	0.00	0.00
其他制造业	0.00	0.01	0.00	0.00	0.00	0.00	0.00	0.00	0.00	0.00
废弃资源综合利用业	0.01	0.00	0.00	0.01	0.04	0.01	0.46	0.18	0.16	0.10
电力、热力生产和供应业	—	0.00	0.00	0.00	0.00	0.00	—	—	—	
邮政业	—	—	—	—	—	—	—	—	—	
生态保护和环境治理业	—	—	—	—	—	—	0.00	—	—	
广播、电视、电影和影视制作业	—	—	—	—	—	—	—	—	—	
文化艺术业	0.00	0.00	0.72	0.25	0.03	0.04	0.00	0.00	0.00	0.12

数据来源：根据 EPS 数据平台数据计算得到，"—"表示该行业在该年份的贸易量为0，从而使计算结果无意义。

第一，西北地区与中亚贸易在绝大多数产业表现为产业间贸易。在全部 44 个行业[①]中，除烟草制品业、邮政业、生态保护和环境治理业以及广播、电视、电影和影视制作业四个无贸易或在大多数年份无贸易的行业外，其余 40 个行业中 G-L 指数均值小于 0.5 的行业有 38 个，其中

---

① 有关中国西北地区与中亚的贸易数据主要来自 EPS 数据平台上的中国行业贸易数据库，涉及的数据包括西北五省与中亚各个行业的进出口贸易数据。行业分类以《国民经济行业分类》为标准，但由于该分类标准曾在 2011 年进行过修改，个别行业的名称略微有所变动，表 8-29 中数据除将橡胶制品业和塑料制品业归为橡胶和塑料制品业，汽车制造业和铁路、船舶、航空航天和其他运输设备制造业归为交通运输设备制造业外，其他行业都以《国民经济行业分类》2011 年版中的行业名称为准。

最大的农副食品加工业为 0.43；其次为有色金属冶炼和压延加工业，G-L 指数等于 0.34；农业，农、林、牧、渔、服务业，农副食品加工业，医药制造业、有色金属冶炼和压延加工业 G-L 指数在个别年份出现大于 0 的情形，但整体而言，仍属于产业间贸易；有 18 个行业 G-L 指数等于 0，属纯产业间贸易。

第二，仅有两个行业产业内贸易较为频繁。黑色金属冶炼和压延加工业 G-L 指数均值最高，达到 0.87，2009—2017 年各年度均大于 0.5，最低值为 2014 年的 0.57，最高值为 2017 年的 0.98，有 6 个年份超过 0.9；石油、炼焦及核燃料加工业 G-L 指数均值为 0.60，位居第二，最低为 2015 年的 0.12，最高为 2017 年的 0.94，产业内贸易指数在波动中有所上升。

综上，中国西北地区与中亚贸易主要表现为基于资源禀赋差异的产业间贸易。同时，石油、炼焦及核燃料加工业以及黑色金属冶炼和压延加工业是产业内贸易特征最为明显的两个行业，体现了中国西北地区和中亚在这些行业上的相似性需求或由于历史的或偶然的因素而形成的规模经济。

第九章

中国西北地区与中亚贸易互补性

一 贸易依赖度与贸易结合度

(一) 贸易依赖度

Baldwin（2003）构造了轴心测量指数（Hub-ness Measurement Index，HMI）并用来测算自由贸易区中的潜在轴心国。该指数可以被用于测算一国或地区对另一国或地区市场的依赖程度，其计算公式如下：

$$HM_{ij} = \frac{X_{ij}}{X_i}\left(1 - \frac{M_{ji}}{M_j}\right) \qquad (9-1)$$

式中，HM_{ij}表示i国对j国市场的依赖程度，X_{ij}表示i国对j国的出口额，X_i表示i国的出口总额，则X_{ij}/X_i表示j国在i国出口市场中的份额；M_{ji}表示j国从i国的进口额，M_j表示j国的进口总额，则M_{ji}/M_j表示i国在j国进口中的份额[①]。HM指数衡量i国出口对j国市场的依赖程度，取值在0—1之间，越靠近1说明i国出口对j国市场的依赖程度越大，反之则依赖程度越小。

1. 西北地区出口对中亚五国市场的依赖度

从西北地区整体出口对中亚五国市场的依赖程度来看，西北地区出口对中亚五国市场的依赖程度较高，2009—2016年HM指数均值为0.363

---

① 国内一些文献对HM指数定义的理解可能有误，用M_{ij}表示i国自j国的进口。按照原文，$HM_d = S_{od}^X(1 - S_{od}^M)$，其中$S_{od}^X$表示$o$国对$d$国出口占其总出口的份额，$S_{od}^M$表示$d$国自$o$国进口占其总进口的份额。参见 Baldwin R., The Spoke trap: Hub and Spoke Bilateralism in East Asia, 2009, http://www.doc88.com/p-7136956745249.html。

(见表9-1),说明中亚五国是中国西北地区重要的出口市场,中亚市场的稳定性对西北地区出口会产生明显影响。

表9-1 西北地区出口对中亚五国市场的依赖度

国家	2009	2010	2011	2012	2013	2014	2015	2016	均值
哈萨克斯坦	0.268	0.264	0.223	0.217	0.227	0.194	0.120	0.136	0.206
吉尔吉斯斯坦	0.033	0.042	0.044	0.057	0.057	0.044	0.038	0.021	0.042
塔吉克斯坦	0.046	0.043	0.057	0.043	0.044	0.046	0.031	0.032	0.043
土库曼斯坦	0.006	0.005	0.003	0.003	0.004	0.005	0.003	0.000	0.004
乌兹别克斯坦	0.018	0.012	0.007	0.008	0.010	0.008	0.006	0.005	0.009
中亚	0.478	0.421	0.408	0.387	0.385	0.336	0.218	0.267	0.363

数据来源:根据UNDATA数据库与EPS数据库计算整理所得。

哈萨克斯坦作为中亚五国中经济实力最强的国家,是中国西北地区出口对中亚市场依赖程度最高的国家,2009年HM指数为0.268,之后逐步下降,2015年降至0.120,2016年有所回升,均值为0.206,依赖度在中亚五国中一直处于第一的位置;对吉尔吉斯斯坦和塔吉克斯坦市场的依赖程度明显低于哈萨克斯坦,但自2009年以来在波动中有所上升;对土库曼斯坦和乌兹别克斯坦市场的依赖程度都处于较低水平,远低于中亚五国的总体水平。总体而言,2016年与2009年相比,中国西北地区出口对中亚国家市场的依赖程度有所下降,HM指数从0.478降至0.267。

从各省区对中亚市场的依赖程度看,陕西省和宁夏回族自治区出口对中亚市场的依赖程度总体较低,2016年HM指数仅分别为0.006和0.003(见表9-2);甘肃省和青海省的依赖程度略高,HM指数分别为0.062和0.046,出口依赖程度较高的国家也是哈萨克斯坦,其次是吉尔吉斯斯坦,对其他三个国家基本不具有依赖性。

表9-2 2016年陕、甘、宁、青出口对中亚五国市场的依赖度

区域	陕西省	甘肃省	宁夏	青海省
哈萨克斯坦	0.002	0.027	0.000	0.018
吉尔吉斯斯坦	0.002	0.021	0.001	0.017

续表

区域	陕西省	甘肃省	宁夏	青海省
塔吉克斯坦	0.000	0.008	0.000	0.008
土库曼斯坦	0.000	0.000	0.000	0.000
乌兹别克斯坦	0.000	0.005	0.000	0.003
中亚	0.006	0.062	0.003	0.046

数据来源：根据 UNDATA 数据库与 EPS 数据库计算整理所得。

新疆作为中国西北地区对中亚的主要贸易区域，其出口对中亚市场的依赖程度明显较高，各年间 HM 指数年基本保持在 0.6 左右（见表9-3），均值为 0.679。2016 年与 2009 年相比，出现了较为明显的下降。依赖程度最高的为哈萨克斯坦，各年度 HM 指数均值为 0.387；对吉尔吉斯斯坦和塔吉克斯坦的 HM 指数均值分别为 0.083 和 0.082，对其他两国的依赖程度极低。

表9-3　　　　　　　新疆区出口对中亚五国市场的依赖度

国家	2009	2010	2011	2012	2013	2014	2015	2016	均值
哈萨克斯坦	0.414	0.446	0.391	0.403	0.417	0.399	0.300	0.327	0.387
吉尔吉斯斯坦	0.055	0.073	0.080	0.108	0.106	0.093	0.098	0.054	0.083
塔吉克斯坦	0.071	0.073	0.100	0.079	0.082	0.093	0.076	0.078	0.082
土库曼斯坦	0.005	0.007	0.004	0.006	0.007	0.005	0.003	0.002	0.005
乌兹别克斯坦	0.020	0.019	0.012	0.013	0.015	0.015	0.012	0.011	0.015
中亚	0.730	0.707	0.711	0.713	0.702	0.684	0.540	0.642	0.679

数据来源：根据 UNDATA 数据库与 EPS 数据库计算整理所得。

2. 中亚出口对西北地区市场的依赖度

从中亚整体角度看，其出口对中国西北地区市场的依赖程度总体很低，HM 指数在 2009—2016 年均值仅为 0.060（见表9-4），只相当于西北地区出口对中亚市场依赖度的 1/6。在西北各省区中，中亚出口依赖程度最高的为新疆，HM 均值为 0.018；对甘肃的依赖程度次之，均值仅为 0.006。

表 9-4　　　　　　中亚五国出口对西北地区市场的依赖度

省区	2009	2010	2011	2012	2013	2014	2015	2016	均值
陕西省	0.000	0.000	0.000	0.000	0.000	0.000	0.000	0.000	0.000
甘肃省	0.006	0.011	0.007	0.005	0.005	0.004	0.002	0.005	0.006
宁夏区	0.000	0.000	0.000	0.000	0.000	0.000	0.000	0.000	0.000
青海省	0.000	0.000	0.001	0.000	0.000	0.000	0.000	0.000	0.000
新疆区	0.015	0.011	0.009	0.009	0.008	0.031	0.034	0.026	0.018
西北地区	0.037	0.054	0.059	0.059	0.068	0.059	0.074	0.068	0.060

数据来源：根据 UNDATA 数据库与 EPS 数据库计算整理所得。

从中亚各国对西北各省区市场的依赖程度看，乌兹别克斯坦出口对西北地区市场依赖程度稍高，尤其对新疆依赖程度较为显著，2016 年 HM 指数为 0.064，吉尔吉斯斯坦、土库曼斯坦、塔吉克斯坦 2016 年对中国西北地区的 HM 指数分别仅为 0.025、0.017 和 0.006。

从依赖程度最高的哈萨克斯坦来看，2009—2016 年，其 HM 指数均值为 0.064（见表 9-5），HM 值在 2013 年最高，为 0.087，近年来逐步下降；依赖程度最高的为新疆，其 HM 指数均值为 0.040，对陕西、宁夏、青海的依赖程度极低。

表 9-5　　　　　　哈萨克斯坦出口对西北地区市场的依赖度

省区	2009	2010	2011	2012	2013	2014	2015	2016	均值
陕西省	0.000	0.000	0.000	0.000	0.000	0.000	0.000	0.000	0.000
甘肃省	0.011	0.016	0.010	0.007	0.007	0.007	0.004	0.009	0.009
宁夏区	0.000	0.000	0.000	0.000	0.000	0.000	0.000	0.000	0.000
青海省	0.000	0.000	0.000	0.000	0.000	0.000	0.000	0.000	0.000
新疆区	0.026	0.029	0.043	0.053	0.060	0.044	0.035	0.030	0.040
西北地区	0.059	0.076	0.078	0.075	0.087	0.056	0.042	0.042	0.064

数据来源：根据 UNDATA 数据库与 EPS 数据库计算整理所得。

（二）贸易结合度

贸易结合度最早由 A. J. Brown（1949）提出，后经小岛清（1964）发展和完善后得到较广泛的使用。贸易结合度是指一国或地区对贸易对象国或地区的出口占该国或地区出口总额的比重除以贸易对象国或地区总进口占世界进口总额的比重。通过计算中国西北地区与中亚各国的贸易结合度指标，可以将两个区域放在全球范围内反映两者之间的贸易依存状况。计算公式如下：

$$TI_{ij} = \left(\frac{X_{ij}}{X_{iw}}\right) / \left(\frac{M_{jw}}{M_{ww}}\right) \qquad (9-2)$$

其中，TI_{ij} 表示 i 国对 j 国出口的贸易结合度，X_{ij} 表示 i 国对 j 国各项产品的出口额，X_{iw} 表示 i 国各项产品对世界的出口总额，M_{jw} 表示 j 国从全世界的进口额，M_{ww} 表示各项产品的世界进口总额。若 $TI_{ij} > 1$，表示 i 国与 j 国的贸易关系较为紧密，且该值越大，贸易往来的密切程度越大；反之，若 $TI_{ij} < 1$，表示 i 国与 j 国的贸易关系较为松散，且该值越小，贸易往来的密切程度越小。

1. 西北地区出口的贸易结合度

从西北地区整体出口的角度来看，2009—2016 年与中亚五国的贸易结合度在 75—170 之间（见表 9-6），均值 126.02，表明中国西北地区与中亚整体贸易结合度较高。其中，与哈萨克斯坦的 TI 指数在 75—165 之间，与西北地区和中亚整体的贸易结合度发展趋势及范围基本一致；与吉尔吉斯斯坦的 TI 指数在 340—950 之间，均值为 610.29，大于西北地区与中亚整体的贸易结合度；与塔吉克斯坦的 TI 指数在 240—370 之间，均值 292.84；与土库曼斯坦的 TI 指数较低，在 1—13 之间，均值为 7.27；与乌兹别克斯坦的 TI 指数在 10—37 之间，贸易紧密程度远小于西北地区与中亚整体。在考察期内，无论是西北地区与中亚各国还是西北地区与中亚整体的贸易结合度均呈下降趋势，显示双方的贸易紧密程度有所下降。

从西北各省区来看，2016 年甘肃省和青海省与中亚五国的贸易往来较为紧密，其 TI 指数均大于 15，陕西省和宁夏回族自治区与中亚的贸易结合度较低，宁夏回族自治区与中亚的 TI 指数为 0.99，在中亚五国中也只与吉尔吉斯斯坦的 TI 指数大于 5。在中亚五国中，西北地区与土库曼斯坦的贸易结合度最低，2016 年各省区与土库曼斯坦的贸易结合度均小于1。

表9-6 西北地区对中亚五国的贸易结合度指数

国家	2009	2010	2011	2012	2013	2014	2015	2016	均值
哈萨克斯坦	155.61	161.74	133.50	108.40	115.49	116.47	76.16	104.30	121.46
吉尔吉斯斯坦	937.44	692.74	755.28	597.69	493.55	447.08	341.38	617.12	610.29
塔吉克斯坦	322.78	329.99	363.23	243.00	250.84	272.63	258.37	301.94	292.84
土库曼斯坦	12.40	12.17	5.41	5.83	7.03	8.00	5.90	1.42	7.27
乌兹别克斯坦	36.47	29.75	17.45	16.81	20.78	16.65	12.28	10.48	20.09
中亚	169.64	159.76	148.59	118.35	116.23	111.85	76.55	107.19	126.02

数据来源：根据UNDATA数据库与EPS数据库计算整理所得。

新疆维吾尔自治区作为西北地区与中亚贸易最为密切的地区，2009—2016年其与中亚贸易结合度较为稳定，均值高达235.48（见表9-7）。新疆维吾尔自治区与中亚所有国家的贸易关系都很紧密，其中与吉尔吉斯斯坦的贸易关系最紧密，其TI指数均值更是达到了1140.49，塔吉克斯坦次之，其TI指数均值也达到564.21，远远超过了西北地区其他省份，说明新疆维吾尔自治区在西北地区与中亚贸易往来中占据主导地位。

表9-7 新疆维吾尔自治区对中亚五国的贸易结合度指数

国家	2009	2010	2011	2012	2013	2014	2015	2016	均值
哈萨克斯坦	239.82	272.46	232.96	200.68	211.50	239.41	190.74	250.48	229.76
吉尔吉斯斯坦	1437.10	1154.94	1306.62	1091.33	891.27	901.56	866.08	1475.05	1140.49
塔吉克斯坦	500.58	559.04	637.68	443.46	460.57	552.15	640.17	720.07	564.21
土库曼斯坦	10.63	17.04	9.37	10.07	11.07	8.32	4.86	3.25	9.33
乌兹别克斯坦	41.29	46.47	27.43	27.34	30.92	31.25	24.66	22.37	31.47
中亚	257.69	267.63	258.41	217.24	210.89	226.41	189.27	256.28	235.48

数据来源：根据UNDATA数据库与EPS数据库计算整理所得。

2. 中亚出口的贸易结合度

从中亚整体出口的角度来看，中亚整体与中国西北地区的贸易结合度在2009—2012年逐步提高（见表9-8），2013年后有所下降，但总体来说贸易结合度较高，TI 指数均值为 93.43。其中与新疆维吾尔自治区的贸易关系最为紧密，TI 指数均值高达 184.10，远大于与西北地区及其他省份的 TI 指数均值；与甘肃省和青海省的贸易结合度也较高，其 TI 指数均值分别为 39.77 和 13.32，而与陕西省和宁夏回族自治区的 TI 指数均值仅为 0.06 和 0.40。

表 9-8　　　　　　中亚五国对西北地区贸易结合度指数

省区	2009	2010	2011	2012	2013	2014	2015	2016	均值
陕西省	0.26	0.12	0.03	0.01	0.00	0.00	0.00	0.08	0.06
甘肃省	41.60	50.86	34.87	29.66	28.36	49.91	26.35	56.53	39.77
宁夏区	0.08	0.36	0.03	0.07	0.34	0.33	0.90	1.09	0.40
青海省	6.41	8.10	41.23	19.39	25.66	3.78	0.00	1.99	13.32
新疆区	158.62	197.20	189.02	187.89	190.67	153.39	185.42	210.63	184.10
西北地区	65.88	91.22	105.94	116.79	111.62	86.31	82.66	87.05	93.43

数据来源：根据 UNDATA 数据库与 EPS 数据库计算整理所得。

从中亚各国出口的角度来看，2016 年，土库曼斯坦与西北地区的贸易结合度最高，TI 指数为 183.83，特别是与新疆的 TI 指数高达 472.79，远高于其他国家；乌兹别克斯坦与西北地区的 TI 指数值为 59.16；吉尔吉斯斯坦、塔吉克斯坦与西北地区的 TI 指数分别为 22.59、5.17。

哈萨克斯坦与西北地区的贸易结合度 2009—2011 年在波动中逐步上升（见表 9-9），而在 2012—2016 年迅速下降，2009—2016 年 TI 指数均值为 78.84。其中哈萨克斯坦与甘肃省、新疆区的贸易结合度较高，TI 指数均值分别为 64.93、149.33，远超于西北地区其他省份，与陕西省、宁夏区和青海省的 TI 指数均值分别仅为 0.10、0.58 和 8.63。

表 9-9　　　　　　哈萨克斯坦对西北地区贸易结合度指数

省区	2009	2010	2011	2012	2013	2014	2015	2016	均值
陕西省	0.42	0.17	0.04	0.01	0.00	0.00	0.00	0.16	0.10
甘肃省	68.06	77.49	50.83	43.60	42.98	78.44	47.48	110.58	64.93

续表

省区	2009	2010	2011	2012	2013	2014	2015	2016	均值
宁夏区	0.13	0.54	0.04	0.10	0.19	0.24	1.62	1.77	0.58
青海省	6.71	3.60	30.85	12.57	6.44	5.83	0.00	3.06	8.63
新疆区	250.42	244.17	180.49	140.53	148.90	77.42	73.32	79.37	149.33
西北地区	104.48	116.76	104.61	90.84	89.98	47.87	35.24	40.92	78.84

数据来源：根据 UNDATA 数据库与 EPS 数据库计算整理所得。

二　中国西北地区与中亚显示性比较优势对比

1965 年美国的巴拉萨提出了显示性比较优势指数，简称 RCA 指数。它从出口角度对比较优势进行测算，反映一国或地区的某一产业或产品在全球贸易中出口的相对优势。该指数简洁明了，可以避免很多近似估计和复杂运算，且排除了世界和国家的总量波动所产生的影响，可以很好地将一个国家或地区的某一产业或产品的比较优势反映出来。该指数的具体计算公式如下：

$$RCA_{ik} = (X_{ik}/X_i)/(X_{wk}/X_w) \quad (9-3)$$

其中，RCA_{ik} 为 i 国在 k 产品上出口的显示性比较优势指数，X_i 代表 i 国所有商品和服务的出口额，X_{ik} 代表 i 国 k 产品或产业的出口额；X_w 代表世界所有货物和服务的出口总额，X_{wk} 代表世界 k 产品或产业的出口额。若一个国家或地区的 RCA 指数大于 1 的时候，那么其在该商品或服务上有显性的比较优势；小于 1 时，则处于比较劣势地位。若 RCA < 0.8，那么表明该国或地区 k 产品或产业的国际竞争力相对来说较弱；若 RCA 介于 1.25—0.8 之间，那么表明该国或地区 k 产品或产业有较强的国际竞争力；若 RCA 介于 2.5—1.25 之间，那么表明该国或地区 k 产品或产业有很强的国际竞争力；若 RCA 指数是大于 2.5 的，那么表明该国或地区 k 产品或产业有极强的国际竞争力。

由于塔吉克斯坦、土库曼斯坦和乌兹别克斯坦这三个国家按照 HS 分类的贸易数据严重缺失，且 2009—2017 年哈萨克斯坦和吉尔吉斯斯坦两国占中亚五国对外贸易总额的比重均值为72.27%（见表9-10），最大值和最小值分别为75.10%和68.79%，所以在后面的分析中采用哈萨克斯坦和吉尔吉斯斯坦两个国家的对外贸易数据来代表中亚五国的对外贸易。

表9-10 2009—2017年哈、吉两国在中亚五国对外贸易中的比重

年份	哈国进出口（亿美元）	吉国进出口（亿美元）	中亚进出口（亿美元）	哈吉两国占中亚对外贸易的比重（%）
2009	853.25	60.78	1269.72	71.99
2010	1061.76	63.56	1498.44	75.10
2011	1361.68	80.41	1941.05	74.29
2012	1500.57	95.54	2155.85	74.04
2013	1510.14	102.69	2195.37	73.47
2014	1398.92	97.99	2078.85	72.01
2015	941.08	74.38	1476.13	68.79
2016	790.91	74.39	1255.56	68.92
2017	945.62	79.89	1427.30	71.85
均值	1151.55	81.07	1699.81	72.27

数据来源：根据《国研网统计数据库》的相关数据计算而得。

基于商品名称及编码协调制度（Harmonized Commodity Description and Coding System，HS）国际贸易商品分类，根据显示性比较优势指数的计算公式，可以分别计算西北地区和中亚在全球贸易中的显示性比较优势指数，从而得到各自具有比较优势的商品（见表9-11）。

在全球贸易中，中国西北地区具有比较优势和竞争力的商品共有41种。

（1）具有较强比较优势和国际竞争力（RCA均值在0.8—1.25之间）的商品：07——食用蔬菜、根及块茎；29——有机化学品；39——塑料及其制品；43——毛皮、人造毛皮及其制品；54——化学纤维长丝，化学纤维纺织材料制扁条及类似品；73——钢铁制品；84——核反应堆、锅炉、机器、机械器具及零件；95——玩具、游戏品、运动用品及其零件、附件。共8种。

表 9－11 西北地区与中亚对外贸易具有显示性比较优势的商品

RCA 均值范围	西北地区优势商品	中亚优势商品
0.8—1.25	07（0.86），29（1.19），39（0.81），43（1.24），54（1.05），73（0.99），84（1.05），95（0.95）	49（0.91）
1.25—2.5	05（1.99），08（2.49），12（1.71），31（1.33），36（1.70），38（1.71），52（1.77），57（1.25），59（1.55），60（1.31），68（1.57），69（2.28），70（2.25），82（1.32），83（2.47），85（1.28），94（1.38），96（1.81）	72（2.50）
大于2.5	13（6.30），14（3.28），20（7.92），<u>28（2.51）</u>，42（3.89），51（8.40），55（2.86），61（9.38），62（4.56），63（5.96），64（9.97），65（4.58），66（2.57），67（4.22），<u>81（19.28）</u>	10（2.62），11（8.04），25（3.49），26（2.88），27（6.12），<u>28（7.49）</u>，74（4.58），78（8.50），79（12.14），<u>81（3.47）</u>

注：括号内的数字为2012—2016年各类商品显示性比较优势指数的均值，加下画线的项目为西北地区与中亚均具有显示性比较优势的商品。

（2）具有很强的比较优势和国际竞争力（RCA 均值在 1.25—2.5 之间）的商品：05——其他动物产品；08——食用水果及坚果，甜瓜或柑橘属水果的果皮；12——含油子仁及果实，杂项子仁及果仁，工业用或药用植物，稻草、秸秆及饲料；31——肥料；36——炸药，烟火制品，引火合金，易燃材料制品；38——杂项化学产品；52——棉花；57——地毯及纺织材料的其他铺地制品；59——浸渍、涂布、包覆或层压的纺织物，工业用纺织制品；60——针织物及钩编织物；68——石料、石膏、水泥、石棉、云母及类似材料的制品；69——陶瓷产品；70——玻璃及其制品；82——贱金属工具、器具、利口器、餐匙、餐叉及其零件；83——贱金属杂项制品；85——电机、电气设备及其零件，录音机及放声机、电视图像、声音的录制和重放设备及其零件、附件；94——家具，寝具、褥垫、弹簧床垫、软坐垫及类似的填充制品，未列名灯具及照明装置，发光标志、发光铭牌及类似品，活动房屋；96——杂项制品。共18种。

(3) 其具有极强的比较优势和国际竞争力（*RCA* 均值大于 2.5）的商品：13——虫胶，树胶、树脂及其他植物液、汁；14——编结用植物材料，其他植物产品；20——蔬菜、水果、坚果或植物其他部分的制品；28——无机化学品，贵金属、稀土金属、放射性元素及其同位素的有机及无机化合物；42——皮革制品，鞍具及挽具，旅行用品、手提包及类似容器，动物肠线（蚕胶丝除外）制品；51——羊毛、动物细毛或粗毛，马毛纱线及其机织物；55——化学纤维短纤；61——针织或钩编的服装及衣着附件；62——非针织或非钩编的服装及衣着附件；63——其他纺织制成品，成套物品，旧衣着及旧纺织品，碎织物；64——鞋靴、护腿和类似品及其零件；65——帽类及其零件；66——雨伞、阳伞、手杖、鞭子、马鞭及其零件；67——已加工羽毛、羽绒及其制品，人造花，人发制品；81——其他贱金属、金属陶瓷及其制品。共 15 种。

中国西北地区显示性比较优势较强的商品主要集中在 HS 分类中的第 11 类（纺织原料及纺织制品，50—63 章）、第 12 类（鞋、帽、羽绒制品等，64—67 章）及第 13 类（水泥、陶瓷、玻璃等非金属制品，68—70 章）。其他贱金属、金属陶瓷及其制品（81）的显示性比较优势最强，*RCA* 均值为 19.28；其次为鞋靴、护腿和类似品及其零件（64），*RCA* 均值为 9.97；居第三位的为针织或钩编的服装及衣着附件（61），*RCA* 均值为 9.38。

中亚具有比较优势和国际竞争力的商品共有 12 种。

(1) 具有较强的比较优势和国际竞争力（*RCA* 均值在 0.8—1.25 之间）的商品：49——书籍、报纸、印刷图画及其他印刷品，手稿、打字稿及设计图纸。

(2) 具有很强的比较优势和国际竞争力（*RCA* 均值在 1.25—2.5 之间）的商品：72——钢铁。

(3) 具有极强的比较优势和国际竞争力（*RCA* 均值大于 2.5）的商品共有 10 种：10——谷物；11——制粉工业产品，麦芽、淀粉、菊粉，面筋；25——盐，硫黄，泥土及石料，石膏料、石灰及水泥；26——矿砂、矿渣及矿灰；27——矿物燃料、矿物油及其蒸馏产品，沥青物质，矿物蜡；28——无机化学品，贵金属、稀土金属、放射性元素及其同位素的有机及无机化合物；74——铜及其制品；78——铅及其制品；79——锌及其制品；81——其他贱金属、金属陶瓷及其制品。

中亚显示性比较优势较强的商品主要集中在 HS 分类中的第 5 类（矿产品，25—27 章）及第 15 类（贱金属及其制品，72—83 章）。锌及其制品（79）的比较优势相对较强，RCA 均值为 12.14；其次为铅及其制品（78），RCA 均值为 8.50；居第三位的为制粉工业产品、麦芽、淀粉、菊粉、面筋（11），RCA 均值为 8.04。

可以看出，在全球贸易中，西北地区与中亚具有显示性比较优势的商品绝大多数各不相同，这为双方互补性贸易关系的建立奠定了良好的基础。具有共同显示性比较优势的商品只有两种，即 28——无机化学品，贵金属、稀土金属、放射性元素及其同位素的有机及无机化合物；81——其他贱金属、金属陶瓷及其制品，仅占全部商品种类的 2.04%，其中，西北地区相对于中亚更有优势的商品为其他贱金属、金属陶瓷及其制品（81），而中亚相对于西北地区在无机化学品，贵金属、稀土金属、放射性元素及其同位素的有机及无机化合物（28）上比较优势更强。这意味着双方在国际市场上并不具有明显的竞争关系。

三 中国西北地区与中亚相对贸易优势

Scott 等人提出了相对贸易优势指数（Relative Trade Advantage Index），简称 RTA 指数。该指数是对一个国家产品的国际竞争力高低进行评价的重要指标，在计算过程中把一个国家的出口优势和进口需求结构结合起来进行考虑，使分析变得更为准确。其具体计算公式如下：

$$RTA_{ik} = RCA_{ik} - (M_{ik}/M_i)/(M_{wk}/M_w) \qquad (9-4)$$

其中，RTA_{ik} 为 i 国或地区在 k 产品上的相对贸易优势指数，RCA_{ik} 为 i 国或地区在 k 产品上出口的显示性比较优势指数，M_i 代表 i 国或地区所有商品和服务的进口额，M_{ik} 代表 i 国或地区 k 产品或产业的进口额；M_w 代表世界所有货物和服务的进口总额，M_{wk} 代表世界 k 产品或产业的进口额。可以看出，RTA 为一国或地区在某产品上的出口显示性比较优势和进口显示性比较优势的差额。若一个国家的 RTA 指数大于 0，则表明该国或地

区在 k 产品或产业上具有比较优势，若小于 0，则表明不具有比较优势；该指数的值越大，表明该国或地区在 k 产品或产业上的国际竞争力越强。

基于 HS 分类，根据相对贸易优势指数的计算公式，从西北地区和中亚对全球贸易的角度，可以分别计算它们的相对贸易优势指数，从而发现各自具有相对贸易优势的商品（见表 9-12）。

表 9-12　　西北地区与中亚对外贸易具有相对贸易优势的商品

RTA 均值范围	西北地区优势商品	中亚优势商品
(0, ∞)	02（0.04），03（0.02），04（0.08），<u>05（**1.64**）</u>，06（0.03），07（0.59），08（**2.31**），09（0.17），<u>11（0.12）</u>，<u>12（0.51）</u>，13（**6.10**），16（0.01），20（**7.91**），21（0.42），23（0.22），24（0.03），<u>28（0.93）</u>，29（0.95），31（**1.29**），32（0.20），33（0.02），34（0.01），35（0.28），36（0.28），38（**1.14**），39（0.70），40（0.22），42（**3.89**），43（**1.10**），45（0.51），46（0.20），48（0.34），49（0.03），50（0.51），51（**7.65**），54（**1.01**），55（**2.83**），56（0.59），57（0.99），58（0.67），59（**1.50**），60（**1.30**），61（**9.37**），62（**4.55**），63（**5.94**），64（**9.97**），65（**4.57**），66（**2.51**），67（**4.20**），68（**1.46**），69（**2.06**），70（**1.99**），<u>71（0.19）</u>，72（0.42），73（0.69），<u>76（0.43）</u>，<u>78（0.03）</u>，80（0.01），<u>81（**15.08**）</u>，82（**1.04**），83（**2.40**），84（0.17），87（0.43），88（0.24），89（0.01），91（0.20），92（0.38），93（0.01），94（**1.36**），95（0.94），96（**1.80**），97（0.04）	<u>05（0.03）</u>，10（**2.37**），<u>11（**6.67**）</u>，<u>12（0.40）</u>，14（0.12），25（**2.03**），26（**1.79**），27（**5.58**），<u>28（**6.18**）</u>，41（0.16），52（0.21），<u>71（0.56）</u>，72（**1.14**），74（**4.42**），<u>76（0.08）</u>，<u>78（**8.20**）</u>，79（**12.01**），<u>81（**2.70**）</u>

注：括号内的数字为 2012—2016 年各类商品相对贸易优势指数的均值，字体加粗的项目为相对贸易优势指数大于 1 的商品，加下画线的项目为西北地区与中亚均存在相对贸易优势的商品。

（1）西北地区相对贸易优势指数（RTA）的均值为正的商品共有 72 种，其中，相对贸易优势指数（RTA）均值为正且大于 1 的商品共有 28 种，包括 05——其他动物产品；08——食用水果及坚果，甜瓜或柑橘属水果的果皮；13——虫胶，树胶、树脂及其他植物液、汁；20——蔬菜、水果、坚果或植物其他部分的制品；31——肥料；38——杂项化学产品；42——皮革制品，鞍具及挽具，旅行用品、手提包及类似容器，动物肠线（蚕胶丝除外）制品；43——毛皮、人造毛皮及其制品；51——羊毛、动物细毛或粗毛，马毛纱线及其机织物；54——化学纤维长丝，化学纤维纺织材料制扁条及类似品；55——化学纤维短纤；59——浸渍、涂布、包覆或层压的纺织物，工业用纺织制品；60——针织物及钩编织物；61——针织或钩编的服装及衣着附件；62——非针织或非钩编的服装及衣着附件；63——其他纺织制成品，成套物品，旧衣着及旧纺织品，碎织物；64——鞋靴、护腿和类似品及其零件；65——帽类及其零件；66——雨伞、阳伞、手杖、鞭子、马鞭及其零件；67——已加工羽毛、羽绒及其制品，人造花，人发制品；68——石料、石膏、水泥、石棉、云母及类似材料的制品；69——陶瓷产品；70——玻璃及其制品；81——其他贱金属、金属陶瓷及其制品；82——贱金属工具、器具、利口器、餐匙、餐叉及其零件；83——贱金属杂项制品；94——家具，寝具、褥垫、弹簧床垫、软坐垫及类似的填充制品，未列名灯具及照明装置，发光标志、发光铭牌及类似品，活动房屋；96——杂项制品。也就是说，在这些类别的商品上中国西北地区具有很强的相对贸易比较优势和国际竞争力。其中，相对贸易优势最大的商品为其他贱金属、金属陶瓷及其制品（81），RTA均值为15.08；其次为鞋靴、护腿和类似品及其零件（64），RTA均值为9.97；位居第三的为针织或钩编的服装及衣着附件（61），RTA均值为9.37。

（2）中亚相对贸易优势指数（RTA）均值为正的商品共有18种，其中，相对贸易优势指数（RTA）均值为正且大于1的商品共有11种，分别为10——谷物；11——制粉工业产品，麦芽，淀粉，菊粉，面筋；25——盐，硫黄，泥土及石料，石膏料、石灰及水泥；26——矿砂、矿渣及矿灰；27——矿物燃料、矿物油及其蒸馏产品，沥青物质，矿物蜡；28——无机化学品，贵金属、稀土金属、放射性元素及其同位素的有机及无机化合物；72——钢铁；74——铜及其制品；78——铅及其制品；79——锌及其制品；81——其他贱金属、金属陶瓷及其制品。其中，比较优势最大的商品为锌及其制品（79），RTA的均值为12.01；其次为铅及其制品（78），*RTA* 的均值为 8.20；位居第三的为制粉工业产品，麦芽，淀粉，菊粉，面筋（11），*RTA* 的均值为 6.67。

可以看出，西北地区与中亚在全球贸易中均具有相对贸易优势相同的商品共有 9 种，分别为 05——其他动物产品；11——制粉工业产品，麦芽，淀粉，菊粉，面筋；12——含油子仁及果实，杂项子仁及果仁，工业用或药用植物，稻草、秸秆及饲料；28——无机化学品，贵金属、稀土金属、放射性元素及其同位素的有机及无机化合物；71——天然或养殖珍珠、宝石或半宝石、贵金属、包贵金属及其制品，仿首饰，硬币；72——钢铁；76——铝及其制品；78——铅及其制品；81——其他贱金属、金属陶瓷及其制品。其中，西北地区在 05——其他动物产品；12——含油子仁及果实，杂项子仁及果仁，工业用或药用植物，稻草、秸秆及饲料；76——铝及其制品；81——其他贱金属、金属陶瓷及其制品等商品上具有更强的相对贸易优势，而中亚在其他 5 种商品上具有更强的相对贸易优势。

总体而言，在考虑了进口因素之后，中国西北地区与中亚具有相同比较优势的商品种类有所增加，但仍然仅占全部商品种类的 9.18%，双方开展互补性贸易的基础仍然存在。

四 中国西北地区与中亚贸易互补性

显示性比较优势和相对贸易优势分析表明，中国西北地区与中亚在全球贸易中不同商品种类上的 *RCA* 指数和 *RTA* 指数存在着较大的差异，绝大多数在西北地区具有出口竞争力的产品恰恰是中亚比较优势较差的产品，这为双方开展互补性贸易合作提供了良好的基础。但双方具体是在哪些商品上体现为贸易互补，以及其互补性的大小，还需要在本节通过贸易互补性指数来进一步分析。

贸易关系的紧密程度和互补程度可以用贸易互补性指数（Trade Complementary Index，TCI）来衡量，该指数既考虑到了贸易双方的出口比较优势，又考虑到了进口比较劣势。如果某个国家或地区的主要出口产品类别同另一个国家或地区的主要进口产品类别相吻合，则两个国家或地区之间的互补性指数就相对较大；反之，如果某个国家或地区的主要出口产品类别同另一个国家或地区的主要进口产品不存在对应关系，则两个国家或地区之间的互补性指数就相对较小。一般认为，当两国或地区间的贸易互补性指数大于 1 时，就可认为出口国和进口国之间的互补性相比其他市场的平均水平较高，两个国家或地区之间的贸易互补关系就越紧密。贸易互补性指数具体的计算公式如下：

$$TC\ I_{ijk} = RC\ A_{xik} \times RC\ A_{mjk} \tag{9-5}$$

$$RC\ A_{mjk} = (M_{jk}/M_j)/(M_{wk}/M_w) \tag{9-6}$$

其中，TCI_{ijk} 表示国家 i 出口和国家 j 进口之间的贸易互补性指数，RCA_{xik} 表示国家 i 在 k 产品上出口的显示性比较优势指数；RCA_{mjk} 表示国家 j 在 k 产品进口上的显示性比较劣势指数，M_{jk} 为国家 j 对产品 k 的进口额，M_j 为国家 j 所有产品的进口总额，M_{wk} 表示世界对产品 k 的进口总额，M_w 表示世界全部产品的进口总额。

（一）中国西北地区出口、中亚进口角度

从中国西北地区出口角度看，西北地区与中亚的互补性高于其他市场的平均水平即贸易互补性指数均值大于 1 的商品共有 33 种（见表 9-13），达到全部商品种类的 1/3，分别为 07——食用蔬菜、根及块茎；08——食用水果及坚果，甜瓜或柑橘属水果的果皮；13——虫胶，树胶、树脂及其他植物液、汁；14——编结用植物材料，其他植物产品；20——蔬菜、水果、坚果或植物其他部分的制品；21——杂项食品；28——无机化学品，贵金属、稀土金属、放射性元素及其同位素的有机及无机化合物；31——肥料；36——炸药，烟火制品，引火合金，易燃材料制品；38——杂项化学产品；42——皮革制品，鞍具及挽具，旅行用品、手提包及类似容器，动物肠线（蚕胶丝除外）制品；51——羊毛、动物细毛或粗毛，马毛纱线及其机织物；55——化学纤维短纤；57——地毯及纺织材料的其他铺地制品；59——浸渍、涂布、包覆或层压的纺织物，工业用纺织制品；61——针织或钩编的服装及衣着附件；

62——非针织或非钩编的服装及衣着附件；63——其他纺织制成品，成套物品，旧衣着及旧纺织品，碎织物；64——鞋靴、护腿和类似品及其零件；65——帽类及其零件；66——雨伞、阳伞、手杖、鞭子、马鞭及其零件；68——石料、石膏、水泥、石棉、云母及类似材料的制品；69——陶瓷产品；70——玻璃及其制品；72——钢铁；73——钢铁制品；81——其他贱金属、金属陶瓷及其制品；82——贱金属工具、器具、利口器、餐匙、餐叉及其零件；83——贱金属杂项制品；84——核反应堆、锅炉、机器、机械器具及零件；86——铁道及电车道机车、车辆及其零件，铁道及电车道轨道固定装置及其零件，附件，各种机械（包括电动机械）交通信号设备；94——家具，寝具、褥垫、弹簧床垫、软坐垫及类似的填充制品，未列名灯具及照明装置，发光标志、发光铭牌及类似品，活动房屋；96——杂项制品。

表9-13　2012—2016年西北地区出口对中亚的贸易互补性指数

HS编码	2012	2013	2014	2015	2016	均值
07	1.352	1.150	1.254	1.487	0.672	1.183
08	5.158	4.874	4.716	4.814	4.756	4.863
13	0.724	1.632	3.370	3.956	4.117	2.760
14	2.327	1.026	0.660	1.221	0.217	1.090
20	18.729	13.713	12.145	12.126	8.848	13.112
21	1.094	1.213	0.862	1.187	0.941	1.059
28	2.885	3.523	3.296	3.167	3.563	3.287
31	2.189	1.678	0.200	0.681	0.719	1.093
36	9.903	6.526	4.245	8.879	7.540	7.419
38	1.803	1.849	2.513	2.522	2.347	2.207
42	1.894	3.511	2.691	1.489	2.173	2.352
51	1.556	2.327	1.343	1.051	0.825	1.420
55	4.915	3.063	1.263	3.194	8.358	4.159
57	2.872	2.337	1.610	2.092	3.516	2.486
59	4.388	2.850	1.051	0.373	0.416	1.815
61	8.574	11.326	7.571	3.826	4.865	7.232
62	3.216	4.539	5.392	2.897	4.581	4.125

续表

HS 编码	2012	2013	2014	2015	2016	均值
63	9.463	7.103	5.560	3.624	2.921	5.734
64	14.005	13.541	24.780	13.770	18.197	16.859
65	4.126	6.307	2.735	2.567	4.920	4.131
66	1.684	1.687	1.508	0.619	1.134	1.326
68	5.055	5.525	4.985	3.606	2.163	4.267
69	9.681	8.179	9.267	8.324	5.315	8.153
70	7.700	6.976	3.251	1.903	1.395	4.245
72	1.267	0.851	0.891	1.152	0.852	1.003
73	5.126	6.038	3.554	4.292	3.613	4.525
81	19.490	12.255	11.306	18.875	12.979	14.981
82	2.616	2.109	1.675	0.854	0.881	1.627
83	3.247	2.929	2.457	2.500	2.037	2.634
84	0.827	1.006	1.341	1.915	1.965	1.411
86	2.042	2.005	2.352	0.287	1.504	1.638
94	3.572	2.171	1.809	1.359	0.713	1.925
96	4.513	3.635	2.904	2.545	3.183	3.356

数据来源：根据 EPS 数据平台的相关数据计算整理而得。

上述商品从中国西北地区出口角度看，相对于中亚表现出了很强的互补性，其中鞋靴、护腿和类似品及其零件（64）在西北地区同中亚贸易中的互补性最强，TCI 均值为 16.859；其次为其他贱金属、金属陶瓷及其制品（81），TCI 均值为 14.981；第三为蔬菜、水果、坚果或植物其他部分的制品（20），TCI 均值为 13.112；之后依次为陶瓷产品（69），炸药、烟火制品、火柴、引火合金、易燃材料制品（36），针织或钩编的服装及衣着附件（61），其他纺织制成品、成套物品（63），TCI 均值均在 5 以上。钢铁（72），杂项食品（21），编结用植物材料、其他植物产品（14），肥料（31）四类产品，西北地区相对于中亚而言互补性较弱，TCI 均值均在 1.1 以下。

值得注意的是，在贸易互补性指数均值大于 1 的 33 种商品中，TCI 表现出较为明显的上升趋势的产品种类仅有四个，即虫胶，树胶、树脂及其他植物液、汁（13）；无机化学品，贵金属、稀土金属、放射性元素及其同位素的有机及无机化合物（28）；鞋靴、护腿和类似品及其零件（64）；核反应堆、锅炉、机器、机械器具及零件（84）。超过一半的产品种类 TCI 表现出较为明显的下降趋势。

（二）中亚出口、中国西北地区进口角度

从中亚出口角度看，中亚与中国西北地区的互补性高于其他市场的平均水平即贸易互补性指数均值大于 1 的商品共有 8 种（见表 9 - 14），占全部商品种类的 8.16%，分别为 14——编结用植物材料，其他植物产品；25——盐，硫黄，泥土及石料，石膏料、石灰及水泥；26——矿砂、矿渣及矿灰；27——矿物燃料、矿物油及其蒸馏产品，沥青物质，矿物蜡；28——无机化学品，贵金属、稀土金属、放射性元素及其同位素的有机及无机化合物；74——铜及其制品；79——锌及其制品；81——其他贱金属、金属陶瓷及其制品。

表 9 - 14　　2012—2016 年中亚出口对西北地区的贸易互补性指数

HS 编码	2012	2013	2014	2015	2016	均值
14	0.558	0.229	0.364	1.069	12.081	2.860
25	3.288	1.707	1.342	1.814	0.945	1.819
26	27.812	19.837	14.865	11.523	17.693	18.346
27	11.940	13.204	16.440	20.156	26.362	17.620
28	6.310	4.657	9.485	17.540	26.613	12.921
74	20.132	6.379	1.232	2.259	6.498	7.300
79	10.736	17.897	22.958	34.110	49.487	27.038
81	16.733	7.971	7.967	23.149	20.134	15.191

数据来源：根据 EPS 数据平台的相关数据计算整理而得。

上述商品在中亚向中国西北地区出口时表现出了很强的互补性，其中，均值最大的为锌及其制品（79），TCI 均值为 27.038；其次为矿砂、矿渣及矿灰（26），TCI 均值为 18.346；第三为矿物燃料、矿物油及其蒸馏产品，沥青物质，矿物蜡（27），TCI 均值为 17.620；之后依次为其他

贱金属、金属陶瓷及其制品（81）；无机化学品，贵金属、稀土金属、放射性元素及其同位素的有机及无机化合物（28），TCI 均值均在 10 以上。

在贸易互补性指数均值大于 1 的 8 种商品中，25 类、26 类、74 类商品 TCI 有明显下降趋势，其余五类商品均表现出明显的上升趋势。

总体而言，中国西北地区与中亚在蔬菜、水果（7、8、20）、矿产品（25、26、27）、无机化学品及贵金属（28）、纺织（51、55、57、59、61、62、63）、鞋帽（64、65）和水泥、陶瓷、玻璃等非金属制品（68、69、70）、贱金属及其制品（72、73、74、79、81、82、83）、铁道和机车（86）、家具（94）等产品上具有很强的贸易互补性。其中，中亚出口的互补性主要体现在矿产品以及铜、锌等贱金属及其制品上，其他商品出口的互补性全部体现在中国西北地区。

第十章

中国西北地区对中亚贸易的区位优势

一 各大区域在中国对中亚贸易中的区位优势比较

比较优势与互补性分析反映了中国西北地区与中亚某类商品在全球贸易中所具有的比较优势及双方相互之间存在互补性的商品类别，而中国西北地区在同中亚贸易中具有明显的区位优势，中国与中亚贸易的历史数据中西北地区的占比充分说明了这一点。为了更加准确地分析西北地区在中国对中亚贸易中的区位优势，需要进一步比较中国各大区域在对中亚贸易中的区位熵，并将各大区域在各行业中的区位优势进行对比分析。

为此，本章将全国分为西北地区、东北地区、华北地区、华东地区、西南地区和中南地区六个区域①，通过各区域在各行业对中亚贸易的区位熵来分析各区域的比较优势。

为衡量各大区域在中国对中亚贸易中的区位优势，引入贸易的区位熵概念。区位熵（Location Quotient）也称为生产的地区集中度或专门化率，最早由哈盖特（P. Haggett）提出并用于区位分析。按照区位熵的基本含义，一个区域贸易的区位熵可以被理解为本区域对某国的贸易占其全部贸易的比重与本国与该国的贸易占其全部贸易的比重之比。显然，贸易的区位熵可以从进口额、出口额、进出口总额三个角度来衡量，这

---

① 西北地区包括陕西、甘肃、宁夏、青海、新疆；东北地区包括辽宁、吉林、黑龙江；华北地区包括北京、天津、河北、山西、内蒙古；华东地区包括上海、江苏、浙江、安徽、福建、江西、山东；西南地区包括重庆、四川、贵州、云南、西藏；中南地区包括河南、湖北、湖南、广东、广西、海南。

里以出口为例来衡量各区域在中国对中亚贸易中的区位优势，表示在中国对中亚每百分之一的出口中，各大区域占百分之几。其计算公式如下：

$$LQ_{jk} = (X_{jk}/X_j)/(X_{rk}/X_r) \qquad (10-1)$$

其中，LQ_{jk}代表 r 国 j 地区对 k 国的出口区位熵，X_{jk}表示 j 地区对 k 国的出口额，X_j表示 j 地区对世界的出口额，X_{rk}表示 r 国对 k 国的出口额，X_r表示 r 国对世界的出口总额。一般认为，如果 $LQ_{jk} > 2.5$，则表明 j 地区在本国对 r 国的出口中具有极强的竞争力，即区位比较优势极为显著；如果 T_{jk} 介于 1.25—2.5 之间，表明 j 地区出口的竞争力很强；如果 T_{jk} 介于 0.8—1.25 之间，则认为 j 地区出口的竞争力较强；如果 $T_{jk} < 0.8$，则表明 j 地区出口的竞争力较弱。

表 10-1 为按照式（10-1）计算的各大区域各年度对中亚出口的区位熵。

表 10-1　　　　2009—2017 年各大区域对中亚的出口区位熵

区域	2009	2010	2011	2012	2013	2014	2015	2016	均值
西北地区	40.22	47.47	48.30	42.30	42.06	38.30	38.25	37.38	41.79
东北地区	1.21	0.90	0.64	0.90	0.49	0.39	0.72	0.46	0.71
华北地区	1.36	0.93	0.95	1.12	1.49	1.05	1.44	1.21	1.19
华东地区	0.24	0.28	0.34	0.41	0.44	0.45	0.49	0.41	0.38
西南地区	5.28	2.46	0.96	1.64	0.76	0.36	0.44	0.28	1.52
中南地区	0.20	0.21	0.26	0.22	0.22	0.24	0.25	0.25	0.23

数据来源：根据 EPS 数据库计算整理而得。

从均值角度比较各大区域对中亚的出口熵可以发现，在中国与中亚的贸易中，西北地区对中亚的贸易区位熵均值大于 2.5，表明其具有极强的区位优势；西南地区对中亚的贸易区位熵均值介于 1.25—2.5 之间，表明其具有很强的区位优势；华北地区对中亚的贸易区位熵均值介于 0.8—1.25 之间，表明其具有较强的区位优势；东北地区、华东地区和中南地区对中亚的贸易区位熵均值小于 0.8，表明这三个地区并没有显示出区位优势。

从各年度数据比较各大区域对中亚出口的区位优势可以发现，在中国对中亚的出口中，西北地区的区位熵在各个年份均大于2.5，表明其在各个阶段均具有极强的区位优势。同时，2009年至2011年，区位熵有上升趋势，但2011年以来，出口区位熵逐年下滑，从2011年的48.30降至2016年的37.38。东北地区的区位熵在前期的一些年份曾大于或等于0.8，在中国对中亚的出口中也具有很强的区位优势，但近年来有所下降，从2013年以来一直低于0.8。华北地区的区位熵在所考察区间一直介于0.8—2.5之间，显示其具有区位优势，同时，从2013年开始，区位优势具有一定程度的提升。西南地区的区位熵在2009年和2010年曾大于或接近2.5，显示其曾具有极强的区位优势，但2012年之后快速下降，2016年已降至0.28。华东地区和中南地区的区位熵在各个年份均小于0.8，表明它们不具有区位优势。

二　各大区域分行业区位优势比较

从行业的角度来看，按照区位熵的基本含义，出口区位熵可以被理解为一个区域在某一行业对某国或某地区出口中的集中度或专门化率，不同区域在同一行业上出口区位熵的差异体现着不同区域在该行业对某国或某区域出口中的区位优势的差异，即从一国内部不同区域角度反映的区域之间比较优势的差异。其计算公式为：

$$LQ_{ijk} = (X_{ijk}/X_{ij})/(X_{irk}/X_{ir}) \qquad (10-2)$$

其中，LQ_{ijk}代表r国j地区i行业对k国出口的贸易区位熵，X_{ijk}表示j地区i行业对k国的出口额，X_{ij}表示j地区i行业的出口额，X_{irk}表示r国i行业对k国的出口额，X_{ir}表示r国i行业的出口总额。如果LQ_{ijk}大于2.5，则表明j地区出口竞争力极强，即区位比较优势极为显著；如果LQ_{ijk}介于2.5—1.25之间，表明j地区出口的竞争力很强；如果LQ_{ijk}介于1.25—0.8之间，则认为j地区出口的竞争力较强；如果$LQ_{ijk}<0.8$，则表明j地区出口的竞争力较弱。

表 10-2 为按照式（10-2）计算的 2009—2016 年各大区域各行业对中亚出口区位熵的均值。

表 10-2　2009—2017 年全国六大区域各行业对中亚贸易区位熵均值

行业	西北	东北	华北	华东	西南	中南
农业	21.66	0.18	0.95	0.57	0.08	0.02
林业	2.35	0.30	0.17	2.01	0.09	0.50
畜牧业	22.54	0.00	1.46	0.76	0.00	0.26
渔业	32842.83	0.57	0.00	0.36	0.00	0.01
农、林、牧、渔服务业	0.59	0.04	0.45	0.26	0.00	2.93
煤炭开采和洗选业	29.30	0.00	0.00	1.28	0.00	197.51
石油和天然气开采业	1864.63	0.00	97.48	0.85	879.05	0.06
黑色金属矿采选业	28.66	0.47	0.00	4.35	8.55	1.39
有色金属矿采选业	0.08	1.45	0.00	0.01	0.00	0.06
非金属矿采选业	29.63	0.74	1.11	0.77	3.27	0.33
农副食品加工业	34.64	0.20	0.24	0.28	17.94	2.29
食品制造业	8.97	0.22	0.92	0.33	0.03	0.40
酒、饮料和精制茶制造业	0.63	0.01	0.19	1.93	0.07	0.37
烟草制品业	1.32	0.00	0.00	0.02	0.74	1.17
纺织业	25.76	0.55	2.91	0.40	0.98	0.21
纺织服装、服饰业	27.98	0.36	0.43	0.05	2.05	0.07
皮革、毛皮、羽毛及其制品和制鞋业	27.50	0.47	0.14	0.06	1.13	0.04
木材加工和木、竹、藤、棕、草制品业	124.99	0.12	0.40	0.80	0.94	0.96
家具制造业	125.60	0.33	1.73	0.44	8.31	0.33
造纸和纸制品业	71.89	0.59	2.87	0.75	1.23	0.20
印刷和记录媒介的复制	68.40	0.83	1.72	0.62	6.38	0.30
文教、工美、体育和娱乐用品制造业	190.99	1.28	0.51	0.54	14.54	0.14
石油、炼焦及核燃料加工业	164.51	0.01	1.73	0.08	1.25	0.05
化学原料和化学制品制造业	18.98	0.56	0.82	0.69	0.51	0.44
医药制造业	4.17	3.49	2.30	0.61	2.06	0.64

续表

行业	西北	东北	华北	华东	西南	中南
化学纤维制造业	141.61	0.00	0.15	0.78	2.26	20.85
橡胶和塑料制品业	55.17	0.94	0.61	0.66	1.40	0.27
非金属矿物制品业	31.18	1.17	0.59	0.24	2.01	0.26
黑色金属冶炼和压延加工业	17.08	0.15	1.08	0.81	1.87	0.51
有色金属冶炼和压延加工业	10.98	0.06	0.49	0.90	1.03	0.63
金属制品业	50.25	0.29	0.95	0.32	5.44	0.16
通用设备制造业	38.98	1.36	1.82	0.45	2.77	0.46
专用设备制造业	22.84	1.11	2.15	0.72	2.12	0.33
交通运输设备制造业	33.32	0.88	0.73	0.36	1.62	0.54
电气机械和器材制造业	69.77	1.10	1.90	0.74	3.32	0.32
计算机、通信和其他电子设备制造业	30.28	1.19	1.06	0.46	0.90	1.30
仪器仪表制造业	72.88	0.89	4.07	0.43	9.86	0.18
其他制造业	93.71	0.67	0.28	0.25	3.03	0.08
废弃资源综合利用业	71.17	0.12	0.66	1.24	0.17	0.64
电力、热力生产和供应业	0.00	0.00	0.00	0.00	0.00	0.00
邮政业	0.00	0.00	0.00	0.25	0.00	0.00
生态保护和环境治理业	0.14	0.00	0.00	0.00	0.00	0.00
广播、电视、电影和影视制作业	0.00	0.00	0.00	0.00	0.00	0.00
文化艺术业	207.92	0.00	1.36	1.27	0.00	0.93

数据来源：根据EPS数据库计算整理而得。

（一）西北地区

从2009—2016年各行业对中亚出口区位熵的均值来看，西北地区具有很强区位优势（区位熵均值在1.25—2.5之间）的行业有2个，即林业、烟草制品业；没有区位优势较强（区位熵均值在0.8—1.25之间）的行业。

西北地区具有极强区位优势（区位熵均值大于2.5）的行业有35个，分别为农业，畜牧业，渔业，煤炭开采和洗选业，石油和天然气开采业，黑色金属矿采选业，非金属矿采选业，农副食品加工业，食品制造业，纺织业，纺织服装、服饰业，皮革、毛皮、羽毛及其制品和制鞋业，木材加工和木、竹、藤、棕、草制品业，家具制造业，造纸和纸制品业，印刷和记录媒介的复制，文教、工美、体育和娱乐用品制造业，石油、炼焦及核燃料加工业，化学原料和化学制品制造业，医药制造业，化学纤维制造业，橡胶和塑料制品业，非金属矿物制品业，黑色金属冶炼和压延加工业，有色金属冶炼和压延加工业，金属制品业，通用设备制造业，专用设备制造业，交通运输设备制造业，电气机械和器材制造业，计算机、通信和其他电子设备制造业，仪器仪表制造业，其他制造业，废弃资源综合利用业，文化艺术业。其中渔业优势最大，其次为石油和天然气开采业。

其余7个行业区位熵均小于0.8，表明这些行业在整体上并没有显示出区位优势，其中，有3个行业的区位熵均值为零。但从各年度数据看，酒、饮料和精制茶制造业，生态保护和环境治理业等行业的区位熵在后期的一些年份大于或等于0.8，表明这些行业在中国西北地区与中亚贸易中的区位优势有所提升。

（二）东北地区

东北地区具有较强的区位优势的行业有8个，分别为印刷和记录媒介的复制，橡胶和塑料制品业，非金属矿物制品业，专用设备制造业，交通运输设备制造业，电气机械和器材制造业，计算机、通信和其他电子设备制造业，仪器仪表制造业；具有很强的区位优势的行业有3个，分别为有色金属矿采选业，文教、工美、体育和娱乐用品制造业，通用设备制造业；具有极强的区位优势的行业有1个，为医药制造业。

其余32个行业的区位熵均小于0.8，其中，有9个行业的区位熵均值为零。但从各年度数据看，渔业，纺织业，纺织服装、服饰业，皮革、毛皮、羽毛及其制品和制鞋业，家具制造业，造纸和纸制品业，化学原料和化学制品制造业，其他制造业等行业的区位熵在前期阶段的某些年份曾大于或等于0.8，表明这些行业在中国东北地区与中亚的贸易中的前期阶段还是具有一定区位优势的，但近年来又有所下降；林业、黑色金属矿采选业、废弃资源综合利用业等行业的区位熵在后期的一些年份大于或等于0.8，表明近年来这些行业在中国东北地区与中亚的贸易中的区位优势还是有所提升的。

比较东北地区和西北地区同中亚贸易的优势行业可以发现，东北地区仅在有色金属矿采选业上的区位优势高于西北地区。

（三）华北地区

华北地区具有较强的区位优势的行业有 7 个，分别为农业，非金属矿采选业，食品制造业，化学原料和化学制品制造业，黑色金属冶炼和压延加工业，金属制品业，计算机、通信和其他电子设备制造业。具有很强的区位优势的行业有 9 个，分别为畜牧业，家具制造业，印刷和记录媒介的复制，石油、炼焦及核燃料加工业，医药制造业，通用设备制造业，专用设备制造业，电气机械和器材制造业，文化艺术业；具有极强的区位优势的行业有 4 个，分别为石油和天然气开采业，纺织业，造纸和纸制品业，仪器仪表制造业。

其余 24 个行业区位熵均小于 0.8，表明这些行业在整体上并不具有区位优势，其中，有 8 个行业的区位熵均值为零。但从各年度数据看，林业，农、林、牧、渔服务业，文教、工美、体育和娱乐用品制造业，交通运输设备制造业等行业的区位熵在前期阶段的某些年份曾大于或等于 0.8，表明这些行业在中国华北地区与中亚的贸易中的前期阶段曾具有一定的区位优势，但近年来有所下降；有色金属冶炼和压延加工业，其他制造业，废弃资源综合利用业等行业的区位熵在后期的一些年份大于或等于 0.8，表明近年来华北地区在这些行业的区位优势有所提升。

比较华北地区和西北地区对中亚出口的优势行业可以发现，华北地区优势行业的区位熵均低于西北地区相同行业的区位熵。

（四）华东地区

华东地区具有较强区位优势的行业有 4 个，分别为石油和天然气开采业，黑色金属冶炼和压延加工业，有色金属冶炼和压延加工业，废弃资源综合利用业。具有很强区位优势的行业有 4 个，分别为林业，煤炭开采和洗选业，酒、饮料和精制茶制造业，文化艺术业；具有极强区位优势的行业有 1 个，为黑色金属矿采选业。

其余 35 个行业区位熵均小于 0.8，表明这些行业在整体上并没有显示出区位优势，其中，有 4 个行业的区位熵均值为零。但从各年度数据看，农业，农、林、牧、渔服务业在前期阶段的某些年份曾大于或等于0.8，这些行业在华东地区与中亚的贸易中的前期阶段曾具有一定区位优势，但近年来有所下降；畜牧业，渔业，木材加工和木、竹、藤、棕、草制品业，造纸和纸制品业，印刷和记录媒介的复制，文教、工美、体育和娱乐用品制造业，化学原料和化学制品制造业，医药制造业，橡胶和塑料制品业，专用设备制造业等行业的区位熵在后期的一些年份大于或等于0.8，表明这些行业近年来的区位优势有所提升。

比较华东地区和西北地区同中亚贸易的优势行业可以发现，华东地区仅在酒、饮料和精制茶制造业上的区位优势高于西北地区。

（五）西南地区

西南地区具有较强区位优势的行业有6个，分别为纺织业，皮革、毛皮、羽毛及其制品和制鞋业，木材加工和木、竹、藤、棕、草制品业，造纸和纸制品业，有色金属冶炼和压延加工业，计算机、通信和其他电子设备制造业；具有很强区位优势的行业有9个，分别为纺织服装、服饰业，石油、炼焦及核燃料加工业，医药制造业，化学纤维制造业，橡胶和塑料制品业，非金属矿物制品业，黑色金属冶炼和压延加工业，专用设备制造业，交通运输设备制造业；具有极强区位优势的行业有12个，分别为石油和天然气开采业，黑色金属矿采选业，非金属矿采选业，农副食品加工业，家具制造业，印刷和记录媒介的复制，文教、工美、体育和娱乐用品制造业，金属制品业，通用设备制造业，电气机械和器材制造业，仪器仪表制造业，其他制造业。

其余17个行业区位熵均小于0.8，其中，有10个行业的区位熵均值为零。但从各年度数据看，烟草制品业的区位熵在前期阶段的一些年份曾大于或等于0.8，表明这些行业曾具有一定的区位优势，但是近年来有所下降；废弃资源综合利用业等行业的区位熵在后期的一些年份大于或等于0.8，表明近年来这些行业区位优势有所提升。

比较西南地区和西北地区同中亚贸易的优势行业可以发现，西南地区优势行业的区位熵均低于西北地区相同行业的区位熵。

(六) 中南地区

中南地区具有较强区位优势的行业有3个,分别为烟草制品业,木材加工和木、竹、藤、棕、草制品业,文化艺术业;具有很强区位优势的行业有3个,分别为黑色金属矿采选业,农副食品加工业,计算机、通信和其他电子设备制造业;具有极强区位优势的行业有3个,分别为农、林、牧、渔服务业,煤炭开采和洗选业,化学纤维制造业。

其余35个行业的区位熵均小于0.8,其中,有4个行业的区位熵均值为零。但从各年度数据看,林业、交通运输设备制造业等行业的区位熵在前期阶段的某些年份曾大于或等于0.8,表明这些行业在中国中南地区与中亚的贸易中的前期阶段还是具有一定区位优势的,但是近年来又有所下降;畜牧业、医药制造业等行业的区位熵在后期的一些年份大于或等于0.8,表明近年来这些行业在中国中南地区与中亚贸易中的区位优势还是有所提升的。

比较中南地区和西北地区同中亚贸易的优势行业可以发现,中南地区仅在农、林、牧、渔服务业及煤炭开采和洗选业上的区位优势强于西北地区。

总体而言,西北地区无论在具有区位优势的行业数量还是在优势行业的强弱上,均明显优于其他区域。从行业数量看,西北地区明显多于其他区域(见表10-3)。

表10-3　　　　各大区域具备区位优势的行业数比较　　　　(单位:个)

区域	$LQ_{ijk} \geq 2.5$	$1.25 \leq LQ_{ijk} < 2.5$	$0.8 \leq LQ_{ijk} < 1.25$	合计	$0 < LQ_{ijk} < 0.8$	$LQ_{ijk} = 0$
西北地区	35	2	0	37	4	3
东北地区	1	3	8	12	23	9
华北地区	4	9	7	20	16	8
华东地区	1	4	4	9	31	4
西南地区	12	9	6	27	7	10
中南地区	3	3	3	9	31	4

表头:具有区位优势的行业数 | 不具有区位优势的行业数

从各大区域区位优势行业的区位熵值的大小看，西北地区在绝大多数行业的区位优势明显高于其他区域（见表10-4）。

表10-4　　　　　　全国各大区域区位熵最高行业及行业数量

区域	区位熵最高行业	行业数
西北地区	农业，林业，畜牧业，渔业，石油和天然气开采业，黑色金属矿采选业，非金属矿采选业，农副食品加工业，食品制造业，烟草制品业，纺织业，纺织服装、服饰业，皮革、毛皮、羽毛及其制品和制鞋业，木材加工和木、竹、藤、棕、草制品业，家具制造业，造纸和纸制品业，印刷和记录媒介的复制，文教、工美、体育和娱乐用品制造业，石油、炼焦及核燃料加工业，化学原料和化学制品制造业，医药制造业，化学纤维制造业，橡胶和塑料制品业，非金属矿物制品业，黑色金属冶炼和压延加工业，有色金属冶炼和压延加工业，金属制品业，通用设备制造业，专用设备制造业，交通运输设备制造业，电气机械和器材制造业，计算机、通信和其他电子设备制造业，仪器仪表制造业，其他制造业，废弃资源综合利用业，生态保护和环境治理业，文化艺术业	37
东北地区	有色金属矿采选业	1
华北地区	邮政业	1
华东地区	酒、饮料和精制茶制造业	1
西南地区	无	0
中南地区	农、林、牧、渔服务业，煤炭开采和洗选业	2

三　西北地区各年度及各省区分行业区位优势比较

（一）西北地区各年度区位优势

表10-5为按照（10-2）式计算的2009—2016年西北地区各行业对中亚出口的区位熵。从2016年数据看，区位熵大于100（西北地区某行业对中亚出口占其全部出口的比重超过中国该行业对中亚出口占其全部出口的比重的100倍）的行业有9个，按照区位熵大小依次为石油和天然气开采业，渔业，文化艺术业，家具制造业，黑色金属矿采选业，印刷和记录媒介的复制，木材加工和木、竹、藤、棕、草制品业，文教、

工美、体育和娱乐用品制造业，石油、炼焦及核燃料加工业。区位熵在 10—100 之间的行业有 22 个，依次为造纸和纸制品业，电气机械和器材制造业，其他制造业，煤炭开采和洗选业，金属制品业，橡胶和塑料制品业，通用设备制造业，交通运输设备制造业，农副食品加工业，仪器仪表制造业，非金属矿物制品业，黑色金属冶炼和压延加工业，农业，纺织服装、服饰业，废弃资源综合利用业，纺织业，皮革、毛皮、羽毛及其制品和制鞋业，化学原料和化学制品制造业，非金属矿采选业，专用设备制造业，食品制造业，烟草制品业。

表 10-5　　2009—2016 年西北地区各行业对中亚出口的区位熵

行业	2009	2010	2011	2012	2013	2014	2015	2016
农业	16.30	21.70	17.80	15.54	22.61	21.61	26.74	30.96
林业	15.99	0.00	0.00	0.11	1.42	0.16	0.00	1.15
畜牧业	78.51	50.49	51.32	0.00	—	0.00	0.00	0.00
渔业	73914	29980	22015	34620	30007	33842	36984	1376
农、林、牧、渔服务业	0.32	0.17	0.53	1.55	0.62	0.07	0.46	0.99
煤炭开采和洗选业	—	0.00	—	—	—	—	175	59.37
石油和天然气开采业	186	1368	776	1473	856	648	6352	3253
黑色金属矿采选业	0.00	—	0.00	0.00	—	0.00	0.00	229
有色金属矿采选业	0.00	0.00	0.60	0.00	—	0.00	0.00	0.00
非金属矿采选业	29.18	44.63	13.87	48.36	28.05	33.13	22.63	17.21
农副食品加工业	45.37	35.59	43.93	39.57	24.73	18.74	26.52	42.68
食品制造业	7.74	8.18	7.56	9.89	9.38	8.71	9.71	10.60
酒、饮料和精制茶制造业	0.23	0.22	0.31	0.21	0.45	0.52	0.39	2.72
烟草制品业	0.00	0.00	—	—	—	0.00	—	10.60
纺织业	20.08	24.13	25.38	26.11	26.36	27.10	31.04	25.91
纺织服装、服饰业	20.46	22.62	27.13	28.08	26.48	26.20	43.57	29.30
皮革、毛皮、羽毛及其制品和制鞋业	19.73	26.66	28.66	30.07	37.28	22.78	31.06	23.75
木材加工和木、竹、藤、棕、草制品业	127	160	159	119	103	95.32	116	117
家具制造业	84.12	126	121	57.51	87.39	100	177	249

续表

行业	2009	2010	2011	2012	2013	2014	2015	2016
造纸和纸制品业	94.23	93.32	69.06	50.16	48.04	56.78	70.74	92.81
印刷和记录媒介的复制	49.49	68.80	38.01	43.53	62.00	69.19	89.68	126
文教、工美、体育和娱乐用品制造业	204	195	281	192	201	220	115	116
石油、炼焦及核燃料加工业	264	174	157	197	161	129	120	110
化学原料和化学制品制造业	22.14	20.15	17.74	15.42	16.12	17.81	21.92	20.52
医药制造业	3.97	4.18	3.82	5.87	7.12	3.67	2.18	2.53
化学纤维制造业	2.88	57.94	417	149	295	192	15.61	2.08
橡胶和塑料制品业	56.39	68.31	72.12	43.47	44.47	46.23	57.31	53.07
非金属矿物制品业	28.65	30.85	35.08	28.04	27.22	26.87	35.87	36.88
黑色金属冶炼和压延加工业	4.99	13.00	11.37	9.56	11.51	20.38	30.55	35.28
有色金属冶炼和压延加工业	14.57	11.03	11.10	12.36	12.71	9.72	7.13	9.22
金属制品业	39.53	59.76	68.08	49.16	45.38	36.61	44.11	59.36
通用设备制造业	35.01	42.51	47.88	30.83	34.45	36.04	35.50	49.63
专用设备制造业	21.50	29.73	21.11	24.20	25.06	23.15	21.59	16.35
交通运输设备制造业	33.43	37.72	26.92	18.81	27.29	29.36	48.14	44.89
电气机械和器材制造业	85.23	80.75	76.82	54.62	55.97	57.91	61.21	85.62
计算机、通信和其他电子设备制造业	107	36.01	32.71	24.44	14.29	11.04	8.49	7.36
仪器仪表制造业	127	113	101	50.72	50.03	54.66	46.42	38.97
其他制造业	66.92	113	176	73.17	66.81	72.73	102	77.52
废弃资源综合利用业	49.97	91.15	144	31.63	138	10.57	74.68	27.84
电力、热力生产和供应业	—	—	—	—	—	—	—	—
邮政业	—	—	—	—	—	—	—	—
生态保护和环境治理业	—	—	—	—	—	—	1.13	—
广播、电视、电影和影视制作业	—	—	—	—	—	—	—	—
文化艺术业	186	181	156	17.15	104	113	127	775

注：(1) "—"表示该行业当年出口为0从而使计算结果无意义。(2) 为节省空间，大于100 的区位熵仅保留了整数部分。

数据来源：根据 EPS 数据库计算而得。

2016 年与 2009 年相比较，除去 4 个没有出口的行业和 1 个区位熵在起始年份为 0 的行业外，出口区位熵上升的行业共有 20 个，其中上升超过 10 的行业有 12 个，按上升幅度依次为石油和天然气开采业，文化艺术业，黑色金属矿采选业，家具制造业，印刷和记录媒介的复制，黑色金属冶炼和压延加工业，金属制品业，农业，通用设备制造业，交通运输设备制造业，烟草制品业，其他制造业。

出口区位熵下降的行业有 18 个，其中下降幅度超过 10 的行业有 10 个，按照下降幅度从大到小依次为渔业，石油、炼焦及核燃料加工业，计算机、通信和其他电子设备制造业，仪器仪表制造业，文教、工美、体育和娱乐用品制造业，畜牧业，废弃资源综合利用业，林业，非金属矿采选业，木材加工和木、竹、藤、棕、草制品业。

（二）各省区分行业区位优势比较

陕西省在与中亚贸易中具有较强区位优势的行业有 3 个（见表 10 - 6），即皮革、毛皮、羽毛及其制品和制鞋业，石油、炼焦及核燃料加工业，非金属矿物制品业；具有很强区位优势的行业主要有 5 个，即农副食品加工业，烟草制品业，橡胶和塑料制品业，金属制品业，其他制造业。具有极强区位优势的行业有 13 个，即农业，非金属矿采选业，木材加工和木、竹、藤、棕、草制品业，家具制造业，造纸和纸制品业，文教、工美、体育和娱乐用品制造业，黑色金属冶炼和压延加工业，通用设备制造业，专用设备制造业，交通运输设备制造业，电气机械和器材制造业，仪器仪表制造业，文化艺术业。三种类型共有 21 个行业，同时，有 13 个行业区位熵均值为零。

表 10 - 6　2009—2016 年西北各省各行业对中亚贸易区位熵均值

行业	陕西省	甘肃省	宁夏区	青海省	新疆区
农业	9.81	2.00	0.26	1.55	61.84
林业	0.19	0.00	0.00	51.01	10.00
畜牧业	0.00	0.00	0.00	0.00	2135.24
渔业	0.00	0.00	0.00	0.00	56136.63
农、林、牧、渔服务业	0.00	0.68	0.12	0.00	1.76

续表

行业	陕西省	甘肃省	宁夏区	青海省	新疆区
煤炭开采和洗选业	0.00	0.00	0.00	0.00	1814.05
石油和天然气开采业	0.00	3691.20	0.00	0.00	1841.14
黑色金属矿采选业	0.00	0.00	0.00	0.00	4898.85
有色金属矿采选业	0.00	0.00	0.00	0.00	95.04
非金属矿采选业	2.56	364.12	0.00	0.00	194.98
农副食品加工业	1.59	10.69	0.84	7.41	51.55
食品制造业	0.53	2.66	0.13	1.03	10.24
酒、饮料和精制茶制造业	0.13	0.44	0.25	0.00	25.53
烟草制品业	1.34	0.00	0.00	0.00	0.00
纺织业	0.48	3.29	0.01	0.46	33.05
纺织服装、服饰业	0.61	0.83	0.19	0.12	31.77
皮革、毛皮、羽毛及其制品和制鞋业	1.07	2.68	0.12	0.44	29.08
木材加工和木、竹、藤、棕、草制品业	2.74	20.11	0.00	0.00	213.59
家具制造业	6.63	18.61	0.00	4.05	178.74
造纸和纸制品业	7.39	23.15	0.50	0.65	116.23
印刷和记录媒介的复制	0.67	5.04	0.00	0.30	97.21
文教、工美、体育和娱乐用品制造业	7.79	8.85	0.15	1.31	263.21
石油、炼焦及核燃料加工业	1.10	117.13	9.52	10.20	235.20
化学原料和化学制品制造业	0.57	3.40	0.22	4.83	43.67
医药制造业	0.47	0.03	0.11	0.72	66.08
化学纤维制造业	0.00	113.07	0.00	0.00	349.77
橡胶和塑料制品业	2.06	22.53	0.15	1.76	71.75
非金属矿物制品业	1.07	13.51	0.20	1.78	63.81
黑色金属冶炼和压延加工业	4.93	2.92	0.00	0.07	58.22
有色金属冶炼和压延加工业	0.30	0.30	0.01	1.78	125.65
金属制品业	1.78	9.85	0.05	1.45	81.43
通用设备制造业	2.54	5.26	1.88	2.56	89.36
专用设备制造业	4.25	14.36	0.98	24.71	66.62

续表

行业	陕西省	甘肃省	宁夏区	青海省	新疆区
交通运输设备制造业	4.16	15.15	0.02	13.56	89.45
电气机械和器材制造业	4.09	8.43	8.62	2.48	143.83
计算机、通信和其他电子设备制造业	0.30	1.04	0.00	7.11	548.55
仪器仪表制造业	3.49	4.51	0.26	0.82	191.86
其他制造业	1.89	3.49	0.08	1.18	125.27
废弃资源综合利用业	0.00	1.86	0.00	0.00	1765.96
电力、热力生产和供应业	0.00	0.00	0.00	0.00	0.00
邮政业	0.00	0.00	0.00	0.00	0.00
生态保护和环境治理业	0.00	0.00	0.00	0.00	0.14
广播、电视、电影和影视制作业	0.00	0.00	0.00	0.00	0.00
文化艺术业	51.29	0.00	0.00	0.00	1427.33

数据来源：根据 EPS 数据平台的相关数据计算整理而得。

甘肃省在与中亚贸易中具有较强区位优势的行业主要有 2 个，即纺织服装、服饰业，计算机、通信和其他电子设备制造业；具有很强区位优势的行业主要有 2 个，即农业，废弃资源综合利用业；具有极强区位优势的行业有 24 个，分别为石油和天然气开采业，非金属矿采选业，农副食品加工业，食品制造业，纺织业，皮革、毛皮、羽毛及其制品和制鞋业，木材加工和木、竹、藤、棕、草制品业，家具制造业，造纸和纸制品业，印刷和记录媒介的复制，文教、工美、体育和娱乐用品制造业，石油、炼焦及核燃料加工业，化学原料和化学制品制造业，化学纤维制造业，橡胶和塑料制品业，非金属矿物制品业，黑色金属冶炼和压延加工业，金属制品业，通用设备制造业，专用设备制造业，交通运输设备制造业，电气机械和器材制造业，仪器仪表制造业，其他制造业。三种类型共有 28 个行业，同时，12 个行业区位熵均值为零。

宁夏回族自治区在与中亚贸易中具有较强区位优势的行业有 2 个，即农副食品加工业，专用设备制造业；具有很强区位优势的行业有 1 个，为通用设备制造业；具有极强区位优势的行业主要有 2 个，即石油、炼焦及核燃料加工业，电气机械和器材制造业。三种类型共有 5 个行业，同时，有 20 个行业区位熵均值为零。

青海省在与中亚贸易中具有较强区位优势的行业有 3 个，即食品制造业，仪器仪表制造业，其他制造业；具有很强区位优势的行业 7 个，农业，文教、工美、体育和娱乐用品制造业，橡胶和塑料制品业，非金属矿物制品业，有色金属冶炼和压延加工业，金属制品业，电气机械和器材制造业；具有极强区位优势的行业有 9 个，即林业，农副食品加工业，家具制造业，石油、炼焦及核燃料加工业，化学原料和化学制品制造业，通用设备制造业，专用设备制造业，交通运输设备制造业，计算机、通信和其他电子设备制造业。三种类型共有 19 个行业，同时，有 18 个行业区位熵均值为零。

新疆维吾尔自治区在与中亚贸易中没有较强区位优势的行业，具有很强区位优势的行业有 1 个，即农、林、牧、渔服务业；具有极强区位优势的行业有 38 个，分别为农业，林业，畜牧业，渔业，煤炭开采和洗选业，石油和天然气开采业，黑色金属矿采选业，有色金属矿采选业，非金属矿采选业，农副食品加工业，食品制造业，酒、饮料和精制茶制造业，纺织业，纺织服装、服饰业，皮革、毛皮、羽毛及其制品和制鞋业，木材加工和木、竹、藤、棕、草制品业，家具制造业，造纸和纸制品业，印刷和记录媒介的复制，文教、工美、体育和娱乐用品制造业，石油、炼焦及核燃料加工业，化学原料和化学制品制造业，医药制造业，化学纤维制造业，橡胶和塑料制品业，非金属矿物制品业，黑色金属冶炼和压延加工业，有色金属冶炼和压延加工业，金属制品业，通用设备制造业，专用设备制造业，交通运输设备制造业，电气机械和器材制造业，计算机、通信和其他电子设备制造业，仪器仪表制造业，其他制造业，废弃资源综合利用业，文化艺术业。三种类型共有 39 个行业，同时，区位熵均值为零行业只有 4 个，在西北五省区中最少。

比较西北各省区各行业对中亚出口的区位熵，并剔除相同行业只取每个行业的区位熵最大值后，可以更加明确地发现，西北地区对中亚出口的区位优势主要表现为新疆维吾尔自治区的优势，其出口区位熵超过其他省区的行业有 36 个（见表 10-7），甘肃省更具区位优势的行业有 2 个，陕西省和青海省各有 1 个，宁夏回族自治区则没有更具优势的行业。

表10-7　　　　　　西北各省区更具优势的行业及行业数

省份	更具区位优势的行业	行业数
陕西省	烟草制品业	1
甘肃省	石油和天然气开采业，非金属矿采选业	2
宁夏区	无	0
青海省	林业	1
新疆区	农业，畜牧业，渔业，农、林、牧、渔服务业，煤炭开采和洗选业，黑色金属矿采选业，有色金属矿采选业，农副食品加工业，食品制造业，酒、饮料和精制茶制造业，纺织业，纺织服装、服饰业，皮革、毛皮、羽毛及其制品和制鞋业，木材加工和木、竹、藤、棕、草制品业，家具制造业，造纸和纸制品业，印刷和记录媒介的复制，文教、工美、体育和娱乐用品制造业，石油、炼焦及核燃料加工业，化学原料和化学制品制造业，医药制造业，化学纤维制造业，橡胶和塑料制品业，非金属矿物制品业，黑色金属冶炼和压延加工业，有色金属冶炼和压延加工业，金属制品业，通用设备制造业，专用设备制造业，交通运输设备制造业，电气机械和器材制造业，计算机、通信和其他电子设备制造业，仪器仪表制造业，其他制造业，废弃资源综合利用业，文化艺术业	36

第十一章

结论与政策建议

一 主要结论

(一) 产业互补性既是经济互补性的表现,又是贸易互补性的基础

产业互补性是指由不同经济体之间产业的异质性或同一产业内部产品的异质性而形成的一种产业关系的属性,是经济互补性的具体表现,同时也是贸易互补性的基础。产业互补性可以分为产业间互补和产业内互补,前者源于不同经济体之间因水平或垂直国际分工关系而形成产业的差异性,后者源于不同经济体之间由于诸多原因而形成的同一产业内部产品的异质性。

具有较强产业互补性和贸易互补性的国家之间将表现出更大的经济合作潜力,两国之间进行贸易的可能性会显著增加。因此,国家的产业合作和贸易发展可以基于产业互补性和贸易互补性挖掘彼此潜力,通过合理分工进行专业化生产,形成优势互补,以此促进资源的充分利用和生产效率的提高。

(二) 中亚国家经济增长取得不俗成就,但各国经济发展水平差异较大,经济总量较小

中亚各国建国后,经济发展大体经历了独立初期的动荡和萧条期(1992—1998)、国际能源价格上涨带来的恢复与高增长期(1999—2013)以及2014年以来的经济衰退期。到2016年,按2010年不变价美元和现价美元计算的GDP分别从1992年的1159.99亿美元和470.62亿美元增加至3023.11亿美元和2524.67亿美元,年平均增长率分别为4.07%

和 7.25%。

2016 年，中亚 GDP 占全球的 0.34%，占"一带一路"沿线 64 个国家的 2.10%。哈萨克斯坦一直以来都是中亚经济总量最大、人均收入水平最高的国家，2016 年经济总量是第二大经济体乌兹别克斯坦的 3 倍多，是最小经济体吉尔吉斯斯坦的近 77 倍；人均 GDP 是吉尔吉斯斯坦的 26 倍，是塔吉克斯坦的近 12 倍。

2016 年中国西北地区按照现价美元计算的经济总量为 6321.72 亿美元，是中亚五国合计的 2.50 倍，其中陕西省为 2920.61 亿美元，不仅超过了中亚所有国家，而且超过了中亚五国整体的经济总量；新疆维吾尔自治区 GDP 为 1452.76 亿美元，也超过了中亚所有国家；甘肃省 GDP 为 1084.02 亿美元，不及哈萨克斯坦而超过其他四国；宁夏回族自治区和青海省 GDP 分别为 477.03 亿美元和 387.29 亿美元，均不及哈萨克斯坦和乌兹别克斯坦而超过其他三国。

从现价美元人均 GDP 看，2016 年中国西北地区（6266 美元）是中亚整体（3604 美元）的 1.74 倍，低于哈萨克斯坦（7505 美元）和土库曼斯坦（6389 美元），分别相当于两国的 83.49% 和 98.07%，高于乌兹别克斯坦、吉尔吉斯斯坦和塔吉克斯坦，分别为其 2.91 倍、5.70 倍和 7.87 倍。

（三）中亚服务业占比虚高，中国西北地区与中亚产业结构互补性有所下降

在所考察的整个时间段上，中亚和中国西北地区产业结构变动基本符合产业结构演进一般规律，但是，与中国西北地区相比较，中亚 2016 年农业、工业、建筑业占比均较低，而服务业占比高约 10 个百分点，工业发展水平较低使得中亚服务业占比虚高现象比较明显。

从产业结构互补性看，尽管中国西北地区与中亚在整体上产业结构互补性并不明显，但分国家来看，中国西北地区除与土库曼斯坦不存在产业结构互补性之外，与其他四个国家都存在明显的互补关系。同时，随着中亚各国对建国初期不合理的产业结构的逐步调整，以及市场化过程中基于本国要素禀赋和经济分工的工业化水平的逐步提升，中国西北地区与中亚各国产业结构差异性逐渐减小，产业结构互补性程度有所下降。因此，如果中国西北地区经济转型和产业结构升级受阻，将可能在很大程度上影响西北地区与中亚国家之间的贸易和经济合作的基础。

（四）中亚贸易增长较快，对中俄贸易依赖度较高，出口结构单一

2016年与1992年相比，中亚商品和服务进出口额从644.09亿美元增加到1615.05亿美元，年平均增长率3.90%，出口额和进口额年均增长率分别为4.56%和3.25%。2016年进出口总额占"一带一路"沿线64个国家的1.41%。

中亚主要贸易伙伴包括俄罗斯、中国、土耳其、瑞士、意大利、荷兰和法国等，其中俄罗斯一直是中亚最大进口来源国，2010年以来，中国一直是中亚最大出口去向国，2016年，中国已成为哈萨克斯坦、土库曼斯坦的第一大贸易伙伴，乌兹别克斯坦、吉尔吉斯斯坦的第二大贸易伙伴，塔吉克斯坦的第三大贸易伙伴。

中亚进口以制成品为主，主要包括交通和机械设备、原材料类制成品和化工产品等，出口主要为矿物燃料等矿产品和原材料等初级制成品，出口结构单一化特征明显。

（五）中国西北地区对外贸易额快速增长，出口结构有所优化

2016年，中国西北地区商品进出口总额为592亿美元，与中亚商品贸易量大体相当，与1995年相比，年均增长率高达13.93%；进口额、出口额、进出口总额占全国比重在2002年之后持续上升，2016年分别达到1.25%、1.88%、1.61%。

主要贸易伙伴包括澳大利亚、美国、日本、哈萨克斯坦和中国台湾地区等，在中亚国家中，仅哈萨克斯坦进入西北地区前十大进口来源国（2016年居第七位），且主要源于甘肃的进口。

进口行业主要集中于石油与天然气开采，计算机、通信和其他电子设备制造业以及金属矿采选等，行业分布较为集中；出口主要集中在计算机、通信和其他电子设备制造业，皮革、毛皮、羽毛及其制品和制鞋业以及纺织服装、服饰业等，出口行业结构较为分散，高级化倾向较为明显，且得益于陕西省计算机、通信和其他电子设备制造业出口占比的快速提升。

第十一章　结论与政策建议

（六）中国西北地区自中亚进口的行业分布极为集中，而出口的行业分布较为分散，双方贸易主要表现为产业间贸易

2016年，中国西北地区占中国对中亚贸易总额的64.26%。2017年与2009年相比，西北地区对中亚进口额、出口额、进出口总额年平均增长率分别为12.80%、4.04%、7.17%。中国西北地区2014年后贸易额的下降与世界政治经济格局变化、中亚经济衰退以及中国经济发展进入新常态密不可分。

中国西北地区对中亚贸易的省际分布极为集中，新疆维吾尔自治区占据95%以上，甘肃省占不足4%，其他三省区占比均不足1%，其中新疆在进口中平均占比超过92%，在出口中平均占比接近98%；甘肃进、出口中平均占比分别为7.47%、0.58%；陕西进、出口中平均占比分别为0.04%、1.27%。

从中国西北地区对中亚贸易的国别分布看，进、出口额均有以哈萨克斯坦为主向其他国家扩散的趋势，尽管哈萨克斯坦仍是西北地区对中亚贸易的最大出口去向国，但随着输气管道的建成，土库曼斯坦已经成为西北地区对中亚贸易的最大进口来源国。

中国西北地区自中亚进口的行业分布极为集中，进口行业主要集中在石油和天然气开采业、有色和黑色金属矿采选业及冶炼和压延加工业，其中石油和天然气开采业2017年占比接近80%；对中亚五国出口的行业分布则较为分散，主要出口行业为服装、服饰和制鞋、纺织等轻工业行业，2017年占比最高为纺织服装、服饰业，占比仅略高于1/4。

中国西北地区与中亚贸易主要表现为基于资源禀赋差异的产业间贸易。同时，石油、炼焦及核燃料加工业以及黑色金属冶炼和压延加工业是产业内贸易特征最为明显的两个行业。

（七）中国西北地区出口对中亚市场的依赖程度较高，双方贸易的互补性十分明显

从贸易依存度看，中国西北地区出口对中亚市场的依赖程度较高，依赖程度最高的为哈萨克斯坦，其次为吉尔吉斯斯坦和塔吉克斯坦，同时，2009年到2016年，依赖程度有明显下降趋势；分省区看，新疆维吾尔自治区依赖程度最高，其次为甘肃省和青海省。相比之下，中亚五国对中国西北地区市场的依赖程度总体很低，其中依赖程度相对较高的为新疆维吾尔自治区和甘肃省；分国别看，依赖程度最高的为哈萨克斯坦，且主要表现为对新疆的依赖。

从出口贸易结合度看，中国西北地区出口与中亚市场的密切程度较高，其中密切程度最高的为吉尔吉斯斯坦，其次为塔吉克斯坦和哈萨克斯坦；分省区看，密切程度最高的为新疆维吾尔自治区，其次为甘肃省和青海省。中亚五国与中国西北地区市场的密切程度相对较低，其中密切程度最高的为新疆维吾尔自治区，其次为甘肃省和青海省；分国别看，2016年最高为土库曼斯坦，其次为乌兹别克斯坦和哈萨克斯坦。

从显示性比较优势指数看，中国西北地区具有显示性比较优势的商品种类大大多于中亚，且具有显示性比较优势的商品种类绝大多数各不相同，双方在国际市场上并不具有明显的竞争关系，而主要表现为互补关系。进一步从相对贸易优势指数分析，中国西北地区相对贸易优势指数均值为正的商品有72种，中亚有18种，重叠的商品种类仅9种，双方贸易的互补性仍然十分明显。

从贸易互补性指数看，中国西北地区出口与中亚进口互补性高于其他市场平均水平的商品有33种，中亚出口与中国西北地区进口互补性高于其他市场平均水平的商品共有8种。总体而言，双方在蔬菜、水果、矿产品、无机化学品及贵金属、纺织、鞋帽以及水泥、陶瓷、玻璃等非金属制品、贱金属及其制品、铁道和机车、家具等产品上具有很强的贸易互补性。

（八）无论从区域角度还是从行业角度，西北地区在中国对中亚出口中都具有极强的区位优势

从各大区域出口看，西北地区对中亚贸易的区位优势远远大于其他5个区域；华北地区区位优势一直较为稳定，2016年位居第二；东北地区区位优势有明显下降趋势，2016年位居第三；西南地区2013年之前一直排在第二位，但近年来明显下降，2016年已降至第五位。

从各行业出口看，西北地区无论在具有区位优势的行业数量还是在行业优势强度上，均明显高于其他区域。在行业数量方面，西北地区具

有区位优势的行业有 37 个，西南地区有 27 个，华北地区有 20 个，其他区域均少于 20 个；在区位熵大小方面，西北地区有 37 个行业高于其他区域。

从西北各省区出口看，新疆维吾尔自治区在具有区位优势的行业数量和行业优势强度上，均明显高于其他省区。在行业数量方面，新疆维吾尔自治区具有区位优势的行业有 39 个，甘肃省有 28 个，陕西省有 21 个；在区位熵大小方面，新疆维吾尔自治区出口区位熵超过其他省区的行业有 36 个，甘肃省有 2 个，陕西省和青海省各 1 个。

二 政策建议

（一）提升区域内部协同发展水平，调整产业结构，强化产业互补关系

明确区域分工，加强区域内各经济带之间的协同发展。以社会经济发展特征、区位条件和资源禀赋为基础，西陇海兰新线为纽带，加强以西安—宝鸡为中心的关中城市带、以兰州—银川—西宁为中心的中部城市带、以乌鲁木齐—伊宁为中心的北疆城市带之间的经济合作，发挥区域经济增长极带动作用，提升区域整体发展水平。明确各省区的功能定位，把新疆作为中国向西开放的窗口，依托地缘优势，发挥中国和西北地区向西发展国际合作与国际贸易服务平台的作用；陕西应依托其智力和技术优势，以高新技术产业开发为主，构筑西北区域向东、向南进行国内与国际合作的窗口和服务平台；以兰州—银川—西宁为中心的城市带为依托，构建中国黄河上游多民族经济开发的核心地带，在区域合作中发挥沟通中国东西部之间、中国与中亚乃至欧洲国家之间的桥梁和纽带作用，以及国家能源重化工基地和重要进出口通道的作用。

积极参与国内垂直分工和水平分工。对区域内部，应突出垂直分工在区域发展中的作用，挖掘传统产业发展潜力，培育新兴产业发展能力，形成完整的产业链和价值链。同时，根据自身条件，积极参与发达地区水平产业分工，以特色产品和优势产品占领市场；在与发达地区合作开发优势资源的同时，重视培育和完善区域市场，在政府与市场的共同作用下，推动西北地区区域内部合作和与区域外部合作等多种合作形式的

形成。

调整产业结构,提升工业技术水平,强化贸易基础。在强化对中亚在农业、林业、畜牧业、渔业等方面优势的同时,重点发展和扶持大型的能源、原材料、交通、通信等工业企业和企业集团;依托国家级、省级经济开发区,大力发展电子信息、新能源、生物医药等高新技术产业,加强技术改造和技术更新,提高工业技术水平;调整国有大型企业组织结构,形成以优势大型企业为核心,大、中、小企业高度分工、密切合作的一体化生产体系,培育有竞争力的特色优势产业集群;大力发展中小型和民营企业,充分考虑到当地的资源和劳动力状况以及国家的产业政策,加强知识和技术的投入。

(二) 加强双方贸易合作,拓展贸易方式和贸易领域

依托贸易互补性,进一步加强双方贸易合作。以贸易互补关系为基础,加强双方在农业、轻工业、装备制造业等领域的贸易往来,发展蔬菜水果、矿产品、无机化学品及贵金属、纺织鞋帽、水泥陶瓷玻璃等非金属制品、贱金属及其制品、铁道和机车、家具以及铜、锌等贱金属及其制品等产品的贸易,拓展在交通运输设备制造、电气机械和器材制造、计算机等电子设备制造、仪器仪表制造等领域的贸易。

出台政策,促进贸易方式多样化。出台财政、土地和金融政策,依托综合保税区和保税物流中心等,引导加工贸易向西北地区转移,探索符合西北地区产业发展特色的内陆加工贸易模式,提高加工贸易占比;充分利用霍尔果斯、阿拉山口、巴克图、红其拉甫等边贸口岸,发展边境贸易,探索补偿贸易、易货贸易、海关特殊监管区域贸易、租赁贸易等其他贸易方式,综合运用多种贸易方式扩大出口;建设跨境电商平台,引进和培育跨境电商企业,积极与中西亚、中东欧国家开展电子商务合作。

培育出口品牌,挖掘外贸出口企业潜力。实施品牌出口促进计划,完善品牌推广和奖励机制,引导企业利用文博会等相关节会、高层访问和国际会议等多种方式,加大对出口品牌的宣传推介力度;支持民营企业通过改进生产工艺、更新技术装备、研发新产品等挖掘出口潜力,鼓励国有企业通过并购、重组和战略合作等方式,促进原材料、零部件出口,把国际产能合作与扩大出口相结合,带动机电、建材、化工等产品出口；鼓励企业开展国际认可的产品检验和认证，提高出口产品认同程度；积极发展专业贸易公司，培育出口中介服务机构，提升出口服务能力。

（三）积极开展双方在基础设施、能源及非能源领域的合作，实现互惠共赢

加强双方在基础设施建设领域的合作。加快推进口岸、铁路、机场、能源管道、通信等基础设施的现代化，提高交通运输的质量；发挥中国在道路、电力、通信等基础设施建设领域的技术优势，通过亚投行、"丝路基金"等获得资金支持，帮助中亚国家建立、健全交通、电力、通信等基础设施，实现互联互通，改善双方间贸易的运输条件，促进双方贸易的便利化；探索构建新的区域交通运输合作网络，形成铁路、公路、航空一体化的交通运输联通系统；加强与中亚在交通技术、通道经营、通信技术等领域的合作，降低运输、通信成本，提高运输效率；提升区域内综合保税区、经济开发区、经济合作区内信息平台等服务水平，采用现代化的管理手段，有效提高公共服务质量。

继续开展和深化能源领域合作。推动并强化在"一带一路"共建中与中亚的能源对话机制，加强一体化框架的多边能源合作，促进丝绸之路经济带油气生产国、消费国和过境运输国之间务实合作；加快油气管道建设，拓宽油气的供给方式和输送渠道，稳固中国—中亚天然气管道A、B、C管线的运行，加快D管线的建设，推进中哈原油管道二期、三期建设，形成经济带协同的油气贸易运输系统。

拓展双方在非能源领域的合作空间。加大在农业、加工制造业、电信行业等领域的投资，积极引导企业"走出去"，鼓励有实力的企业到中亚地区投资设厂，建设生产基地，开展原材料、农产品深加工，改善中亚产业结构；拓展在环境保护、高科技、教育、文化、旅游等领域的合作空间。

（四）依托"一带一路"，建立有效的经贸合作机制，提升经贸合作便利化水平

以贸易互补性为依托，积极推进中国—中亚自贸区建设。可继续利用上合组织的多边协调机制和中国—亚欧博览会、中国进出口商品展洽会等平台，降低影响贸易和投资便利化的关税和非关税壁垒，为自贸区设立创立创造条件；整合口岸管理资源，加强双边信息交流与沟通，推进服务业开放，降低医疗、旅游、金融、教育培训和信息服务等准入门槛，鼓励国外银行设立独资或合资银行机构，组建联合产业投资基金，推动区域经济合作进一步制度化；积极推进双边和多边贸易谈判，逐步实现区域内贸易、资本、服务和技术的自由流动，借鉴中国—东盟自贸区及其他自贸区经验，推进双方自贸区建设，实现共同发展。

提高经贸合作便利化水平。加强与中亚国家在政策方面的沟通，优化边境贸易与货物过境运输制度，逐步统一标准，消除通关口岸、交通运输环节的非关税壁垒，积极开展"三互"（信息互换、监管互认、执法互助）大通关和电子口岸建设；建立和发展双方经贸投资合作信息平台，完善投资、财税、通关等保障机制及纠纷协调解决机制、法律合作机制。

（五）推动中国西北地区与中亚文化交流，增进双方的文化认同感

宣传和弘扬丝路精神，推动双方文化交流和合作。有效利用华夏文明传承创新区、中国—亚欧博览会和兰洽会等平台，宣传丝路文化、丝路精神，增进中亚国家与西北文化之间的联系；发挥西安文化古都和高校众多的优势，面向西北地区和中亚建设国际性的文化交流平台；利用西北地区和中亚之间的跨境民族和语言相通等优势，促进少数民族地区和中亚间的文化交流。

开发文化旅游资源，增进双方的文化认同感。依托黄河文化、丝路文化和长城文化等文化资源，开发旅游项目，吸引中亚游客到西北地区旅游；以中亚"甘肃村""宁夏村"等为纽带，提高双方旅游互访频率，凭借旅游方式增加双方文化认同感；继续实施互派留学生机制，增加中亚在中国留学生的人数。

后　　记

"一带一路"倡议自2013年提出以来,受到了世界各国的普遍关注,不少沿线国家积极响应,并已逐步融入"一代一路"的建设与合作之中。

中亚五国尽管经济总量还不及陕西省,但其资源丰富,地理位置重要,作为中国向西开放的重要区域和必经之地,也受到研究"一带一路"问题学者们的广泛关注。2016年西北师范大学中亚研究院公开征集研究课题,我和几个同事以"我国西北地区与中亚国家产业互补性与贸易发展研究"为题,申请了项目并最终获得立项,从此开始了对中国与中亚贸易特别是中国西北地区与中亚产业互补问题的研究。

2017年6月9日,由国家战略地方试验协同研究中心主办,上海社科院世界经济研究所、西北师范大学中亚研究院、河南财经政法大学城乡协调发展河南省协同创新中心联合承办的"'一带一路'倡议与区域经济开放联动发展:东中西学者对话"研讨会在上海社科院举行。研讨会上,我做了题为"中国西北地区与中亚产业互补关系"的主题演讲,就中国西北地区与中亚贸易总量和结构的变化、贸易互补关系等初步研究结论同与会专家进行了交流。在讨论阶段,与会专家就我的演讲开展了有效的讨论,并提出一些建设性意见和建议,特别是时任上海社科院经济研究所所长、研究员权衡先生提出:为什么"一带一路"倡议提出后,中国与中亚的贸易没有增长反而下降了?这一问题为后续研究提供了重要线索。

我曾为国际经济与贸易本科专业学生开设过"国际经济学"课程,深知国际贸易问题的复杂性。国家或区域之间的贸易量不仅受经典贸易理论所阐释的诸多因素的影响,也会受到国际经济形势、国家或地区经济增长周期、经济运行状态甚至地缘政治、国内政局等一系列其他因素的影响。就中国西北地区与中亚各国贸易而言，显然不能只从贸易的角度研究贸易问题，还必须把两个区域的经济发展过程以及产业结构变动过程等相关问题纳入研究范围。研究范围的拓展对权衡先生提出的问题给出了很好的解释。在这里，对权衡先生表示诚挚谢意！

研究国际产业和贸易问题遇到的最大障碍就是数据的获取和处理。本书在研究中主要使用了联合国数据库（UNdata）、万德数据库（WIND）和 EPS 数据平台，尽管不同数据库的数据可能存在一些差异，但它们各有所长，共同为本书提供了数据支持。同时，我的几位硕士研究生，特别是 2015 级的王玫茜和王海峰、2016 级的宋蕾和路凤敏、2017 级的孙玉娇和王妍，在数据的查找和处理方面付出了大量心血，在此一并表示感谢！

另外，中国社会科学出版社的编辑同志为本书的编辑出版付出了辛勤工作；西北师范大学商学院张永丽院长对书稿的结构提出了一些建设性建议，并为书稿的成形和出版给予了极大的关注；我的妻子王荣立女士承担了大量繁杂的家务劳动以使本人能有更多的时间从事书稿的写作，并完成了部分书稿的校对工作。在此，也对他们的付出表示感谢！

尽管本人付出了极大的努力，希望本书能为中国西北地区与中亚在产业和贸易方面的合作提供一些参考，但受水平所限，错误和遗漏在所难免，希望各位读者不吝赐教！

张学鹏
2019 年 8 月于兰州